복음상담

복음상담

2014년 9월 15일 제1판 1쇄 발행
발행인 김 만 홍
지은이 김 만 홍
발행처 예지서원
주소 부천시 원미구 상동 533-8 대림타운 601호
전화 010-2393-9191
등록 2005. 5. 12. 제 387-2005-10호

Copyright ⓒ 김만홍 2014.
본서의 저작권은 김만홍에게 있습니다.
저작권법에 의하여 한국내에서 보호를 받는 저작물이므로
무단전재와 무단복제를 금합니다.

ISBN 978-89-93387-33-9 03230
책값 뒤표지에 있습니다.

공급처 : 하늘유통 031-947-7777

복음상담

김만홍

예지

목 차

추천의 글 6

프롤로그 10

1. 복음상담이란? **14**
   교회 안에 있는 잃어버린 영혼들 / 사탄이 가짜 구원을 만든다.

2. 복음상담을 하는 이유 **21**
   하나님의 사랑 / 하나님의 명령 / 우리의 책임 / 영혼의 귀중성 / 무서운 고통 / 큰 기쁨

3. 복음상담의 성서적 예증 **32**
   니고데모 / 우물가의 여인 / 부자 청년 / 십자가에 달린 강도 / 내시 / 아볼로

4. 복음상담자의 자격 **42**
   거듭남 / 올바른 관계 / 영혼사랑 / 순수한 동기 / 온전한 의뢰 / 영혼분별 / 겸손한 사람

5. 복음상담의 진단 **51**
   어느 목사의 구원 간증

6. 복음으로 구원받은 증거 **59**
   세리장 삭개오의 변화 / 우물가의 여인의 변화 / 사도 바울의 변화
   구원받은 사람에게 나타나는 변화들

7. 거짓 구원과 거짓 믿음 **84**
   진단질문 / 거짓구원 / 거짓믿음

8. 구원의 핵심 112
   구원이 성립되려면 / 죄 때문에 위험하다 / 죽음 때문에 위험하다
   지옥에 들어가기 때문에 위험하다 / 성경적인 구원

9. 하나님의 요구 170
   하나님께 긍휼을 구하라 / 구원의 소중함을 알라 / 복음의 진리를 거절하지 말라

10. 죄 문제 해결하는 법 179
    죄의 값의 지불 / 속량을 통한 해결 / 중보자를 통한 해결 / 보혈을 통한 해결

11. 구약과 신약의 차이점 201
    구약의 방법과 신약의 방법의 대조

12. 은혜와 믿음을 통한 구원 209
    일상생활의 믿음 / 구원을 얻는 참 믿음 / 약속의 말씀 믿음 / 개인적인 믿음

13. 생명 얻는 회개를 통한 구원 219
    죄를 시인하는 것 / 돌이키는 것 / 죄를 포기하는 것
    지성과 감정과 의지를 동원한 회개 / 생명얻는 회개와 성화를 위한 회개

14. 구원의 축복 249
    칭의는 구원의 최고봉 / 성화는 믿음의 행함 / 영화는 구원의 완성 / 구원의 영원성
    영생이란 / 풍성한 삶이란 / 양자됨의 축복

추천의 글

　사람은 새로운 것을 좋아한다. 그런데 새롭다고 접했는데 시간이 잠시 지나면 옛것이 되어 싫증을 하게 된다. 세상의 일들은 모두가 그렇다고 할 수 있다. 그러나 그리스도 안에서의 복음은 항상 새로운 것이다. 시간이 아무리 지나도 복음은 변하지 않고 항상 새롭게 다가온다. 그 이유는 성경이 변하지 않고 진리도 변하지 않기 때문이다. 금번에 이 새로운 복음에 대해 김만홍 목사께서 "위대한 복음", "성경에서 만나는 복음 스토리" 그리고 "복음 상담" 등 세 권의 귀한 저서를 출간 하셨다. 김만홍 목사의 세 권의 책은 몇 가지 특징을 가지고 있다.

　첫째, 김만홍 목사의 저서는 먼저 복음을 확실하게 이해하고 전개한 저서이다. 저자는 복음을 설명하면서 성경 계시의 특징을 바로 깨닫고 성경 전체를 활용해서 복음을 설명한다. 따라서 저자는 복음을 설명하면서 성경에 서술된 예수 그리스도의 고난과 죽음 그리고 부활을 근거로 성취된 구속역사에 깊은 관심을 보인다. 성경은 도덕적인 삶을 중요하게 가르치지만 단순히 인간의 도덕만을 가르치는 책이 아니다. 성경은 하나님이 인간의 죄 문제를 해결하시기 위해 과거에 어떤 일을 하셨고, 현재 어떤 일을 하고 계시며, 그리고 앞으로 어떻게 역사를 마무리를 하실 지를 알려주는 하나님의 계시이다. 따라서 본서는 성경의 중심 사상을 바로 깨닫고 저술한 귀한 책이다.

둘째, 저자 김만홍 목사는 세 권의 책을 통해 복음이 우리 삶에 미치는 다양한 면을 다루어 주셨다. 저자는 본서를 통해 복음이 어떻게 다양한 역할을 하는지 설명하고 그리고 그와 같은 복음의 다양한 역할이 인간의 다양한 삶의 영역에 어떻게 작용하는지를 잘 설명하고 있다. 그래서 저자는 "복음 상담"이라는 주제를 사용하여 복음과 인간 사이의 다리를 놓고 있는 것이다.

셋째, 김만홍 목사의 저서들은 한결같이 쉽게 저술되었다는 사실이다. 본서는 어려운 주제들을 쉽게 설명해 주었기 때문에 누구나 읽으면 이해할 수 있는 책들이다. 어떤 책은 쉬운 주제를 어렵게 설명하여 독자를 곤혹스럽게 만드는 경우가 있는데, 본서는 신학적인 어려운 주제들을 쉬운 언어로 풀어 설명했다는 점이 장점이기도 하다.

본 추천자는 이상의 몇 가지 이유로 본서를 적극 추천한다. 성경의 본질을 알기 원하는 사람이나 성경이 가르치는 복음의 탁월함을 알기 원하는 사람들에게 이 책의 일독을 권한다.

2014년 9월 1일
박 형 용 박사
웨스트민스터신학대학원대학교 총장

추천의 글

　미국 트리니티 복음주의 신학교(Trinity Evangelical Divinity School)에서 가르치는 카슨(D. A. Carson)교수는 "만일 목회자 가운데 복음이 무엇인지도 모르고, 어떻게 복음을 전하는지 방법도 모른다면 그런 사람은 목회자의 길을 그만두라"고 경고한 적이 있다. 오늘 한국교회의 상황을 보면 이 경고가 남의 이야기가 아니다. 교회 안에 복음만으로 만족하는 사람이 많지 않고, 오히려 십자가 사랑만으로는 부족하다고 은근히 믿고 있는 사람들이 있기 때문이다. 또 다른 한편으로 복음이 답이라고 외치지만, 복음이라는 이름으로 포장된 가짜복음이 판을 치고 있는 현실이 우리가 살아가고 있는 한국교회의 모습이기 때문이다.

　이런 한국교회의 혼탁한 영적상황에서 김만홍 목사님이 이번에 출간하시는 복음시리즈는 반가운 일이다. 복음이면 충분하다는 김 목사님의 외침에서 나는 "내게는 우리 주 예수 그리스도의 십자가 외에는 결코 자랑할 것이 없나니"(갈 6:14)라는 사도 바울의 목소리를 듣는다. 김만홍 목사님의 복음 시리즈 첫번째 책 〈위대한 복음〉에서 김 목사님이 외치는 가짜 복음을 경계하는 목소리를 듣는 일은 복음이라는 이름으로 가짜가 진짜처럼 포장되어 생명력을 잃어 가고 있는 한국교회에 영적인 심폐소생술과 같은 일로 여겨져 감사하기만 하다.

　김 목사님의 복음시리즈 2권 〈복음 스토리〉는 신구약을 관통하는 주제가 예수 그리스도임을 설명하는 책이다. 성경의 큰 스토리라인(storyline)을 보지 못하고 성경을 지나치게 미시적인 관점에서 이해하는 사람들이 우리 주위에 많이 있다. 이들에게 하나님의 구원계획, 즉 복음 스토리를 조직신학의 틀과 함께 성경신학적으로 풀어 설명함으로써 신구약성경의 통일성을 설명하고 하나님의 구원 스토리를 거시적으로 보게 하는 유익이 이 책에 있다. 성경에 66권의 책들이 있는 것이 아니라 성경은 66장으로 된 한 권의 책이라는 김 목사님의 말씀이 이 책의 모든 것을 보여준다.

복음 시리즈의 3권인 〈복음 상담〉도 기대가 되는 책이다. 이 책의 프롤로그는 영국교회의 상황을 설명하면서 시작되는데, 추천인 본인도 영국에서 유학할 때 영국교회의 대단한 건물이 팔려서 술집과 나이트클럽으로 바뀌는 것을 직접 본 적이 있다. 유학초기에 이 사실을 보고 가슴이 너무 아팠던 적이 있다. 그러나 유학이 끝나갈 때 쯤, 하나님은 나에게 영국 교회의 다른 모습과 소망을 보여주셨다. 그것은 복음의 생명력을 간직한 교회는 그 와중에도 사람들이 모여들고 복음의 능력으로 변화되고 성장하는 모습이었다. 예수님 한분이면 충분합니다. 십자가 사랑 하나면 충분합니다. 이것이 복음의 능력이고 생명력이다. 김만홍 목사님의 책은 바로 이 복음의 진정한 능력과 생명력을 다시 보게 한다. 영적인 인스턴트 음식만을 찾으며 천박한 가짜 복음에 중독된 한국교회 성도들과 목회자들에게 김만홍 목사님의 복음 시리즈 세 권의 책은 영적 건강을 챙겨주는 귀한 보약 그리고 해독제가 될 것이라 의심치 않는다.

김 경 식 교수
웨스트민스터신학대학원대학교 신약학

프롤로그

기독교에서 가장 중요한 진리는 복음이다. 그 어떤 것도 복음에 비교될 수 없다. 복음의 위대한 가치는 너무나 놀랍다. 복음은 기독교의 핵심이요, 기독교가 줄 수 있는 가장 큰 선물이며, 기독교의 존재 이유다. 예수 그리스도께서는 복음을 완성하기 위하여 인간의 몸을 입으시고 이 세상에 오셔서 십자가에서 죽으셨다.

따라서 복음은 기독교의 기초요, 출발이다. 누구나 복음으로 구원을 받아야 하나님의 자녀가 되고, 그리스도인이 되고, 하나님 나라의 주인공이 된다. 이 세상은 다 얻었다 할지라도 자기 영혼이 복음으로 구원받지 못했다면 세상에서 가장 비참하고 어리석은 사람이 된다. 우리는 복음의 가치를 발견하고 그 복음을 누리고 그 복음을 전해야 한다. 한 개인에게 있어서 복음은 그만큼 소중한 것이다. 우리가 복음으로 구원을 경험해야 하나님의 자녀로서 하나님께 영광을 돌리고, 헌신하는 아름다운 삶이 가능해지기 때문이다. 어느 누구도 자신이 복음을 경험하지 못했다면 결코 하나님을 기쁘시게 할 수 없다. 하나님의 위대한 사역도 감당할 수 없다. 자신의 삶도 아름답게 변화시킬 수 없다. 이 지구상에는 수많은 하나님의 위대한 사람들이 존재한다. 그들의 생애와 업적은 이루말로다 표현할 수 없지만 그 모든 출발점은 그들이 복음을 체험했기 때문이다. 나는 여기에서 복음상담의 중요성을 발견했다.

인도에서 35년 동안 사역을 했던 레슬리 뉴비긴 선교사가 있었다. 그가 인도에서 선교사역을 은퇴하고 자신의 조국 영국으로 돌아오게 되었으나 영국은 과거 하나님을 믿는 기독교국가가 아니라 완전히 이방사회가 되어 있었다. 그가 영국 사람들에게 복음을 전했지만 대부분의 사람들은 복음을 거절하고 받아드리지 않았다. 그들은 예수 그리스도와 복음에 대해 냉소적인 태도를 취하였다. 그러므로 현재 영국교회는 거의 쇠퇴의 길로 접어들어 옛날의 영광을 모두 잃어버리고 말았다. 그 옛날 존 낙스가 무릎꿇고 기도하면서 영국을 달라고 절규했던 그 기상은 모두 사라져버렸다.

영국의 많은 교회들이 몇 몇 노인들만 모여서 예배를 하거나 아니면 문을 닫았다. 우리나라에 최초의 순교자인 로버트 토마스 선교사를 파송한 교회는 영국의 하노버 교회였다. 그 순교의 피로 말미암아 우리나라에는 성경이 전해졌고 복음이 들어와 많은 사람이 예수 그리스도를 믿게 되었지만 그 토마스 선교사를 파송했던 하노버 교회는 지금은 문을 닫았으며, 모두가 교회를 떠나 버렸다. 또한 현대선교의 아버지로 불러지는 윌리암 캐리를 파송한 하비레인 교회도 문을 닫았을 뿐만 아니라 그 예배당은 이교도의 사원이 되어 버렸다. 현재 영국은 이슬람 세력으로 인하여 몸살을 앓고 있다. 기독교 인구가 줄어드는 대신에 이슬람 인구는 계속 증가하고 있다. 2008년 유럽의 이슬람 인구는 약 1500만 명이었다. 전 세계 15억 무슬림 중 1%에 불과하지만 증가속도는 굉장히 빠르다. 특히 이슬람은 영국을 유럽 이슬람화의 전진기지로 삼고 전략적으로 영국을 공략하고 있다. 영국의 이슬람 인구는 약 160만 명인데, 전 인구의 3.3%다. 이는 전체 기독교 인구가 71%로 약 4천만 명인 것에 비해 보잘 것 없어 보이지만 전망은 그렇지 않다. 영국 내에서 2035

년이 되면 이슬람 인구가 기독교 인구를 앞지를 것이라고 그들은 말한다. 이를 위해 무슬림들은 영국에서 무슬림들의 일부다처제를 법으로 통과시켰으며, 이슬람 사립학교가 115개나 인가를 받았고, 2012년 런던 올림픽을 기점으로 7만 명을 수용할 수 있는 모스크를 건설 했고, 자신들의 학교에서는 성경수업을 폐지했다. 특히 런던에는 100만 명의 무슬림과 400여개의 모스크가 있다. 그러므로 영국에서는 매년 200여 교회가 문을 닫고 있다. 서유럽에서 이렇게 이슬람이 폭발적으로 증가하고 있는 이유가 무엇일까?

장두만 박사는 "구원상담론"에서 그 원인을 이렇게 지적하였다.

"이슬람 국가로부터의 과다한 이민과 무슬림의 폭발적인 출산, 유럽인들의 탈교회화 및 유럽교회의 영적 쇠퇴가 주된 원인으로 평가되고 있다. 이중 특히 우리가 눈여겨보아야 할 사항은 유럽교회의 쇠퇴원인이다. 유럽교회는 왜 쇠퇴하고 있는가? 유럽에서 자유주의, 진화론, 성경권위 부정, 이성과 첨단 과학 문명 의존 등으로 인해 설교에서 십자가의 복음이 사라지고, 천국과 지옥이 선포되지 않고 있는 것이 주된 원인이다. 설상가상으로 교회지도자들이 동성애에 빠지고, 동성애 부부를 주례하는 등 도덕적 타락, 풍족한 물질로 인한 안락한 삶, 소득세의 8-9%에 해당되는 높은 종교세 등이 교회 쇠퇴의 주요 원인이 되고 있다."

그러므로 문제의 주된 원인은 설교에서 십자가의 복음이 사라지고 천국과 지옥이 선포되지 않는 것에 있다. 다시 말해서 진정한 복음이 선포되지 않기 때문이다. 그렇다면 미국교회는 앞으로 어떻게 될 것인가? 옥한흠 목사는 그의 저서 「평신도를 깨운다」에서 유명한 월간 잡지 크리스처너티 투데이에 인용된 미국교회에 관한 그린의 경고를 인용했다(p.30).

"50년 전만 해도 영국교회는 지금의 미국교회들처럼 교인들로 초만원을 이루고 있었다. 그 당시 우리는 습관적으로 예배당에 나와 강단을 쳐다보고 있는 신자들의 수에 만족하고 있었다. 그 결과 사람들은 무력한 교회에 환멸을 느끼게 되었고 설교에 무관심하게 되었다. 지금 영국교회는 비어 있다. 미국교회가 지금은 만원이지만 그 대신 평신도의 성경적 깊이라 할까, 아니면 영적인 깊이라 할까 하는 그것이 결여 되고 있다. 신앙이 그들의 생활에 뚜렷한 영향을 주지 못하는 감상적인 주일행사가 되어 가고 있다. 만일 여기에 어떤 변화가 일어나지 않는다면 지금부터 반세기 후에는 영국교회와 같이 미국교회도 텅 비고 말 것이다. 만일 내가 미국교회의 목사가 된다면 교회 밖에 있는 사람들에게 관심을 기울이기 전에 먼저 교회 안에 있는 사람들부터 중생시키고 영적인 기반을 닦아 주는 데 모든 시간을 바칠 것이다."

그러므로 우리는 그린의 경고를 교훈삼아 교회 안에 있는 영혼들에게 관심을 가져야 한다. 사실 우리는 영적인 부모가 되어야 한다. 누가 영적인 부모인가? 영적인 부모는 복음으로 영혼을 낳고 양육을 통해 영혼들을 길러내는 사람이다. 그러므로 복음으로 영혼을 낳기 위해 복음상담을 해야 한다. 그러므로 나는 이 책에서 복음상담이 무엇이며, 왜 복음상담을 해야 하며, 어떻게 복음상담을 할 수 있는지 자세히 다룰 것이다.

chapter

1

복음상담이란?

교회 안에 있는 잃어버린 영혼들
사탄이 가짜 구원을 만든다.

1. 복음상담이란?

　1998년 한국 갤럽에서 18세 이상의 성인 남녀 1,613명을 대상으로 가구 방문을 통한 일대일 면접 조사한 종교 자료를 발표했다. 그 자료에 의하면 개신교 인구가 20.3%, 불교인구가 18.3%, 천주교 인구가 7.4%였다. 종교인 중 다른 종교로 개종한 경험을 가진 사람은 16.2%였는데, 개종 전에 불교를 믿었던 사람은 32.8%이고, 천주교를 믿었던 사람은 9.8%였으나 기독교를 믿었던 사람은 무려 58.4%를 차지하였다. 이것은 참으로 심각한 문제가 아닐 수 없다. 이것은 무엇을 의미하는가? 이 기사가 실린 1998년 6월 9일자 국민일보는 "많은 사람들이 교회를 찾고 있지만 이들 중 상당수가 교회에 정착하지 못하고 다른 종교로 개종하고 있어 교회가 초신자들을 대상으로 확실한 구원관을 심어주어야 한다."고 지적했다.

　2005년 통계청 조사에 의하면 기독교 인구는 전체 인구의 18.3%인 861만 6천명으로 집계되었다. 지난 10년 동안 14만 명이 감소한 것으로, 이것은 매우 우려할만한 일이다. 같은 기간 다른 종교인 불교와 천주교는 증가하였지만 기독교만 감소했다는 것은 무엇인가 문제가 있다는 것을 보여주고 있다. 그런데 이 문제의 핵심에 구원문제가 자리 잡고 있다. 진짜로 구원받은 성도는 절대로 다른 종교로 개종할 수 없기 때문이다. 그러므로 우리는 한 영혼을 천하보다 귀하게 여겨 확실한 복음을 전하여 그 영혼들을 구원하는 복음상담을 해야 한다. 진정한 부흥은 한 영혼의 가치를 바로 인식하는 것으로 시작된다.

교회 안에 있는 잃어버린 영혼들

그러므로 우리는 먼저 교회 안에 있는 잃어버린 영혼들에게 관심을 가져야 한다. 많은 사람들이 교회에 다니고 예수를 믿는다 하면서도 구원받지 못하고 종교생활을 하는 사람들이 있기 때문이다. 그들은 구원받은 것 같아 보이고, 구원받은 것같이 행동하고 구원받았다고 말하기도 하지만 사실은 구원받지 못하고 그냥 종교인으로 살아가는 것이다. 그들은 복음의 진리를 모르고 있다. 우리나라에서 교회를 출석하는 교인은 몇이나 될까? 과연 그들 중 정확한 복음으로 구원을 받은 사람은 몇이나 될까? 복음이 정확하게 무엇을 의미하는지 바로 아는 이들은 몇이나 될까? 많은 사람들이 복음을 이야기 하지만 복음의 의미를 정확하게 모르고 있다. 대개는 막연하게 알고 있거나, 아예 모르고 있거나, 복음으로 구원을 어떻게 받을 수 있는지 모르고 있다. 이 얼마나 참으로 안타까운 현실인가?

장두만 박사는 「구원상담론」에서 이렇게 지적하고 있다.

"사실 교회 밖에 있는 불신자도 문제지만, 교회에 다니면서 직분도 가지고 있고 열심히 활동도 하지만 거듭나지 않은 사람이 더 큰 문제인 것이다. 그들도 여전히 불신자이고, 거듭나야할 대상이다. 거듭나지 못한 사람은 교회 밖에 있든지, 교회에 다니고 있든지 관계없이 모두 하나님의 진노아래 있기 때문이다. 그들은 단지 기독교라는 종교를 믿는 종교인들이지 예수 그리스도와 인격적 관계를 가진 사람들은 아니다. 기독교는 생명 그 자체이지, 단순히 종교는 아니다. 왜냐하면 종교는 인간이 하나님을 찾아가려는 노력이기 때문이다. 그럼에도 불구하고 대부분의 교회에서 이들을 방치하고 있거나, 그냥 그리스도인으로 간주하고 있다."

그렇다면 교회를 다니고 있는 사람들이 왜 복음에 대한 막연한 지식을 가지고 있을까? 어떤 사람은 그 이유를 이렇게 설명한다. "그것은 복음을 전해야할 교회가 바른 복음을 가르치지 않기 때문이다. 그리고 사람들이 복음에 대해 관심이 없고 또 알려고 하지 않기 때문이다. 많은 교회에서 목회자들이 일주일에 쉴 새 없이 설교를 하지만 복음의 진리를 선포하고 가르치는 목회자는 전체로 봤을 때 그리 많지 않다. 가벼운 설교, 신자들을 만족시키는 설교를 하고 있다. 진리를 외면하는 그들 덕분에 많은 신자들이 진리에 대해 잘 모른다. 기독교의 핵심 진리에 대해서 잘 모른다. 문제는 가르치는 것만이 아니라 알려고도 하지 않는다. 모르면 알기 위해 노력해야 하는 것은 당연함에도 불구하고 누구도 그러한 노력을 기울이지 않는다. 그 이유는 무엇을 알아야 할지 모르기 때문이며, 복음에 대해 관심이 없기 때문이다."

그러므로 제임스 몽고메리 보이스도 중생한 사람인지 아닌지에 관계없이 단지 교인 수만 증가시키기 위해 십자가 없는 기독교, 안일한 신앙으로 청중의 눈을 어둡게 하는 설교자들에게 "설교자는 비록 교인일지라도 그들이 실제로는 구원받지 못한 상태일 수 있다는 점을 상기시켜 주어야 한다."라고 경고한다.

사탄이 가짜구원을 만든다.

사탄은 가짜를 만드는데 천재다. 사탄은 자신이 사탄이면서도 자기를 화려한 빛의 천사로 가장한다. 그는 가장 귀한 것들과 비교되는 가짜를 만들어 내고 있다. 이 세상에서 귀중하지 않은 걸레, 비닐우산, 손수건, 머리 빗 등 가치 없고 하찮은 것들은 가짜가 없다.

그러나 사람들은 다이아몬드, 로렉스 시계, 지폐, 수표, 유명 메이커 제품들, 웅담, 산삼, 녹용, 값비싼 양주, 여러 종류의 보석들을 가짜로 만들어 내고 있다. 이 세상에는 진짜와 가짜가 함께 공존한다. 사람들이 분별하지 못하도록 가짜를 더 진짜처럼 화려하게 만드는 것이다. 따라서 기독교의 진수라고 할 수 있는 구원이 가짜가 없겠는가? 분명히 이 세상에는 참된 진리와 비 진리가 함께 공존하고 있다. 그러므로 사탄은 사람들이 참된 복음을 분별하지 못하도록 참된 복음의 진리를 가리고 있다. "만일 우리의 복음이 가리었으면 망하는 자들에게 가리어진 것이라 그 중에 이 세상의 신이 믿지 아니하는 자들의 마음을 혼미하게 하여 그리스도의 영광의 복음의 광채가 비치지 못하게 함이니 그리스도는 하나님의 형상이니라"(고후 4:3-4) 그러므로 멸망을 당하는 자들에게는 복음이 가려져 있다. 이 세상의 신인 마귀 사탄이 사람들의 마음을 '혼미케' 하여 참된 복음의 빛을 보지 못하게 만들고 있는 것이다. 여기서 '혼미'라는 단어는 어두울 혼(昏)과 미혹할 미(迷)로서 사람들의 마음을 어리둥절하여 사리를 분별하지 못하게 하고, 헛갈리게 하고, 장님이 되게 한다는 뜻이다. 그리하여 사람들의 마음의 눈이 가려져서 사망의 길을 참된 진리의 길로 착각하고 그 길을 가게 한다. 다음 구절은 이 점을 명확하게 뒷받침해준다. "어떤 길은 사람이 보기에 바르나 필경은 사망의 길이니라 웃을 때에도 마음에 슬픔이 있고 즐거움의 끝에도 근심이 있느니라"(잠 14:12-13)

이 말씀에 등장하는 사람은 참된 진리의 길을 찾았다고 즐거워하고 웃으며 그 길을 가고 있지만 실상은 사망의 길이요, 슬픔의 길이요, 근심의 길이다. 어떤 사람이 미련한 사람일까? 잘못된 길을 가면서도 옳은 길로 간다고 착각하는 사람이다. 자신의 행위를 선한 것으로 여기는 사람이다. 그러나 지혜로운 사람은 참된 진리를 전하는 사람의 권고를 받아들인다. "미련한 자는 자기 행위를 바른 줄로 여기나 지혜로운 자는 권고를 듣느니라"(잠 12:15)

그러므로 존 맥아더는 예수를 믿는다고는 하면서도 진정으로 믿지 않는 사람들에 대해서 깊은 우려를 나타내고 있다. "최근의 통계에 따르면, 세계인구 중 16억이 그리스도인이라고 한다. 그리고 이름 있는 여론조사에 의하면, 미국인들 중 3분의 1에 해당하는 사람들이 거듭났다고 한다. 이 숫자는 수백만의 사람들이 비참하게도 속고 있음을 보여준다. 그들의 확신이라는 것은 저주스러울 정도로 거짓된 확신이다."

보수파 장로교회의 대표적 학자인 그레샴 메이천 박사도 「믿음이란 무엇인가?」에서 이 문제의 심각성을 지적했다. "현대 신앙생활의 가장 큰 악 중의 하나는 내가 보건대, 일정한 공식에 따라 '나는 예수를 나의 구세주로 영접한다.'고 고백만 하면 그 고백의 진정한 의미를 이해하고 있다는 증거가 없음에도 불구하고 교회의 회원으로 받아들인다는 사실이다. 이런 관습의 결과, 예수 그리스도의 도덕적 성품에 대한 존경심 때문이라든지 인도주의적 사업에 종사하겠다는 막연한 목적으로 예수를 믿는 사람들을 수없이 교회에 받아들이고 있다. 교회 내에 있는 그런 사람 한 명이, 내가 믿기로는, 교회밖에 있는 10명보다 주님 일에 훨씬 더 많은 해악을 끼친다. 그렇기 때문에 이런 잘못된 관습은 근본적으로 바뀌어야만 된다."

그러므로 우리는 복음상담을 해야 한다. 그렇다면 복음상담이란 무엇인가? 복음상담은 교회에 출석하는 사람들 가운데 구원의 확신이 없는 사람들이나 구원문제에 갈등하는 사람들에게 복음을 전하여 구원으로 인도하는 상담이다. 하나님 앞에서 자신의 죄로 인해 멸망 받을 수밖에 없는 사람에게 스스로 죄를 깨닫게 하고, 죄의 결과로 주어지는 무서운 심판을 알게 하고, 자신의 죄를 슬퍼하며, 예수 그리스도의 십자가를 통해서 죄 문제를 해결하고, 예수 그리스도를 인격 대 인격으로 만나서 영생을 얻도록 도와주는 상담이다. 그러나 상담자가 죄인을 구원하는 것이 아니라 상담자가 구원에 필요한 말씀을 전할 때 성령님께서 역사하셔서 하나님께서 친히 죄인을 구원하는 것이며, 상담자는 안내자로 하나님께 쓰임을 받는 것이다.

chapter

2

복음상담을 하는 이유

하나님의 사랑
하나님의 명령
우리의 책임
영혼의 귀중성
무서운 고통
큰 기쁨

2. 복음상담을 하는 이유

하나님의 사랑 때문이다(요3:16, 롬5:8)

하나님께서 사랑하시는 영혼을 우리도 사랑하여 그 영혼에게 복음을 전해주어야 한다. 우리가 잃어버린 영혼을 사랑하여 복음을 전할 때 그리스도는 우리를 통해서 잃어버린 영혼에게 나타나시는 것이다. 그들은 우리를 통하여 그리스도를 발견하게 된다. 성경과 기독교의 핵심은 사랑이다. 성령의 열매도 첫째가 사랑이다. 하나님은 인간을 사랑을 위해서 창조 하셨다. 우리가 눈에 보이지 않는 하나님을 어떻게 사랑할 수 있는가? 그것은 눈에 보이는 사람들을 사랑하는 것이다. 사랑이란 무엇인가? 사랑이란 상대의 필요를 채워주는 것이다. 그래서 예수님은 이렇게 말씀하셨다. "내가 진실로 너희에게 이르노니 너희가 여기 내 형제 중에 지극히 작은 자 하나에게 한 것이 곧 내게 한 것이니라" (마 25:40)

이 말씀의 결론은 이렇다. 우리가 예수님의 이름으로 잃어버린 죄인들을 사랑하는 것이 바로 하나님을 사랑하는 것이다. 그러므로 우리가 그리스도의 사랑을 가지고 그들의 필요를 채워주지 않는다면 그리스도를 사랑할 수 없다. 그러므로 우리는 먼저 복음을 통하여 그리스도의 사랑을 깨달은 다음에 그 사랑을 다른 사람들에게 실천해야 한다. 이것이 우리를 향한 하나님의 뜻이다. 우리 인생의 목적이 무엇인가? 그리스도의 사랑을 통하여 다른 사람들의 필요를 충족시키는 것이다. 성경이 말하는 아가페의 사랑은 행동하는 사랑이다. 예수님은 십자가에서 우리를 위하여 죽으심으로 우리의 필요를 채워 주셨다. 사랑이란 상대방의 최상의 행복을 위하여 필요를 채워주는 것이다. 조셉 알드리치는 행동하는 사랑을 이렇게 제시했다.

"사랑은 행동하는 것이다. 즉 설거지를 한다든가, 부엌일을 한다든가, 청소를 하는 행동이다. 로맨틱한 것이 아니라 현실적이고 관찰할 수 있는 것이다. 죄인들은 우리가 그들의 말에 귀를 기울이거나 그들과 시간을 함께 보낼 때, 사랑 받는 것을 느끼게 된다. 첫째로 사랑은 내면적인 '따스한 행복감' 이상의 것이다. 그것은 사람들 사이에 일어나는 만질 수 있고 볼 수 있는 현상이다. 사랑이 행동할 때 그것은 다른 사람들에게 보이고, 느껴지며, 경험될 수 있다. 둘째로 사랑은 체험될 때 불신자의 마음을 그리스도와 연결시켜 준다. 진정한 사랑의 관계는 불신자의 관심을 그리스도에게로 향하도록 한다. 그것이 불신자를 복음에 대한 부정적인 태도에서 긍정적인 태도로 바꾸는 열쇠이다. 하나님의 성령이 살아있는 편지를 쓰실 때 성장하고, 사랑하는 관계는 결과로 나타난다. 불신자가 그러한 편지를 읽을 때 그는 저자이신 하나님을 인정하게 되는 것이다. 셋째로 사랑은 그리스도인들이 택할 수도 있고, 피할 수도 있다. 즉 그리스도를 믿는 사람에게는 누구나 보장된 태도가 아니라는 것이다. 만일 사랑하면 모든 사람이 그것을 알게 된다. 신약의 저자들은 사랑의 필요성을 몇 번이고 강조하며 권면하고 있다. 우리는 사랑을 표현하는 실제적인 방법들을 가지고 있어야 한다. 우리는 복음 전도의 효과를 맺기 위하여 사랑하고 돌아보는 사람이 되어야 한다."

복음전도자의 진정한 행복이 어디에 있는가? 우리가 손을 뻗쳐서 다른 사람의 필요를 채워줄 때, 우리는 진정 행복을 경험하게 된다. 다음은 오스카 톰슨을 만나 사랑의 진정한 의미를 깨닫고 브렌

다가 고백한 내용이다.

"오스카 박사님, 나는 과거에 나 중심의 삶을 추구했습니다. 나는 세상에서 나의 지위를 얻으려고 안간힘을 썼으며 그리고 친구들 간에도 늘 갈등을 느꼈습니다. 하지만 나는 사랑이 외부로 흘러갈 때 다른 사람들의 필요 뿐 아니라 나의 필요도 충족됨을 경험을 통해 알았습니다."

오스카 톰슨은 고독의 해결책을 이렇게 제시한다.

"당신은 고독을 느끼는가? 당신은 아무도 당신에게 관심을 표하지 않으며, 아무도 당신을 사랑하지 않는다고 생각하는가? 당신은 우울증에 걸려 있는가? 여기 놀라운 처방이 있다. 당신에게 가까이 허락한 인간관계 안으로 뛰어 들어가서 다른 사람의 필요를 채워 주라. 이제 당신은 가서 다른 사람을 사랑하라. 나는 이 세상에서 가장 행복한 사람들은 하나님의 사랑의 통로가 되는 분들이란 사실을 발견했다. 사랑은 필요를 채워주는 것이다. 사랑은 감정의 표현도 아니요, 느낌의 말도 아니다. 오히려 사랑은 지성적인 언어요, 의지나 뜻의 구사요, 행동적 묘사이다. 사랑은 행함이다. 사랑은 관계들을 수립하고, 사랑은 관계들을 유지하며, 사랑은 관계들을 성취하며, 사랑은 관계들을 주도한다. 사랑은 필요를 충족케 하는 것이다."

하나님의 명령이기 때문이다(마28:18-20).

우주의 왕이신 하나님께서 우리에게 복음을 전하라고 명령하셨다. 우리가 복음상담을 잘할 수 있는 비결은 오직 순종에 있다. 하나님께 순종하면 역사가 일어난다. 하나님의 백성들이 순종하니

요단강이 갈라지고, 순종하니 굳게 닫혀 있던 여리고 성이 무너져 내렸다. 그러므로 하나님의 사역은 순종으로 하는 것이다. 우리는 핑계와 변명을 버리고 하나님께 순종함으로 복음전도의 사명을 감당해야 한다. 순종하지 않는 사람은 복음을 전할 수 없다. 우리가 순종하면 하나님의 역사를 경험하게 된다. 복음을 전하는 것은 은사가 아니라 사명이다. 그러므로 성경은 우리에게 이렇게 명령한다. "하나님 앞과 살아 있는 자와 죽은 자를 심판하실 그리스도 예수 앞에서 그가 나타나실 것과 그의 나라를 두고 엄히 명하노니 너는 말씀을 전파하라 때를 얻든지 못 얻든지 항상 힘쓰라 범사에 오래 참음과 가르침으로 경책하며 경계하며 권하라, 군인들이 예수를 끌고 브라이도리온이라는 뜰 안으로 들어가서 온 군대를 모으고, 허락하지 아니하시고 그에게 이르시되 집으로 돌아가 주께서 네게 어떻게 큰 일을 행하사 너를 불쌍히 여기신 것을 네 가족에게 알리라 하시니" (딤후 4:1-2, 막 15:16, 5:19)

여기 모든 말씀들은 우리가 영혼을 구원하기 위해서 복음상담자가 되어야 한다는 분명한 명령이다. 어떤 분이 명령을 내리셨는가? 하늘과 땅의 모든 권세를 가지시고, 산 자와 죽은 자를 심판하실 하나님께서 명령을 내리셨다. 하나님의 명령이 얼마나 엄한가? 이 명령을 살펴보면 복음상담자가 되지 못할 이유가 없다. 그러므로 영혼을 구원하기 위해서 복음상담자가 되지 않는 것은 하나님의 절대명령을 불순종하는 죄를 범하는 것이다. 하늘과 땅의 모든 권세를 가지신 예수님이 우리의 주님이라면 우리가 복음을 전하는 것은 선택의 여지가 없다. 그 일은 해도 되고 안 해도 되는 것이 아니라 해야만 한다. 우리의 인생의 주인 되시는 그분이 말씀하셨다. "우리에게 명하사 백성에게 전도하되 하나님이 살아 있는 자와 죽은 자의 재판장으로 정하신 자가 곧 이 사람인 것을 증언하게 하셨고" (행 10:42) 그러므로 우리는 복음을 전하기 전에 우리들 자신에게 물어 보아야 한다.

"누가 나의 인생을 주관하고 있는가?"

"예수님은 진정으로 나의 주님이신가?"

그러므로 예수님을 주인으로 인정하는 사람은 복음을 전할 수밖에 없다. 만약 예수님이 우리의 중심에 계시지 않는다면 어떻게 다른 사람에게 "예수님을 당신의 구세주로 영접하시오."라고 말하겠는가?

우리의 책임이기 때문이다.

에스겔 3장 16-19절에 의하면 하나님은 우리를 영혼의 파수꾼으로 세웠다. 만일 우리가 구원받은 하나님의 자녀라면 복음의 빚을 지고 있다. 누군가 우리에게 복음을 전해 주어서 우리가 구원을 받았기 때문이다. 그러므로 우리도 잃어버린 영혼에게 복음을 전해 주어야 할 책임이 있다. 우리는 우리 주변의 잃어버린 영혼들에게 복음의 빚을 지고 있기 때문에 우리가 복음을 전할 때 우리는 복음의 빚진 자로서 빚을 갚는다. 빚을 갚는 것은 매우 기쁜 일이다. 하나님은 복음의 빚진 자로서 우리가 복음을 전하지 않으면 우리 손에서 그 피의 대가를 찾으시겠다고 경고하셨다.

"가령 내가 악인에게 이르기를 악인아 너는 반드시 죽으리라 하였다 하자 네가 그 악인에게 말로 경고하여 그의 길에서 떠나게 하지 아니하면 그 악인은 자기 죄악으로 말미암아 죽으려니와 내가 그의 피를 네 손에서 찾으리라" (겔 33:8)

미국의 전 대통령 지미 카터는 열심히 복음을 전하는 성도였다. 그가 다니는 교회에서는 매년마다 복음전도 집회가 있었는데, 그분은 매년마다 복음전도 집회에 초대하기 위해서 14가정을 찾아가서 복음을 전했다. 그러므로 10년 동안 140가정을 방문했다. 하지만 그분이 1966년에 주지사에 출마해 선거운동을 하면서 3개월 동안 무려 30만 명이 넘는 사람들을 만나 악수를 했기 때문에 그 결과로 당선이 되었지만 그분은 마음에 성령님께서 들려주시는 음성을 들었다.

"나를 위해서는 3개월에 30만 명을 만나보면서 하나님을 위해서는 14년 동안 겨우 140가정에게 복음을 전하였다니 이것은 참으로 부끄러운 일이다."

우리는 어떠한가? 우리의 가정과 우리의 사업을 위해서는 모든 정성을 다 기울이며 시간도 내고, 돈도 쓰고, 관심도 기울이면서, 하나님께서 찾고 계시는 잃어버린 영혼을 구원하기 위해서 우리는 무엇을 하고 있는가? 영원히 멸망할 수밖에 없는 불쌍한 영혼을 위해서 우리가 시간을 드리지 않고, 돈도 사용하지 않고, 관심을 기울이지 않는다면 우리가 진정한 그리스도인이라고 말할 수 있겠는가?

쉰들러 리스트라는 영화는 실화로서 오스카 쉰들러의 이야기를 다루고 있다. 쉰들러는 사업가로서 자신의 돈을 주고 유태인 1,100명을 자신의 공장에서 일을 시키겠다는 명목으로 아우스비츠 수용소에서 구출해 낸다. 이 영화의 하이라이트는 마지막 장면인데 쉰들러가 유태인들을 더 구원해 내지 못한 것을 안타까워하는 내용이다. 자신이 타고 다녔던 자동차를 바라보며 "내가 저 자동차만 팔았더라면 10명을 더 살렸을 텐데" 600만 명 중에 1,100명은 비록 적은 수이지만 그래도 사람들을 구원하려는 열의가 대단했다.

　우리도 이런 책임감을 가지고 잃어버린 영혼들을 구원해야 한다. 우리 각자가 처한 장소에서 나의 영향권에 있는 사람들은 모두 내 책임이라는 의식을 가져야 한다. 내 가족, 내 이웃, 직장 동료, 내 친구들은 내가 구원해야 한다. 그래서 우리는 복음상담을 해야 한다.

　　　구원받지 못한 영혼은 잃어버린 자이기 때문이다.

　예수님은 잃어버린 영혼을 구원하시기 위해 이 세상에 오셨다(눅 19:10). 길을 잃어버린 아기는 스스로 집에 찾아올 수 없다. 마찬가지로 잃어버린 영혼들도 누군가가 그를 찾아가서 도와주지 않으면 스스로 구원 받을 수 없다. 하나님이 제일 기뻐하시는 것은 잃어버린 영혼이 회개하고 하나님께 돌아오는 것이다. 누가복음 15장 1절부터 32절은 잃어버린 영혼이 말씀을 듣기 위하여 예수님께 가까이 나아 올 때, 그 당시 종교 지도자들은 기뻐하지 않고 오히려 원망하고 불평하였다. 예수님은 이러한 잘못을 깨우쳐 주기 위해서 세 가지 비유를 말씀하신다. 잃어버린 영혼이 회개하고 하나님께 돌아오는 것을 얼마나 기뻐하시는지 알려주신다. 바리새인과 서기관들은 기뻐하지 않았다(눅 15:1-2), 잃어버린 아들의 비유에서는 집에 있던 형도 기뻐하지 않았다. 잃어버린 아들이 회개하고 돌아왔을 때, 형은 기뻐하기보다는 오히려 화를 내었다. 아버지는 돌아온 동생을 "이 네 동생"(눅 15:32)이라고 말하고, 그 집에 살고 있는 종들도 "당신의 동생이"(눅 15:27)라고 말하지만 이 못된 형은 자기 동생을 자기 동생으로 인정하지 않고 "아버지의 살림을 창기와 함께 먹어 버린 이 아들"이라고 말하면서 전혀 기뻐하지 않고 오히려 화를 내었다.

그러나 하나님은 이 말씀을 통해서 잃어버린 영혼이 회개하고 돌아오면 하나님께서 기뻐하시고, 하늘에서는 기쁜 잔치가 벌어진다고 말씀하신다. 그렇다면 하나님께서 가장 기뻐하시는 것은 잃어버린 영혼을 하나님께 돌아오게 하는 복음상담이다. 그러므로 우리는 복음상담을 열심히 실천해야 한다.

영혼의 귀중성 때문이다.

예수님은 한 영혼이 천하보다 더 귀하다고 말씀 하셨다. 그러므로 구원받지 못한 영혼들이 구원받을 수 있도록 나의 노력과 시간과 물질을 투자하는 것은 가장 값진 투자다. 투자 중의 투자, 가장 값진 투자는 바로 영혼을 위한 투자다. 성경은 말씀한다. "사람이 만일 온 천하를 얻고도 자기 목숨을 잃으면 무엇이 유익하리요 사람이 무엇을 주고 자기 목숨과 바꾸겠느냐"(막 8:36-37)

이 세상에서 가장 가치 있는 일은 무엇인가? 이 세상에서 가장 소중한 것을 위해 하는 일이다. 이 세상에서 가장 소중한 것은 하나님과 그분의 말씀과 인간의 영혼이다. 그러므로 우리는 영원히 존재하는 하나님과 그분의 말씀과 인간의 영혼을 위해서 우리의 삶을 투자해야 한다. 영혼을 구원하기 위해서 우리의 삶을 투자해야 한다. 인간의 영혼은 너무나 소중하다. 예수님은 인간의 영혼이 가장 가치 있다고 보셨기 때문에 자신의 귀한 피 값을 지불하시고 우리를 구속하셨다. 우리를 구속하기 위해서 예수님의 거룩한 보혈이 흘려졌다. 그러므로 인간의 영혼은 소중하기 때문에 우리는 복음상담을 통해 소중한 영혼을 구원해야 한다.

지옥의 무서운 고통 때문이다.

마가복음 9장 43-50절이나 누가복음 16장은 지옥의 무서운 고통을 잘 보여주고 있다. 구원받지 못한 영혼의 운명이 지옥인 것을 분명히 안다면 그들에게 확실한 복음을 전하지 않을 수 없다. 우리는 예수님을 믿지 않는 사람들의 무서운 운명을 알고 있다. 그들이 지옥에서 당하는 고통은 이루 말할 수 없을 정도다. 목마름의 고통과 뜨거움의 고통은 인간의 상상을 초월한다. 이 무서운 지옥에서 영혼을 건지는 방법이 무엇인가? 복음상담이다. 우리는 복음을 듣지 못하여 지옥에 들어가는 영혼들을 불쌍히 여기고, 그들이 불쌍하다고 생각하면 그들에게 지옥에 들어가지 않을 수 있는 방법을 알려 주어야 한다. 그들에게 복음을 전하지 않는 것은 멸망 받을 사람들에게 동정심을 가지지 않는 죄이며, 우리가 이웃을 내 몸같이 사랑하지 않는 죄인 것이다. 이웃이 지옥에 간다는 사실을 알고 있다면 우리는 그들을 구원하려고 노력해야 한다. 그러므로 우리는 복음상담을 해야 한다.

상담자에게 크나큰 기쁨을 주기 때문이다.

사도 바울은 자신이 복음을 전하여 세운 빌립보 교회를 바라볼 때마다 자부심과 기쁨이 있었다. "그러므로 나의 사랑하고 사모하는 형제들 나의 기쁨이요 면류관인 사랑하는 자들아 이와 같이 주안에 서라"(빌 4:1) 그리고 데살로니가 교회의 성도들은 바울의 소망이요, 기쁨이요, 자랑의 면류관이었다. "우리의 소망이나 기쁨이나 자랑의 면류관이 무엇이냐 그가 강림하실 때 우리 주 예수 앞에 너희가 아니냐 너희는 우리의 영광이요 기쁨이니라"(살전 2:19-20) 우리가 복음을 전하여 구원받고 성장한 영혼들은 우리의 자랑이 될 수 있다. 우리가 복음을 전하면 반드시 기쁨으로 영혼의 열매를 거두게 된다. "눈물을 흘리며 씨를 뿌리는 자는 기쁨으로 거두리로다 울며 씨를 뿌리러 나가는 자는 반드시 기쁨으로 그 곡식 단을 가지고 돌아오리로다" (시 126:5-6) 우리가 영혼들에게 복음을 전하여 그들이 구원을 받는 모습을 보게 되면 우리는 성령 충만해지고 기쁨이 넘치게 된다. 하지만 너무나 많은 그리스도인들이 복음을 전하지 않고 영혼들을 구원하지 않기 때문에 비참하고 우울한 삶을 살아간다. 복음상담을 하는 사역은 너무나 기쁜 일이기 때문에 우리는 복음상담을 해야 한다.

chapter

3
복음상담의 성서적 예증

니고데모
우물가의 여인
부자 청년
십자가에 달린 강도
내시
아볼로

3. 복음상담의 성서적 예증

예수님과 사도들은 대중을 대상으로 복음을 선포하기도 했고, 개인적으로 복음을 전하여 그 영혼이 구원을 받도록 복음상담을 해주는 경우도 있었다. 복음서를 살펴보면 예수님께서 개인을 만나 말씀을 전하신 것이 열 번이나 되는 것을 발견할 수 있다.

니고데모(요 3:1-21)

예수님은 구원문제에 갈등을 느끼고 밤에 찾아온 니고데모에게 복음상담을 하셨다. 니고데모는 바리새인이요 유대인의 관원이요 이스라엘의 선생이요 경험이 많은 늙은이였지만 거듭나는 진리에 대해 전혀 알지 못했다. 그가 거듭나지 못했기 때문에 예수님은 그에게 "내가 네게 거듭나야 하겠다 하는 말을 놀랍게 여기지 말라"(요 3:7)고 권면하셨다. 그리고 인간은 누구나 거듭나야만 하늘나라에 들어갈 수 있으며, 모세가 광야에서 뱀을 든 것 같이 예수님 자신도 십자가에 매달려야함을 구체적으로 설명하셨다.

우리는 예수님이 누구에게 거듭나야 하겠다고 말씀하셨는지 이해해야 한다. 예수님은 그 당시 매우 타락한 죄인이나 어떤 부도덕한 사람에게 '거듭나라' 고 말씀하신 것이 아니다. 오히려 인격이 훌륭하고 도덕적으로도 흠이 없고 학식이 매우 많아 사람들에게 존경을 받고 있는 니고데모에게 거듭나야 한다고 말씀하셨다. 종교적으로 아무리 선한 사람이라도 거듭나지 않으면 하늘나라에 들어갈 수 없다.

그러면 왜 인간은 거듭나야 하는가? 예수님은 니고데모에게 이렇게 말씀하셨다. "육으로 난 것은 육이요 영으로 난 것은 영이니"(요 3:6) 여기 육으로 난 것은 부모로부터 죄인으로 태어나는 것이기 때문에 육으로 난 사람이 거듭나지 않으면 지옥에 들어갈 수밖에 없다. 하지만 영으로 난 것은 성령의 역사로 말미암아 영적으로 하나님의 자녀로 태어나 구원을 받는 것이다. 그러므로 예수님은 니고데모에게 자신을 믿어야 영생을 얻게 되며 하나님께서 자신을 보내신 것은 세상을 구원하기 위해서라는 것을 구체적으로 대화를 통해 설명하셨다(민 21:5-9).

"니고데모 선생, 잘 들어보시오. 광야의 놋뱀 사건에서 이 놋뱀은 인자인 나를 나타내는 것이요, 내가 놋뱀처럼 세상의 모든 사람의 죄를 짊어지고 내가 십자가에 매달려야 하는 것이요, 하나님 아버지께서는 나에게 온 세상의 모든 죄를 십자가에 지게 하시고 나를 믿는 자, 나를 의지하는 자, 나를 신뢰하는 자는 누구든지 멸망을 당하지 않고 영생을 얻게 하려는 것이요"

하지만 니고데모가 그 당시에 구원을 받았다는 기록은 없다. 예수님께서 니고데모에게 "진실로 진실로 네게 이르노니 우리는 아는 것을 말하고 본 것을 증언하노라 그러나 너희가 우리의 증언을 받지 아니하는도다 내가 땅의 일을 말하여도 너희가 믿지 아니하거든 하물며 하늘의 일을 말하면 어떻게 믿겠느냐"(요 3:11-12)라고 말한 것으로 보아 그 당시에는 받아드리지 않은 것으로 보인다.

그리고 우리는 요한복음 2장 마지막 부분에서 그 이유를 발견할 수 있다. "유월절에 예수께서 예루살렘에 계시니 많은 사람이 그의 행하시는 표적을 보고 그의 이름을 믿었으나 예수는 그의 몸을 그들에게 의탁하지 아니하셨으니 이는 친히 모든 사람을 아심이요 또 사람에 대하여 누구의 증언도 받으실 필요가 없었으니 이는 그가 친히 사람의 속에 있는 것을 아셨음이니라"(요 2:23-25) 이 말씀에 의하면 그 당시 예루살렘에 있던 많은 사람들이 예수님께서 기적을 일으키시는 것을 보고 예수님을 믿었지만 정작 예수님께서는 자신을 그들에게 의탁하시기를 거부하셨다. 예수님은 그들의 마음을 정확하게 볼 수 있었기 때문이다. 예수님이 그들을 바라보시고 그들이 믿는다고는 하지만 참된 믿음이 아니었기 때문에 자신을 그들에게 의탁하시지 않으셨다. 그러므로 그 당시 예루살렘에 살고 있는 사람들은 예수님께서 하시는 기적을 보고 믿었지만 정작 예수님께서 하신 말씀을 듣고 믿은 것은 아니었다. 그러므로 니고데모도 예수님의 표적을 보고는 믿었지만 말씀을 듣고 믿지는 못한 것 같다. 그러므로 니고데모는 그 당시에는 구원을 받지 못했으나 나중에 구원받은 것으로 보인다. 나중에 니고데모가 예수 그리스도와 그의 제자들에게 우호적인 태도를 보이고 있기 때문이다.

"그 중의 한 사람 곧 전에 예수께 왔던 니고데모가 그들에게 말하되 우리 율법은 사람의 말을 듣고 그 행한 것을 알기 전에 심판하느냐, 일찍이 예수께 밤에 찾아왔던 니고데모도 몰약과 침향 섞은 것을 백 리트라쯤 가지고 온지라"(요 7:50-51, 19:39)

수가성의 우물가의 여인(요 4:1-42)

예수님께서는 죄악 가운데 방황하면서 그 심령이 심히 갈급한 상태에 있던 사마리아 여인을 우물가에서 만나 그 영혼이 구원을 받을 수 있도록 복음상담을 하셨다. 그런데 예수님은 그 여인을 상담하시면서 어떤 일정한 법칙에 따라 그 여인을 구원으로 인도하셨다. 첫째, 예수님은 주의를 끄는 행동을 하셨다. 예수님은 유대인이셨지만 사마리아 여인에게 "물을 좀 달라"고 부탁하시며 접근하신다. 그래서 그 여인은 예수님께 이렇게 말한다. "당신은 유대인으로서 어찌하여 사마리아 여자인 나에게 물을 달라 하나이까 하니 이는 유대인이 사마리아인과 상종하지 아니함이러라" (요 4:9) 둘째, 예수님은 그 여인의 관심이 무엇인지 알고는 공동관심사를 조성하신다. 사마리아 여인이 물을 얻기 위해서 우물가에 왔기 때문에 예수님께서도 생수에 대한 이야기를 통해 대화를 전개하셨다. 우리가 영혼들을 접촉하는 경우 비본질적인 것들은 빼고 곧 핵심으로 들어가는 경우가 있지만 예수님은 그런 식으로 접근하시지 않으시고 먼저 공동관심사의 대화에서 서서히 영적인 문제로 초점을 돌리시고는 곧 관심을 불러일으키신다.

"예수께서 대답하여 이르시되 네가 만일 하나님의 선물과 또 네게 물 좀 달라 하는 이가 누구인 줄 알았더라면 네가 그에게 구하였을 것이요 그가 생수를 네게 주었으리라" (요 4:10)

셋째, 예수님은 그 여인에게 욕망을 갖게 하셨다. "예수께서 대답하여 이르시되 이 물을 마시는 자마다 다시 목마르려니와 내가 주는 물을 마시는 자는 영원히 목마르지 아니하리니 내가 주는 물은 그 속에서 영생하도록 솟아나는 샘물이 되리라" (요 4:13-14) 결국 그 여인은 관심과 욕망을 가지고 예수님께 생수를 요청하게 된다. "여자가 이르되 주여 그런 물을 내게 주사 목마르지도 않고 또 여기 물 길으러 오지도 않게 하옵소서" (요 4:15) 처음에는 예수님께서 그 여인에게 물을 좀 달라고 접근하셨지만 이제는 그 여인이 예수님께 생수를 구하게 된다.

넷째, 예수님은 그 여인의 죄를 자연스럽게 지적하신다.

"이르시되 가서 네 남편을 불러 오라" (요 4:16) 사실 그 여인은 남편이 없었다. 지금 함께 살고 있는 남자도 그 여인의 남편이 아니었다. 그 여인은 도덕적으로 바른 여인이 아니었기 때문에 예수님은 그 여인의 죄를 대면시킨다. 인간은 자신의 죄인식이 없으면 구원을 받을 수 없다. 그러므로 우리가 온전한 복음을 전하려면 죄를 충분히 다루어주어야 한다. 하나님 앞에서 죄가 얼마나 더러운 것이며, 죄의 대가와 죄의 형벌로 들어가는 지옥이 얼마나 무서운 곳이며, 죄가 하나님과 인간의 관계를 파괴시키는 것이라는 것을 철저하게 다루어야 한다.

다섯째, 예수님은 가장 시기가 적절할 때 자신이 메시야임을 밝히셨다. 사마리아 여인이 자신을 구원할 메시야를 기다리고 있다고 고백하자 예수님은 자신이 그 메시야임을 밝히셨다.

"여자가 이르되 메시야 곧 그리스도라 하는 이가 오실 줄을 내가 아노니 그가 오시면 모든 것을 우리에게 알려 주시리이다 예수께서 이르시되 네게 말하는 내가 그라 하시니라"(요 4:25-26)

이처럼 예수님께서는 개인적으로 사마리아 여인을 만나 대화를 통해서 복음을 전하여 구원을 받을 수 있도록 복음상담을 하셨다.

재물이 많은 한 젊은이(마 19:16-26)

재물이 많은 한 젊은이가 구원문제로 예수님을 찾아와 복음상담을 했지만 그의 많은 재물 때문에 구원받지 못하고 근심하면서 예수님을 떠나게 되었다. 우리는 여기서 구원과 관련해서 몇 가지 교훈을 배울 수 있다.

첫째, 그의 질문이 잘못되어 있었다. "어떤 사람이 주께 와서 이르되 선생님이여 내가 무슨 선한 일을 하여야 영생을 얻으리이까"(마 19:16) 우리가 구원을 받는 것은 우리가 무엇을 해서 받는 것이 아니라 하나님의 은혜와 선물로 받는다. 그래서 예수님은 만약 율법을 지켜서 구원을 받으려면 완벽해야 한다고 말씀하셨다. "예수께서 이르시되 네가 온전하고자 할진대 가서 네 소유를 팔아 가난한 자들에게 주라 그리하면 하늘에서 보화가 네게 있으리라 그리고 와서 나를 따르라 하시니"(마 19:21) 그러자 그 젊은이는 근심하면서 떠나게 된 것이다. 처음에도 영생을 얻기 위해서 왔지만 이제는 물질 때문에 근심하면서 떠나는 것이다. 이것을 바라보고 놀라는 제자들에게 예수님은 이렇게 말씀하신다. "제자들이 듣고 몹시 놀라 이르되 그렇다면 누가 구원을 얻을 수 있으리이까 예수께서 그들을 보시며 이르시되 사람으로는 할 수 없으나 하나님으로서는 다 하실 수 있느니라"(마 19:25-26) 결국 구원은 우리가 이루는 것이 아니라 하나님이 하시는 사역이다.

둘째, 누구나 한 가지 부족한 것이 있다. "예수께서 이 말을 들으시고 이르시되 네게 아직도 한 가지 부족한 것이 있으니 네게 있는 것을 다 팔아 가난한 자들에게 나눠 주라 그리하면 하늘에서 네게 보화가 있으리라 그리고 와서 나를 따르라 하시니"(눅 18:22) 우리가 구원을 받는데 있어서 누구나 한 가지 장애가 있기 마련이다. 하지만 우리는 그 장애를 극복하고 하나님께 나아가 구원을 받아야 한다.

셋째, 누구나 다 구원상담에 성공하는 것은 아니다. 우리 예수님이 복음상담을 했다고 다 구원을 받는 것이 아니다. 그러므로 우리는 복음상담에 실패했다고 낙심하지 말고 계속 배우고 실천해야 한다.

십자가에 달린 강도(눅 23:39-43)

우리 예수님께서는 십자가에 달려 죽어 가시면서도 함께 달린 강도를 구원하셨다. 이 경우는 복음상담을 하는데 많은 시간이 걸리지 않고 짧게 끝내셨다. 예수님은 이 복음상담을 통하여 누구나 예수님을 의지하면 구원을 받을 수 있음을 보여 주셨다. 어떤 사람이 자신은 너무 큰 죄를 지어서 믿지 못하겠다는 사람이 있다면 그 사람이 십자가에 달린 강도보다도 더 많은 죄를 지었겠는가? 이 죄 많은 강도도 구원을 받았기 때문에 아무리 큰 죄를 지었더라도 누구나 예수님을 의지하면 구원을 받을 수 있다는 사실을 보여준다. 십계명이나 율법을 지켜야 구원을 받는다고 주장을 하는 사람이 있다면 이 십자가의 강도는 율법을 지켜서 구원을 받은 것이 아니라 율법을 범하고도 구원을 받았다. 그는 교회생활을 열심히 한 것도 아니고 헌금을 많이 낸 것도 아니고 봉사를 많이 실천한 것도 아니다. 너무 믿기에는 늦어서 구원받지 못하겠다는 사람이 있다면 이 강도는 죽음 직전에 지옥 문턱에서 구원을 받았다. 이와 같이 우리 예수님께서는 어려운 상황 속에서도 영혼을 구원하기 위해서 복음상담을 하셨다.

에디오피아 사람 내시(행 8:26-31)

예루살렘 성전에서의 예배에까지 참석할 정도로 영적으로 갈급한 에디오피아 내시가 빌립의 복음상담을 통해서 구원을 받게 된다. 빌립은 성령의 인도함을 받아 광야에서 에디오피아로 돌아가는 내시를 만나 마차 안에서 복음상담을 하였다. 내시가 선지자 이사야의 말씀을 읽는 것을 듣고 "읽는 것을 깨닫느냐?" 하고 가볍게 접근하자 그 때 내시는 이렇게 대답한다. "지도해 주는 사람이 없으니 어찌 깨달을 수 있느냐" (행 8:31)

여기 "지도해 주는 사람"은 길 안내자를 지칭한다. 우리가 길을 전혀 알지 못해도 좋은 안내자만 있다면 얼마든지 바른 길로 갈 수 있다. 그러므로 복음상담자는 죄인을 예수님께로 안내하는 안내자다. 복음상담자가 구원을 주는 것이 아니라 예수님이 구원을 주는 것이며 우리는 단지 안내자라는 것을 명심해야 한다. 여기서 세 종류의 안내자가 있다.

첫째는 본인이 가본 적이 없기 때문에 길을 올바르게 안내할 수 없는 안내자다. 올바른 길을 알지도 못하면서 엉뚱한 길로 인도하는 안내자다. 이 사람은 본인이 구원을 받지 않은 사람이다. 그러므로 소경이 소경을 인도하면 두 사람이 다 멸망을 당하게 된다.

둘째는 본인이 그 길을 가본적은 있으나 길을 안내하지는 못하는 사람이다. 이 사람은 본인은 구원을 받았지만 다른 사람을 어떻게 복음상담을 할지 모른다.

셋째는 본인이 그 길을 가본적도 있고, 그 길을 잘 인도하는 안내자다. 이 사람은 본인이 정확하게 구원을 받았고 다른 사람도 구원을 받을 수 있도록 복음상담을 잘 인도할 수 있는 사람이다. 우리는 이런 안내자가 되어야 한다. 그러므로 빌립은 내시가 읽고 있는 이사야 53장 7-8절을 가지고 시작하여 여러 말씀을 통해서 예수 그리스도에 대해 설명하면서 복음을 전하여 내시를 구원으로 인도한다. 결국 내시는 구원을 받고 기쁜 마음으로 고향으로 돌아가게 된다.

아볼로(행 18:24-28)

아볼로는 성경을 많이 알고 있었으나, 예수님 자신을 개인적으로 알기보다는 "예수에 관한 것"만 알고 있으면서도 그것을 열심히 전했다. 그러나 그는 예수를 전한 것이 아니라 주변 이야기만 전한다. 정확한 핵심을 알지 못했고, 참된 알맹이가 빠졌다. 하지만 영적인 통찰력과 분별력을 가진 아굴라와 브리스길라 부부는 아볼로가 설교하는 내용을 듣고 구원받지 못한 사람임을 알게 되었고, 이어 개인적인 복음상담을 통해서 구원을 받을 수 있도록 도와주었다. 그러므로 영적인 분별력이 있는 복음상담자는 상대방이 하는 말과 기도만 들어봐도 그 사람이 구원받은 사람인지 아닌지를 정확하게 알 수 있다.

chapter 4
복음상담자의 자격

거듭남
올바른 관계
영혼사랑
순수한 동기
온전한 의뢰
영혼분별
겸손한 사람

4. 복음상담자의 자격

　모든 그리스도인은 거듭나는 순간부터 복음을 전해야 한다. 신앙이 다 자란 후에 하는 것이 아니라 거듭난 직후부터 그 수준에 맞게 복음을 전해야 한다. 복음상담자가 되기 위해서는 먼저 몇 가지 자격을 갖추어야 한다.

　헨리에타 미어즈는 복음상담자가 갖추어야할 자격에 대해 이렇게 말한다. "복음상담자는 성령의 인도를 받는 사람이어야 한다. 복음상담을 할 때만 아니라 모든 일에서 성령의 인도를 받아야 한다. 복음상담자는 태어나는 것이 아니라 훈련으로 만들어진다. 훈련을 받을 의지만 있다면 누구나 복음상담자가 될 수 있다. 복음상담자는 자신이 있는 곳이 바로 출발점이다. 고향에서 선교사가 아니라면 바다 건너에서 선교사가 될 수 없다. 복음상담자는 성령의 인도를 받되 성령의 인도하심에 민감해야 한다. 그분의 주도하심보다 앞서 나가지 말아야 한다. 성령께서는 복음상담자의 마음뿐만 아니라 그가 성령님의 인도함을 받아 다가가는 상대방 안에서도 일하고 계심을 믿어야 한다. 그리고 상대방이 처한 자리에서 시작하되 상대방의 관심사와 지식에서 출발해야 한다. 상대방이 복음의 핵심에서 벗어나지 않게 해야 한다. 상대방을 논리적으로 설득하려들지 말아야 한다. 상대방이 예수 그리스도가 아니라 복음의 지식을 받아드려서는 안 된다. 예수 그리스도께서 복음상담자를 어떻게 구원해 주셨는지 말해야 한다. 복음을 설명할 때에는 상대방이 스스로 성경 구절을 읽게 해야 한다. 복음상담자가 조바심을 내지 말고 성령 하나님께서 상대방의 마음에서 일하시게 해야 한다. 복음상담자 자신이 아니라 성경 말씀과 성령 하나님을 의지하여 복음상담을 해야 한다."

먼저 거듭나야 한다.

우리가 탁월한 복음상담자가 되려면 먼저 자신이 구원받은 사실이 있어야 한다. 영적으로 거듭난 사실이 없다면 소경이 소경을 인도하는 것과 같다. 결국 복음상담을 하는 사람이나 불신자 모두가 구덩이에 빠지고 만다. 그래서 예수님은 말씀하신다. "또 비유로 말씀하시되 맹인이 맹인을 인도할 수 있느냐 둘이 다 구덩이에 빠지지 아니하겠느냐"(눅 6:39) 그러므로 거듭난 사실이 없는 사람은 다른 사람에게 구원의 길을 보여줄 수 없다.

예수님과 올바른 관계에 있어야 한다.

거듭나긴 했지만 내 생활이 예수님 보시기에 청결하지 못하고 죄 가운데 살아간다면 그는 하나님께 쓰임 받을 수 없다. 그래서 성경은 "내가 나의 마음에 죄악을 품었더라면 주께서 듣지 아니하시리라"(시 66:18)고 했다. 그러므로 복음상담자는 모든 은밀한 죄나 잘못된 생각까지도 예수님께 자백하고 정결함을 받아야 한다. 하나님께 쓰임 받는 복음상담자가 되려면 먼저 자신이 깨끗해야 한다. 사도 바울은 하나님께 쓰임 받는 사람을 이렇게 소개한다. "그러므로 누구든지 이런 것에서 자기를 깨끗하게 하면 귀히 쓰는 그릇이 되어 거룩하고 주인의 쓰심에 합당하며 모든 선한 일에 준비함이 되리라"(딤후 2:21)

영혼을 사랑해야 한다.

한 영혼이 천하보다 더 귀하다는 사실을 알고 그 영혼을 사랑해야 한다. 그 영혼에 대한 부담감을 가지고 눈물을 흘리며 기도해야 한다. 하나님은 영혼을 사랑하는 사람에게 영혼을 맡기신다. 한 영혼이 얼마나 소중한지 예수님은 이렇게 말씀하셨다. "사람이 만일 온 천하를 얻고도 제 목숨을 잃으면 무엇이 유익하리요 사람이 무엇을 주고 제 목숨과 바꾸겠느냐" (마 16:26)

예수님은 영혼들을 위해서 십자가에서 피 흘려 죽으셨다. 예수님이 영혼을 사랑하신 것처럼 우리도 영혼을 사랑할 때 복음상담자로 쓰임 받을 수 있다. 전도자는 영혼을 불쌍히 여기는 사람이다. 사도 바울은 이렇게 고백한다. "내가 그리스도 안에서 참말을 하고 거짓말을 아니하노라 나에게 큰 근심이 있는 것과 마음에 그치지 않는 고통이 있는 것을 내 양심이 성령 안에서 나와 더불어 증언하노니 나의 형제 곧 골육의 친척을 위하여 내 자신이 저주를 받아 그리스도에게서 끊어질지라도 원하는 바로라" (롬 9:1-3)

사도 바울은 자신의 형제들과 골육의 친척들이 지옥에 들어가는 것을 매우 안타까워했다. 비록 자신이 저주를 받아 예수님에게서 끊어져 지옥에 들어간다 하더라도 그들이 구원을 받을 수 있다면 그것을 원한다고 말한다. 사도 바울은 진정으로 영혼을 사랑하는 연민의 정이 있었다. 그는 연민의 정을 가지고 영혼을 대하는 사람이었다. 우리도 구원받지 못한 영혼들을 불쌍히 여기는 마음이 있어야 한다. 그래야 복음상담자로서 하나님께 쓰임 받을 수 있다.

순수한 동기로 복음상담을 해야 한다.

우리는 복음상담자로서 무능함을 깨닫고 예수님께서 우리를 사용하시도록 간절히 기도해야 한다. 우리는 다른 사람에게 인정받기 위하여 복음을 전하는 것이 아니고, 나의 신앙을 자랑하거나 과시하기 위해서 전하는 것도 아니다. 오직 예수님을 기쁘게 해 드리기 위해서 영혼들에게 복음을 전한다. 우리가 교만한 마음을 가질 때 하나님께 더 이상 쓰임 받지 못한다.

예수님께서 우리를 사용하실 때, 우리는 쓰임 받는 것만으로도 만족하고 사용하시는 예수님께 감사해야 한다. 예수님이 우리를 쓰시는 것이지 우리가 영혼을 구원시키는 것이 아니기 때문이다.

주님을 온전히 의지해야 한다.

우리가 예수님을 떠나서는 아무 것도 할 수 없지만, 예수님을 통해서 우리는 모든 것을 할 수 있다(요 15:5, 빌 4:13). 우리의 지식과 지혜와 능력이나 언변으로는 다른 사람을 구원으로 인도하기보다 설득조차도 하기 어렵다. 우리의 무능함을 깨닫고 예수님께서 우리를 사용하시도록 간절히 기도하고 예수님을 의지해야 한다. 사도 바울은 이렇게 고백했다. "내가 너희에게 나아가 하나님의 증거를 전할 때에 말과 지혜의 아름다운 것으로 아니하였나니, 내 말과 내 전도함이 설득력 있는 지혜의 말로 하지 아니하고 다만 성령의 나타나심과 능력으로 하여"(고전 2:1, 4)

구원의 복음을 체계적으로 전할 수 있어야 한다.

나 자신이 구원을 받았어도 복음을 조리 있고 체계적으로 전하지 않으면 구원의 역사가 불가능하지는 않더라도 굉장히 어렵다. 그렇기 때문에 복음을 제시하는 여러 가지 방법 가운데 가장 효과적인 방법을 잘 공부해서 그것을 체계적으로 전하는 게 중요하다. 복음상담의 훈련은 그래서 필요하다.

잃어버린 영혼을 분별할 수 있어야 한다.

세상에는 두 종류의 사람들이 있다. 이미 구원받은 사람과 잃어버린 사람이다. 사실 그리스도 밖에 있는 사람은 누구나 다 잃어버린 사람이다. 우리는 종종 이 세상에서 성공한 사람을 만나면 기가 죽는다. 하지만 그 사람이 구원을 받지 못했다면 아무리 많이 배우고 지위가 높은 사람이라도 그 사람은 잃어버린 불쌍한 사람이다. 우리는 세리장 삭개오를 대하는 예수님을 통해서 교훈을 얻어야 한다. 사실 세상에서 성공한 삭개오는 하나님이 필요 없는 것처럼 보였다. 그는 안락한 삶을 즐기는 물질주의자요 전통적인 도덕규범과 종교적 관습을 무시하는 성공한 죄인이었다.

그 시대 사람들에게는 삭개오가 그다지 잃어버린 상태에 있는 것처럼 보이지 않았다. 그때 예수님은 삭개오가 살고 있던 여리고를 지나가시게 되었다. 그런데 이상한 일이 일어났다. 삭개오에게 그런 마음이 있으리라고는 아무도 생각하지 못했는데, 모든 것을 소유하고 있었던 삭개오가 어떤 갈망에 이끌려 거리로 달려 나와 마침내는 예수님을 보려고 나무 위로 올라간다. 예수님은 지나가던 길을 멈추고 삭개오를 부르며 그를 만나 주셨고 구원해 주셨다. 예수님과 삭개오가 만났을 때 중요한 점은 예수님이 그를 어떻게 보셨느냐는 것이다. 그분은 삭개오를 겉으로 보지 않으셨다. 그분은 삭개오를 깊이 보셨고, 잃어버린 죄인으로 보셨다.

우리도 관심을 가지고 사람들을 살펴보면 모든 것을 가지고 있는 것 같지만 진정한 필요가 채워지지 않은 사람들이 있다. 예수님이 삭개오를 보셨던 것처럼 우리도 사람들의 내면을 살펴보면 비참한 모습을 발견할 수 있다. 우리가 진정한 관심을 가지고 상대방의 말을 들어보면 그들의 내면의 모습을 읽을 수 있다. 아마 사람들은 삭개오를 바라보고 심리적인 치료를 받아야 한다든가 사회적인 회복을 얻어야 한다고 생각했겠지만 예수님은 삭개오를 보고 그가 하나님으로부터 분리되었기 때문에 잃어버린 사람으로 보셨다. 우리도 그렇게 볼 수 있어야 그들에게 복음을 전할 수 있다. 사도 바울도 모든 사람을 볼 때 구원받은 사람과 구원받지 못한 사람으로 구분해서 보았다. 그러므로 사도 바울은 높고 천한 모든 사람들에게 복음을 전할 수 있었다. 그러므로 그는 사도행전 26장에서 아그립바 왕에게도 복음을 전했다. 예수님께서도 사도 바울이 복음을 이방인들과 여러 왕들과 이스라엘 자손들에게 전할 사람이라고 소개하셨다. "주께서 이르시되 가라 이 사람은 내 이름을 이방인과 임금들과 이스라엘 자손들에게 전하기 위하여 택한 나의 그릇이라"(행 9:15)

그러므로 사도 바울은 사람들을 대하는 원리를 제시한다. "그러므로 우리가 이제부터는 어떤 사람도 육신을 따라 알지 아니하노라 비록 우리가 그리스도도 육신을 따라 알았으나 이제부터는 그같이 알지 아니하노라"(고후 5:16) 사도 바울은 모든 사람들을 바라볼 때 육신에 따라 평가하기보다는 영적으로 보았다. 그러므로 우리도 그리스도밖에 있는 모든 사람을 불쌍한 죄인으로 보고 그들에게 관심을 갖고 구원의 복음을 전해 주어야 한다. 그리고 우리가 그리스도밖에 있는 사람들은 누구나 지옥에 들어간다는 사실을 분명히 믿는다면 우리는 복음을 전할 수밖에 없다. 그러므로 우리는 잃어버린 영혼들을 분별할 수 있어야 복음상담을 잘 할 수 있다.

겸손한 사람이 되어야 한다.

로살린 링커(Rosalind Rinker)는 복음상담자의 겸손한 자세에 대해 말한다. "복음상담이란 한 거지가 다른 거지에게 빵을 발견할 수 있는 곳을 말해 주는 것이다. 따라서 우리는 둘 다 거지이다. 상대방 보다 더 거룩한 위치에 서 있는 거지는 없다. 빵을 발견한 거지일지라도 그의 발견이 계급적 지위를 변화시킬 수 없다. 우리가 복음상담자로서 겸손한 자세를 취할 때 상대방이 우리에게 귀를 기울일 것이다. 그렇지 않다면 우리는 이미 상대방을 잃을 것이다."

겸손한 복음상담자는 마음이 상한 자들에게 돌을 던지지 않는다. 이 세상의 문제는 인간이 인간을 비난하고 심판할 때 일어난다. 그러므로 겸손한 상담자는 "내가 거룩하니 나를 바라보시오."라는 태도로 죄인들에게 나아가지 않는다. 사도 바울은 성숙하고 겸손한 그리스도인의 태도를 소개한다. "형제들아 사람이 만일 무슨 범죄한 일이 드러나거든 신령한 너희는 온유한 심령으로 그러한 자를 바로잡고 너 자신을 살펴보아 너도 시험을 받을까 두려워하라"(갈 6:1) 그러므로 복음상담자는 우월감이나 다른 사람을 심판하는 자세로 복음을 전하지 않는다. 예수님은 삭개오를 심판하지 않으셨다. 그분은 삭개오가 소외된 사람이라는 것을 알고 있었으나 그에게 지옥을 설교하시지 않으시고, 단지 '삭개오야, 내려오너라. 내가 오늘 네 집에 유하여야겠다'라고 말씀하셨다. 예수님의 사랑을 받은 삭개오는 그의 죄를 직시하게 되었고 구원을 찾게 되었다. 예수님은 심판하러 오신 것이 아니고 구원하러 오셨다. 그러므로 우리도 이제 다른 사람에게 나아가서 이렇게 말해야 한다.

"나도 당신과 마찬가지입니다. 우리는 모두 다 실패했습니다. 나는 당신과 같습니다. 나는 가면을 벗고 내 실패와 편견을 인정했습니다. 그러므로 내가 아니라 빛 되신 예수 그리스도를 당신에게 소개하기 원합니다. 나는 온전한 사람이 못됩니다. 나는 아직 완전해진 것이 아닙니다. 그러나 예수님 덕분에 예전과는 많이 달라졌습니다."

이것이 복음상담을 통해 복음을 전하는 사람의 진정한 태도이다. 그리고 우리는 복음을 소개하는 사람이지 심판자가 아니다. 복음을 전하는 것은 우리의 책임이고, 심판을 하는 것은 하나님의 책임이라는 사실을 명심하고 우리는 복음상담자로서 겸손해야 한다.

chapter

5
복음상담의 진단

어느 목사의 구원 간증

5. 복음상담의 진단

횃불 트리니티 신학대학원대학교 총장 김상복 목사는 「목회자 리더십」에서 자신이 경험한 구원에 대해 간증을 하고 있다(P. 15-21).

"저는 자식이 매를 맞아도 죽도록 충성하는 것이 더 중요하다고 하는 그런 가정에서 자라났습니다. 부모님은 평양에 계시고 6.25가 터지자 저는 피난 나왔습니다. 부산에서 중학교를 졸업하고 서울에 올라와서 고등학교를 다녔습니다. 지금 중등부 같은 소년부에서 회장도 하고 고등부 때에도 교회에서 봉사를 했었습니다. 제가 왜 이 이야기를 하느냐 하면 중학생 때 부산 남교회 중등부에 전도사님이 한 분 계셨는데, 얼마나 엄하신지 토요일에 철야 기도하는데 꼭 저를 불러서 자기 옆에 앉혀놓고 밤새 기도시키는 것입니다. 3년 동안 그렇게 훈련시켰습니다. 후에는 제가 그분을 원망했습니다. 왜? 나를 그렇게도 성서적으로 철저하게 만들어서 죄도 못 짓게 하니까 그랬죠. 한참 반항기에는 그런 생각까지 들었습니다. 지금은 너무 고맙고 감사하게 생각합니다. 서울에서 혼자 고등학교를 다닐 때에는 그것이 습관이 되어서 토요일만 되면 교회에 가서 철야를 했습니다.

그랬는데 제게 문제가 있었습니다. 목사님께서 예수님이 곧 재림하신다는 설교만 하면 저는 무서운 것이었습니다. 재림하시면 안 되는데 주님 오시면 나는 오실 바에야 주일에 오셔야지. 예배를 드릴 때나, 부흥회할 때 오시든지, 왜? 주일만 지나면 또 방황하니까 그때 오시면 어떻게 합니까? 6. 25직후에 한참 회개 운동이 나타날 때 대단했었습니다. 하도 회개하라고 해서 아무리 해도 이제는 할 것이 없는데, 목사님마다 모아 놓고 죄 이야기만 하시는데 회개 안할 수는 없고 옛날 회개한 것이 생각나서 또 하고 했습니다. 어떤 때는 집에 가서 다 적어 봅니다. 3세 때, 5세 때, 다 적으니까 25개나 되었습니다. 그것을 들고 교회로 갑니다. 회개하라고 하면 1-5번까지 회개하고는 6번부터는 가지고 옵니다. 다 하면은 그 다음날 회개할 것이 없으니까요. 새벽기도에 가서는 6-10번까지 하고 순진한 소년이니까 목사님이 하라는 대로 하는 것입니다. 하도 죄 이야기를 많이 말씀하시니까 눈물로 죄의식 속에서 중. 고등학교 시절을 보냈습니다.

십대로서의 죄의식 때문에 제 삶에 어둠이 찾아왔습니다. 주님이 재림하시면 나는 부족한 인간이어서 도저히 설 수 없을 것 같았고 그래서 주님께서 먼 훗날 오셨으면 좋겠다고 생각했습니다. 그러다 보니 재림에 대한 꿈을 꾸는데 악몽을 꿉니다. 예수님 이 재림하실 때에는 구름타고 오신다는데 제가 보는 예수님은 배를 타고 오십니다. 저 하늘에서 조그만 검은 점 같은 배가 점점 가까이 두둥실 내려와 높은 언덕에 내립니다. 그 배를 타려고 막 뛰어가는데 제자리걸음입니다. 다들 올라가 타고 몇 명만 남았는데 배가 떠나갑니다. 깨니까 꿈입니다.

악몽이 대학생 때까지 계속되었습니다. 중. 고등 학생부를 맡은 총각 집사가 되어서 성가대도 하고 그저 교회 일이라면 목사님이 시키는 대로 열심히 봉사했습니다. 문제는 어려서부터 성경을 배웠고 철저한 어머니 밑에서 컸고 고려신학교 중심으로 회개운동이 일어날 때 그 속에서의 학생 활동을 그저 당연시 여기며 그것을 신앙으로 안 것입니다. 겉으로 보면 저만한 청년이면 되었다 싶으니까 대학을 졸업하자 집사를 시켰고 중. 고등부 학생을 맡긴 것 같습니다. 이만하면 내 가슴속에 평안이 있어야 할 것 아니겠습니까? 지금 돌이켜 보면 그때 나 자신에 대한 구원의 확신이 없었습니다. 성경도 알고 설교도 수없이 들었고, 주일학교에서 가르치고 성가대도 했지만 구원의 도리를 정확하게 이해하거나 거기에 대해서 자신 있는 대답이 나에게 없었습니다. 예수님의 십자가, 갈보리, 보혈, 믿음 다 들었는데도 왜 나에게는 구원에 대한 확신이 없었는가? 아무도 나에게 구원의 문제에 대해, 복음에 대해 구체적으로 가르쳐 주신 분이 없었습니다.

대학교 2학년 때 목사님께서 세례 받았느냐고 물어보셨습니다. 어릴 때 유아 세례를 받은 적은 있는지는 모르겠으나 제 스스로 세례 받은 적은 없다고 말하였습니다. '다음 주일에 세례 받아라.' 하셔서 그냥 세례 받았습니다. 그때만이라도 저를 불러서 앞혀놓고 나의 구원의 문제에 대해서 한 번만 확신을 시켜 주셨으면 그 고민과 방황이 오래가지 않았을 텐데. 어려서부터 성경은 여러번 읽었지만, 죄를 회개하라는 설교와 죄의 문제에 대해서 도전하시는 목사님들의 설교는 많았지만 내 구원의 문제에 대해서 분명하게 말씀해주신 목사님에 대한 기억이 없습니다.

그렇게까지 철저한 교회에서 자라났는데도 예수님의 재림만 생각하면 얼마나 겁이 나고 두려웠는지, 자신을 얻기 위해 토요일마다 철야 기도를 한 것입니다. 그래서 추운 겨울에 담요도 없이 그냥 쪼그리고 철야 기도하는 도중에 예수님이 오시면 내가 이렇게까지 고생하는데 안 데리고 가 주실까? 그렇게 하는 것이 하나님을 잘 믿는 것이라고 생각하며 위로 받은 것입니다. 내 영생과 구원 문제에 대해서는 놓친 것입니다. 내 가슴속에 그것이 없었습니다. 결국 과거 저의 신앙생활의 고민과 고투는 지금 저의 목회 방향을 설

정시켜 주었습니다.

　지금은 그런 일이 많이 없습니다마는 미국 한인 교포교회에서 이런 일이 있었습니다. 제가 어느 교회에서 한 분을 만나서 "어떻게 해서 예수님을 믿게 되었습니까?" 물으니 "처음 이민 와서 교회를 가니까 얼마 안 있어 목사님께서 전화로 우리 교회 집사 좀 하십시오. 해서 전 아직도 예수 믿는 것을 잘 모르는데요, 했는데도 괜찮으니까 집사를 하라고 했습니다." 그래서 집사를 했답니다. 그 목사님에게 물어보았습니다. 그랬더니 "예수님을 믿으라고 집사를 주었지. 집사를 하다 보면 예수 믿게 되니까." 왜 그렇게 합니까? 집사직을 주어야 교회를 나오니까? 그래서 교회 나오게도 하고 교회 나오다가보면 예수 믿게 되니까? 순서가 뒤집힌 것입니다. 어떻게 신앙 고백이 없는 사람을 집사로 만들 수 있습니까?

　한 번은 어느 장로님을 만났는데 "목사님 제가 중생 좀 받아 보려고 아무리 애를 써도 그게 안되네요?" 하시더군요. 그 장로님은 중생의 참 의미를 모르시는 것입니다. 또 다른 교회에서 가서 집회를 마치고 "오늘까지도 신앙에 자신이 없는 사람은 남으십시오. 저와 개인적으로 이야기를 하십시다." 하고 한 명씩-열 명 정도 남았는데-개인 상담을 하고 구원에 이르는 복음을 전하였습니다. 맨 마지막 사람이 제게 "목사님, 나는 사실 이 도시에서 한인 회장도 했고 이 교회의 안수 집사입니다. 작년에는 장로 피택도 받았습니다. 그런데 사실 저는 하나님을 안 믿는 사람입니다." "그럼 어떻게 안수 집사님이 되셨습니까?" "나는 하나님의 존재를 인정하지 않습니다. 그러나 한국 사람들이 모이려면 교회가 있어야 될 것 같아서 하나 만들었습니다. 또 교회가 운영되려면 돈도 내야 되고 해서 제가 내서 교회를 시작했습니다. 교회에 가 보니까 예수 믿는 사람들이 자꾸 싸움들만 해서 그 사람들 중간에서 조정을 하다 보니까 집사가 되데요. 계속 중간 역할을 하다 보니까 집사장이 되고 안수 집사가 되었는데 10년이 되었습니다. 작년에 장로 피택을 받았습니다마는 안수 집사까지는 하겠는데 장로는 양심에 가책을 받아서 못 하겠습니다. 어떻게 하면 좋겠습니까?" 라고 말하는 한인 교포가 있었습니다.

이것은 무엇을 말해 주는가? 한 교인을 바라볼 때 교회에 열심히 나오고 또 교회의 일을 많이 하면 저 사람은 예수를 잘 믿는다고 합니다. 혹 옛날에 누가 저를 보았다면, 근본적인 구원의 문제가 해결되지 않았지만 어려서부터 교회에서 전통적으로 해온 모든 교회 생활에 익숙해 있으니까 믿음이 좋다고 했을 것입니다.

제가 대학을 졸업하고 25세 되던 주일 아침-직장에 다녀서 주머니에 돈은 있고 총각이 하숙집에 가면 아무도 없으니까 친구들과 헤매고 돌아다니다가 으레 12시 정각에 돌아갑니다. 토요일도 겨우 택시타고 집에 12시에 들어갔습니다. 다음날 주일 예배시 성찬예식 시간이 되었습니다. 목사님께서 성찬을 함부로 들면 큰일난다고 하셨습니다. 으레 그전에는 성찬 차례가 오면 그냥 받아먹는 거지 뭐 했는데 그날은 못 먹겠다 싶었습니다. 맨 먼저 반주자부터 하는데 야단났습니다. 안 먹으면 김 집사 왜 저러나? 무슨 지은 죄가 커서 그럴까? 지난 주일동안 무슨 짓을 해서 성찬도 안 드는가? 하겠고 먹자니 못 먹겠고 야단났습니다. 10초밖에 안 되는 시간이었는데 거의 한 달이 지난 것 같았습니다.

그 갈등속에 있는데 벌써 내 앞에 왔습니다. '난 도저히 예수그리스도의 몸과 피를 받을 수 없다. 나같은 영적인 형편에서 어떻게 그리스도의 성찬에 동참하겠는가. 못하겠다.' 하는데 하나님께서 그때 저에게 말씀하셨습니다. '내가 너를 구원해 주는 것은 네가 똑똑하고 착하고 선하고 경건한 청년이기 때문이 아니다. 네가 죄인이기 때문에 너를 은혜로 무조건 구원해 주는 것이다. 네 삶에 흠이 없고 부족이 없고 네가 하나도 잃어버린 것이 없이 다 회개했기 때문에 또 네가 철야 기도를 하고 주일학교에서 봉사를 하기 때문에 구원한 것이 아니다. 너 같은 인간임에도 불구하고 내가 너를 사랑하므로 영원한 영생을, 구원을 그저 값없이 선물로 주는 것이다.' 하나님! 나 같은 사람도 구원하시는 것입니까?

저는 그 음성을 듣고 나 같은 죄인이기 때문에 그리스도의 찢기신 몸이 필요하다는 것을 알았습니다. 그래서 손을 뻗어서 그 성찬을 받아 입에 넣었는데, 그 순간 저는 제 몸에 전율을 느끼고 더 이상 피아노를 칠 수가 없었습니다. 저에게는 그때 성가대원도 없고 목사님도 안 계시고 우리 주님과 단 둘 밖에는 아무도 없었습니다. 창피하거나 누가 어떻게 생각하는 것이 나에게는 관심 밖이었습니다. 그 하나님의 은혜, 사랑이 제 영혼에 찾아왔습니다. 저는 그 자리에서 일어날 수가 없어서 울고 또 울었습니다. 그 하루가 지금도 생생합니다. 저는 25년 만에야 하나님의 은혜가 무엇인지 찾았습니다. 내 주 은혜 처음 받던 날 참 기쁜 날이 아닌가! 제 삶에 그 시간이 주님 앞에서 구원의 은혜를 깨달은 바로 그 순간이었습니다.

그때부터 삶의 변화가 나타났습니다. 그때까지 제 삶은 죄의식과 방황, 갈등, 두려움으로 가득 차 있었습니다. 그러나 그 순간 이후로 제 가슴에는 평화가 왔고 놀라운 기쁨이 넘쳤으며, 그때까지 짊어져 온 짐이 그 시간에 쫙 풀렸습니다. 지금까지도 제 영혼의 가벼움을 느낍니다. 이제는 내 죄를 사함 받은 감사와 찬송과 기쁨이 내 삶 속에 있을지언정 옛날 같은 것들은 다 없어졌습니다."

김상복 목사는 계속해서 「당신은 확실히 믿습니까?」에서 이렇게 말하고 있다. "미국에서 보니까 집사님들이나 장로님들 가운데도 구원의 은혜를 모르는 분들이 있고 목사님들 가운데도 그런 분들이 계신 것을 보았습니다. 어떤 사람은 복음을 설명하면 '목사님 그렇습니까? 저는 교회를 십 년째 다니는데 그런 말은 처음 들었습니다.'라고 말합니다. 어느 목사님과 사모님과 이야기를 나눈 적이 있습니다. 약 한 시간가량 이야기를 나누는데 대화중에 무엇인가 빠져 있는 느낌이 들었습니다. 아무리 생각해 봐도 이 분이 구원받지 못한 분 같았습니다. 그래서 복음을 전했더니 '목사님, 저는 그런 이야기를 처음 듣습니다.'라고 말하는 것입니다. 그리고 주님을 영접했습니다." 이것은 무엇을 말해주는가? 얼마든지 구원받지 않고도 교회생활을 할 수 있다는 것을 보여준다. 그러므로 우리는 복음상담이 얼마나 중요한지를 알고 복음상담을 통해 영혼들을 하나님께로 인도해야 한다.

chapter 6
복음으로 구원받은 증거

세리장 삭개오의 변화
우물가의 여인의 변화
사도 바울의 변화
구원받은 사람에게 나타나는 변화들

6. 복음으로 구원받은 증거

　한 사람이 참으로 예수님을 영접하고 구원을 받았는지 받지 못했는지 다른 사람이 알 수 있을까? 구원받는 것은 그 자체가 영적인 상태이고, 또 하나님과의 관계에 대한 변화이기 때문에 외적으로 보아서는 금세 알 수 없지만 구원받은 사람에게는 구원받은 직후부터 여러가지 영적인 변화가 나타나기 때문에 그 변화의 증거들을 통해서 그 사람이 참으로 구원을 받았는지 받지 못했는지를 알 수 있다.

　여기서 우리가 한 가지 주의해야 할 것은 인간의 한계 때문에 어떤 사람이 구원을 받았는지의 여부를 100% 정확하게 알 수는 없을 것이다. 하지만 병원의 의사가 숙련되어 감에 따라 오진율이 줄어들듯이 복음상담자도 계속 숙련되면 영적 오진율이 감소하게 된다. 의사들은 대부분 환자가 병원에 오면 문진을 통해 환자의 병을 진단한다. 환자가 자신의 문제를 정확하게 모를 수 있기 때문에 의사는 병의 증상을 잘 알고 진찰을 통해 진단을 해야 한다. 요로결석의 경우도 허리가 끊어질듯이 아픈 증상이 있을 때 잘못된 의사는 장염이라고 진단을 내릴 수도 있을 것이다. 하지만 미리 요로결석의 증상이 어떠한지 잘 알고 있는 의사라면 소변검사와 엑스레이 검사를 통해 정확한 진단을 내릴 것이다.

　그러므로 복음상담자도 영적인 의사로서 그 사람이 진정으로 구원을 받은 사람인지 아니면 구원을 받지 않았는지를 진단해야 한다. 인간은 누구나 구원을 받으면 내적변화와 외적변화가 일어난다. 내적변화는 즉각적으로 나타나고, 외적 변화는 즉각적으로 나타나는 경우도 있고, 점진적으로 나타나는 경우가 더 많다.

모든 변화가 다 구원인가?

누구나 구원을 받으면 변화되는 것은 분명하지만 모든 변화가 다 구원은 아니다. 우리는 사람이 구원을 받지 않고도 어떤 변화를 경험할 수 있다는 것을 이해해야 한다. 어떤 사람이 어떤 위기에 처해 있다가 이래서는 안되겠다고 결단을 내리고 어떤 행동을 하기로 결심하고 실행에 옮기면 구원을 받지 않고도 얼마든지 변화가 가능하다. 다른 종교를 믿어도 변화는 가능하다. 사랑하는 청춘남녀가 만나 사랑에 빠져도 변화는 가능하다. 그러므로 우리는 구원의 3시제를 이해해야 한다. 그것은 과거형의 구원인 칭의와 현재형의 구원인 성화와 미래형의 구원인 영화다. 이 구원의 3시제를 통해 우리는 변화를 온전히 이해할 수 있다.

첫째, 과거형의 구원인 칭의는 죄의 형벌로부터 구원받는 것으로 이 구원은 우리의 영혼만 구원받는 것이지 몸이 구원받는 것은 아니다. 그러므로 우리의 몸은 여전히 죄의 영향을 받으며 나중에 죽으면 영혼은 천국에 들어가지만 우리의 몸은 땅에 들어간다.

둘째, 현재형의 구원인 성화는 죄의 세력으로부터 구원이다. 이 구원은 생활의 구원으로 점진적으로 서서히 이루어진다. 우리는 하루아침에 죄를 다 이기고 변화되는 것은 아니다.

셋째, 미래형의 구원인 영화는 죄의 존재로부터 구원으로 우리의 몸까지 죄로부터 완전히 구원받는다. 이때 우리의 몸은 장애까지도 다 풀리게 되어 영원히 구원이 완성된다. 그러므로 우리는 미래에 우리의 몸이 부활할 때 완벽하게 변화되고, 지금은 성화의 구원을 이루어나가고 있어 아직은 온전히 변화되는 것은 아니다.

왜 변화가 일어나야 하는가?

구원받은 사람은 반드시 진실한 회개를 하고, 분명히 주님을 만난 순간이 있고, 주님을 만난 직후에 분명한 변화를 경험하고, 계속해서 변화된 삶을 살아간다. 성경은 우리가 구원을 받으면 변화된 삶을 살아간다고 상당히 명확하게 말한다.

첫째, 하나님의 성령이 임했기 때문에 변화가 일어난다. "만일 너희 속에 하나님의 영이 거하시면 너희가 육신에 있지 아니하고 영에 있나니 누구든지 그리스도의 영이 없으면 그리스도의 사람이 아니라"(롬 8:9)

둘째, 새로운 피조물이 되었기 때문에 변화가 일어난다. "그런즉 누구든지 그리스도 안에 있으면 새로운 피조물이라 이전 것은 지나갔으니 보라 새 것이 되었도다"(고후 5:17) 여기서 '새로운 피조물'은 새로운 창조를 뜻한다. 창세기 1장의 사건이 제1의 창조라면, 영혼이 구원받는 사건은 제2의 창조이며, 하나님의 말씀으로 새롭게 창조되는 기적이다. 구원받은 사람은 더 이상 죄인이 아니라 '이전 것은 지나갔으니'라는 말씀처럼 과거의 삶은 지나가고 구원받은 후 새사람으로서 새로운 삶을 살아간다. 그래서 구원받은 사람은 변화된 삶을 살아가야 한다. 옛 것과 새 것은 분명히 다르지 않겠는가?

셋째, 영적으로 죽었다가 다시 살아났기 때문에 변화가 일어난다. "그는 허물과 죄로 죽었던 너희를 살리셨도다"(엡 2:1)

넷째, 마음의 눈이 장님 상태에 있다가 영적으로 눈이 뜨이게 되었기 때문에 변화가 일어난다. "만일 우리의 복음이 가리었으면 망하는 자들에게 가리어진 것이라 그 중에 이 세상의 신이 믿지 아니하는 자들의 마음을 혼미하게 하여 그리스도의 영광의 복음의 광채가 비치지 못하게 함이니 그리스도는 하나님의 형상이니라"(고후 4:3-4) 구원받기 전에는 영적인 것을 볼 수 있는 영안이 없어 영적인 분별력이 없었고, 복음도 이해할 수 없었다. 마귀 사탄이 구원받지 않는 사람의 마음을 혼미케 하였기 때문이다. 여기 '혼미하게 하다'의 문자적 의미는 '헛갈리게 하다, 눈멀게 하다'는 뜻이다. 그러나 구원을 받으면 영안이 열려 영적인 눈을 뜨게 되고, 영적인 분별력이 생겨 변화된 삶을 살아간다. 장님으로 인생을 살던 사람이 병원에서 안구 이식 수술을 해서 눈을 뜨게 되었다면 새로운 인생을 살지 않겠는가? 마찬가지로 구원받으면 새롭게 변화된 삶을 살아간다.

다섯째, 우리의 지식까지도 새로워졌기 때문에 변화가 일어난다. "새 사람을 입었으니 이는 자기를 창조하신 이의 형상을 따라 지식에까지 새롭게 하심을 입은 자니라"(골 3:10) 성경은 예수님을 만나서 구원받은 사람들이 완전히 변화된 삶을 살았던 사실을 보여준다. 이제 성경에 등장하는 인물들이 어떻게 예수님을 만나 변화된 삶을 살게 되었는지 살펴보자.

세리장 삭개오(눅 19:1-10)의 변화

세리란 로마인을 위해 세금을 걷는 사람이다. 로마의 법에는 과세의 한도를 제안하는 법이 없었기 때문에 많은 세리들은 무거운 세금을 부과했다. 제도를 악용하여 착취를 심하게 했다. 그들은 악명이 높았는데 삭개오는 세리장이니, 우두머리로서 아마 지역의 모든 조세를 책임지고 많은 세리들을 거느린 사람이었을 것이다. 그는 소문난 죄인이었다. 예수님이 삭개오의 집으로 들어가자 사람들은 '예수님이 죄인의 집에 들어간다.'고 비웃고 있었다. "뭇 사람이 보고 수군거려 이로되 저가 죄인의 집에 유하러 들어갔도다 하더라"(눅 19:7)

그러한 삭개오가 예수님을 즐겁게 영접했을 때 예수님은 '오늘 구원이 이 집에 이르렀으니 이 사람도 아브라함의 자손이라'고 축하해 주셨다. 삭개오는 구원받은 후 삶이 완전히 달라졌다. 돈에 가치를 두고 살던 그가 재산의 절반을 팔아 가난한 자들에게 주었다. 이것은 결코 쉬운 일이 아니다. 삭개오는 부자였다(눅 19:2). 요즘 같은 시대에 부자라면 재산이 얼마나 있어야 하겠는가? 서울에서 2014년 기준으로 10억 정도는 넘어야 부자 측에 들어가지 않겠는가? 그러면 10억 중 절반인 5억을 팔아 나누어준다는 것이 쉬운 일이겠는가? 요즘 부자들 가운데 재산이 100억이 넘는 사람들이 많다. 그 100억의 반을 팔아서 나누어 줄 수 있겠는가? 그러나 삭개오는 가치관이 변화되어 자신의 재산의 절반을 팔아 가난한 사람들에게 나누어 주었다. 잘못된 방법으로 돈을 모아 왔던 그가 이제는 잘못된 방법으로 돈을 착취하면 4배나 배상하겠다고 약속했다. 그것은 앞으로 잘못된 방법으로는 돈을 벌지 않겠다는 약속이다. 삭개오는 이제 분명히 가치관이 변화된 사람이다. 돈에 가치를 두고 살다가 더 소중한 영적인 가치를 발견했기 때문이다. 삭개오는 구원받고 즉시 그러한 변화를 보였다. 이 얼마나 놀라운 변화인가? 이와 같이 구원받으면 변화가 일어나게 되어 있다.

수가성의 우물가의 여인(요 4:1-42)의 변화

우물가의 여인은 구원을 받기 전에 어떻게 살았는가? 그녀는 도덕적으로 바른 여인이 아니었다. 과거에 남편이 다섯이나 있었고, 지금 있는 남자도 자기 남편이 아니었다(요 4:17-18). 그러한 여자이기 때문에 우물가에 사람들이 오지 않는 시간에 물을 길으러 왔다. 자신에게 문제가 있었기 때문에 사람들을 만나지 않고 외롭게 살았다. 그러던 그녀가 예수님을 만난 후 물동이를 내버려두고 동네에 들어가서 사람들에게 나아갔다.

이것은 실로 엄청난 변화다. 사람들을 늘 피하던 그녀가 사람들을 적극적으로 만나게 되었다. 성경은 그녀의 변화를 분명하게 언급했다. "사람들에게 이르되"(요 4:28) 이제 그녀는 변화되어 동네 사람들에게 말한다. "내가 지금까지 살아오면서 행했던 모든 일을 낱낱이 다 알고 나에게 말한 분이 있어요. 그분이 그리스도 구세주가 아닐까요. 한번 와서 보시고 확인해 보세요." 쉬운 성경은 이렇게 표현한다. "다들 와서 좀 보세요. 나의 과거를 죄다 말해준 사람이 있어요. 그분이 그리스도가 아닐까요. 하자"(요 4:29) 이와 같이 예수님을 만나면 변화된 삶을 살게 된다.

사도 바울의 변화(행 9:1-22)

사도 바울은 과거에 교회와 예수 믿는 사람들을 핍박하는 사람이었지만 다메섹 도상에서 예수 그리스도를 만나고 변화된 삶을 살아간다. 그가 예수를 만나고 일시적으로 눈이 멀었지만 다메섹으로 들어가 아나니아에게 안수를 받고 눈이 뜨게 된다. 이것은 마치 영적으로 막혀 있던 것이 뚫리는 것과 같이 어떤 사람이 구원을 받고 영적으로 눈을 뜨게 되니 성경 말씀이 살아서 눈으로 속속 들어오는 것을 경험하게 된다.

신학자들의 견해

박형용은 「교의신학」 제 5권 구원론 159페이지에서 이렇게 말했다. "중생은 지식적, 감정적, 도덕적으로 즉시 모든 사람에게 영향을 미치는 홀연적인 변화이다"

침례교 신학자 스트롱(A. H. Strong)은 구원받은 사람의 변화에 대해 이렇게 말했다. "중생은 즉각적인 변화이다. 중생은 점진적으로 서서히 이루어지는 일이 아니다. 변화를 준비하기 위한 하나님의 섭리와 성령의 역사는 점진적으로 일어날 수 있고, 중생이 있기 전과 후에 자신의 중생을 인식하는 것도 서서히 올 수도 있다. 그러나 중생 그 자체는 성령의 영향으로 인해 일어나는 순간적인 일이며, 한 순간 영혼의 성향이 바뀌어 하나님에게 적대적이던 사람이 하나님을 사랑하는 사람이 된다(Systematic Theology, p.826).

침례교 신학자 에릭슨(Millard J. Erickson)은 구원받은 사람의 변화에 대해 이렇게 말했다. "첫째, 중생은 새로운 그 무엇, 즉, 사람의 자연적 성향의 전체적인 반전을 포함하고 있다. 나아가서 중생 그 자체는 즉각적인 것 같이 보인다. 중생을 묘사함에 있어서 그것이 단일한 행동이 아니라 하나의 과정이라는 암시를 하는 내용은 어디에서도 찾아 볼 수 없다(Christian Theology, pp.956-57).

장로교 신학자 찰스 하지(Charles Hodge)는 구원받은 사람의 변화에 대해 이렇게 말했다. "중생은 즉각적이어야 한다. 산 것과 죽은 것 사이에 중간 상태는 없다"(Systematic Theology, p.688).

장로교 신학자 워필드(B. B. Warfield)는 구원받은 사람의 변화에 대해 이렇게 말했다. "중생이란 성령 하나님의 역사로 인해(딛 3:5, 엡 4:24) 영혼 속에 일어나는 근본적이고 완벽한 변화이다(롬 12:2, 엡 4:23). 이로 말미암아 우리는 '새로운 사람'(엡 4:24, 골 3:10)이 되어, 더 이상 세상을 따라가는 것이 아니라 지식과 진리의 거룩함으로 하나님의 형상을 따라 다시 지은 바가 된 것이다(Biblical and Theological Studies, p. 351).

역시 장로교 신학자 벌콤(Louis Berkhof)은 구원받은 사람의 변화에 대해 이렇게 말했다. "중생이란 새로운 영적 생명의 원리가 사람 안에 심어지는 것이며, 영혼의 지배적인 성향이 근본적으로 바뀌는 것이다. 중생은 인간 본성의 즉각적인 변화이며, 즉시 전인적이며, 지적이며 감정적이며 도덕적으로 영향을 미친다"(Systematic Theology, p.468).

그러므로 예수를 믿어 구원받았다고 하면서도 근본적이고 즉각적인 내적변화가 없다면 그 구원은 거짓 구원이다. 사람이 거듭나면 내 노력이나 결심이나 결단 때문에 변화가 일어나는 것이 아니라 성령의 능력으로 말미암아 어느 한 순간을 기점으로 하나님과의 관계가 변하고, 따라서 인격이 변하기 때문에 그전과는 분명히 다른 삶을 살게 된다. 하지만 하나님의 생명이 없는 사람은 진정한 변화가 일어나지 않는다. 삶은 콩에다가 적당한 온도를 조절하고 깨끗한 물을 아무리 많이 주어도 콩나물로 자라지 않는 것과 같다. 어떤 사람이 구원을 받으면 그 즉시 "이것이 구원이구나?" 하고 깨달아진다. 마음 속에 있는 하수도 구멍이 뻥하고 뚫린 것과 같다. 어깨에서 무거운 짐을 내려놓는 기분을 느낀다. 그리고 가슴이 뜨거워지고 눈물을 흘리며 하나님을 찬양하는 경우도 있다.

구원받은 사람에게 나타나는 변화

구원받은 사람은 구원받지 못한 사람과 분명히 다른 간증을 가지고 있다. 우리는 이런 간증과 그 후의 삶의 변화를 통해서 어떤 사람이 구원을 받았는지 상당히 정확하게 알 수 있다. 그러나 이것은 어디까지나 복음상담의 경험을 통해서 배운 교훈을 말하는 것이지 절대적이라고 말하는 것은 아니다. 오직 하나님만이 어떤 사람이 구원받았는지의 여부를 100% 확실하게 아시기 때문이다. 이 부분에 우리는 인간의 한계를 인정해야 한다. 우리가 최선을 다해도 어떤 경우에는 아주 애매해서 구원받았는지의 여부를 분간하기 어려운 경우도 있다. 이제 여러 신학자들의 견해를 살펴보자.

미국 달라스 신학교 설립자 체이퍼(Lewis S. Chafer)와 달라스 신학교 2대 총장인 왈부드(John F. Walvoord)는 구원받은 사람에게 나타나는 몇 가지 변화에 대해 이렇게 말했다.

"하나님에 대한 새로운 인식, 기도에 대한 새로운 인식, 성경에 대한 새로운 이해, 죄에 대한 새로운 인식, 불신자에 대한 새로운 관심, 다른 성도에 대한 새로운 사랑, 그리스도를 닮는 인격, 자신의 구원을 의식하는 것으로 제시했다." (Major Bible Themes, pp.214-16).

그로마키(Robert Gromacki)와 맥아더(John Macarthur)는 구원받은 사람에게 나타나는 특징을 이렇게 제시했다. "하나님과의 교제 및 다른 성도와의 교제를 즐기는가? 죄에 대해 민감한가? 하나님의 말씀에 순종하는가? 악한 세상의 것들을 거부하는가? 그리스도의 재림을 고대하는가? 삶에서 죄가 점점 줄어드는가? 다른 그리스도인을 사랑하는가? 하나님으로부터 기도응답이 있는가? 성령의 내적 증거를 체험하는가? 영적 진리와 오류를 구별할 수 있는 분별력이 있는가? 성경의 기본적인 교리가 믿어지는가? 신앙 때문에 받는 고난을 감수하는가?" (Is Salvation Forever?, pp. 177-184, Saved without a Doubt, pp. 67-91)

달라스 신학교 찰스 라이리(Charles C. Ryric) 교수는 구원받은 사람에게 나타나는 변화에 대해 간단하게 소개했다. "그리스도를 닮은 인격, 선한 행실, 신실한 증인의 삶, 하나님에 대한 찬양, 풍성한 헌금이다" (So Great Salvation, pp. 49-50)

이제 구원받은 사람에게 나타나는 변화를 자세히 살펴보자.

죄에 대한 분명한 인식과 그 해결이 있다

구원받은 사람은 죄에서 구원을 받았기 때문에 죄가 무엇인지 알게 된다. 죄가 얼마나 무서운가를 알게 된다. 그 죄 때문에 하나님 아버지께서 사랑하는 독자 예수님을 희생시키셨다는 사실을 알게 된다. 하나님이 죄를 얼마나 싫어하시는가를 알게 된다. 원죄가 무엇이고 자범죄가 무엇이며, 지옥에 들어가는 결정적인 죄가 무엇인지도 분명하게 알게 된다. 사실 많은 사람들은 죄가 무엇인지 모른다. 그저 죄라고 하면 근본적인 죄는 모르고 근본적인 죄 때문에 생기는 죄의 열매들을 생각한다. 자신이 살아오면서 범한 죄들만 생각한다. 그러나 구원을 받으면 죄가 무엇이고, 자신이 어떤 죄에서 구원을 받았으며, 그 죄 문제를 해결하였기 때문에 죄에서 해방된 사실을 알고 있다.

내적인 평안과 기쁨이 있다

　기쁨과 평안은 구원받은 사람의 가장 큰 특징이다. 구원받기 전에는 마음에 평안이 없던 사람도 구원을 받으면 마음에 참된 쉼을 얻고 평화가 넘치게 된다. 염려, 근심, 걱정이 사라지고 비록 외적인 조건은 환난과 핍박이 있어도 마음 속에 기쁨이 넘치게 된다. 마치 지하수의 물이 밑에서 용솟음치며 올라오듯이 마음 속 깊은 곳에서 기쁨이 넘쳐난다. 예수님은 다음 구절에서 하나님이 주시는 참된 평안을 이렇게 설명하셨다. "평안을 너희에게 끼치노니 곧 나의 평안을 너희에게 주노라 내가 너희에게 주는 것은 세상이 주는 것과 같지 아니하니라 너희는 마음에 근심하지도 말고 두려워하지도 말라"(요 14:27)

　그러므로 구원받은 사람은 세상의 기쁨과 비교할 수 없는 다른 차원의 기쁨이 넘쳐난다. 사도 바울은 구원받지 못한 죄인이 걸어가는 길에는 "파멸과 고생이 그 길에 있어 평강의 길을 알지 못하였고"(롬 3:16-17)라고 말했다. 죄인의 인생길은 참된 쉼이 없고, 평안이 없고, 오히려 고생과 파멸만 있는 것이다. 하박국 선지자는 무엇 때문에 기뻐하였는가? 어떠한 상황에서 기뻐하였는가? "비록 무화과나무가 무성하지 못하며 포도나무에 열매가 없으며 감람나무에 소출이 없으며 밭에 먹을 것이 없으며 우리에 양이 없으며 외양간에 소가 없을지라도 나는 여호와로 말미암아 즐거워하며 나의 구원의 하나님으로 말미암아 기뻐하리로다 주 여호와는 나의 힘이시라 나의 발을 사슴과 같게 하사 나를 나의 높은 곳으로 다니게 하시리로다 이 노래는 지휘하는 사람을 위하여 내 수금에 맞춘 것이니라"(합 3:17-19)

하박국 선지자가 겪었던 곤경을 우리 시대에 적용해보면 그는 완전히 망했다. 농사를 짓는 사람이라면 농사가 망했고, 사업을 하는 사람이라면 사업이 망했고, 장사하는 사람이라면 장사가 망했다. 그러한 곤경에서 하박국 선지자는 기뻐하였다. 사업에 성공해서가 아니라 하나님 때문에 기뻐하였고, 그분이 자신의 아버지가 된다는 사실 때문에 기뻐했고, 하나님이 자신의 구원의 하나님이 되시기 때문에 기뻐했고, 자신이 구원을 받았기 때문에 기뻐했다. 사실 구원받은 사람은 모든 것이 다 망해도 망한 것이 아니기 때문이다. 자신이 하나님의 자녀이기 때문에 어떤 상황에서도 망하지 않는다. 그래서 구원받으면 어떤 상황에서도 기뻐하며 평안을 누리게 된다.

말씀에 대한 새로운 이해와 말씀을 사모한다.

다윗은 자신이 경험한 하나님의 말씀의 맛에 이렇게 표현했다. "주의 말씀의 맛이 내게 어찌 그리 단지요 내 입의 꿀보다 더 다니이다" (시 119:103) 성경은 너무나 방대한 책이다. 신약은 27권, 구약은 39권, 모두 합하면 66권의 책이다. 방대한 성경을 이루기 위해 1,600년이라는 기간이 걸렸다. 구약 창세기를 모세가 기록한 때부터 사도 요한이 요한계시록을 기록한 때까지의 기간이 1,600년이 걸렸다. 이러한 성경이기 때문에 그것을 전부 이해하기는 어렵다. 특히 예언서의 경우는 더 어렵다. 성경은 주후 100년경에 이미 기록이 끝났다. 성경기록이 끝난 시점에서 오늘의 현대와의 시대적 간격이 무려 약 2,000년이나 된다. 성경이 기록된 당시와 오늘의 현대를 비교해 보면 모든 것이 달라지고 변했다. 사회, 문화, 언어, 풍습 등 다양하게 변했다. 그래서 성경은 이해하기가 어려운 책이다.

그러나 구원을 받으면 말씀을 이해할 수 있는 이유는 성경의 진정한 저자이신 성령께서 구원받은 사람의 마음에 들어와 내재하시면서 말씀을 깨닫게 해주시기 때문이다. 그 성령께서 우리의 스승이 되신다. 다음 구절은 이 점을 명확하게 뒷받침해준다. "그러나 진리의 성령이 오시면 그가 너희를 모든 진리 가운데로 인도하시리니 그가 스스로 말하지 않고 오직 들은 것을 말하며 장래 일을 너희에게 알리시리라" (요 16:13)

그래서 구원받은 사람은 성경이 이해가 되고 깨닫게 되니 더욱 말씀을 사모하고, 성경말씀을 열심히 읽고, 말씀을 듣기 위해서 예배에 열심히 참석하고, 말씀을 배우기 위해서 성경을 열심히 공부하고, 말씀을 다른 사람에게 전하게 된다.

구원받지 못한 영혼에 대한 관심이 있다

구원받은 사람은 자신이 어떤 처지에서 구원을 받았는지 알고 있기 때문에 다른 영혼에게 관심을 가지고 복음을 전한다. 사람이 구원받지 못하면 행복한 삶을 살지 못하고 나중에는 무서운 지옥에서 하나님으로부터 영원히 분리되어 고통을 당한다는 것을 알기 때문에 복음을 전하게 된다. 구원받은 사람은 다른 영혼에게 관심을 가지고 가장 놀라운 예수님을 소개하며, 가장 놀라운 하늘나라를 소개하게 된다.

하나님과 하나님의 자녀들을 사랑한다.

하나님의 사랑과 은혜로 구원을 받았기 때문에 당연히 하나님을 사랑하고 하나님의 자녀들인 형제자매들을 사랑하게 된다. 우리는 구원받기 전에 사랑이 무엇인지 몰랐지만 예수님이 우리를 위해서 돌아가신 십자가의 사건을 통하여 사랑을 배우게 되었다. 다음 구절의 역사 속으로 들어가 보자. "그가 우리를 위하여 목숨을 버리셨으니 우리가 이로써 사랑을 알고 우리도 형제들을 위하여 목숨을 버리는 것이 마땅하니라"(요일 3:16)

우리는 참되고 진실한 사랑을 십자가의 사건을 통하여 배웠다. 만약에 십자가의 사건이 없었다면 우리는 참된 사랑을 배우지도 못했을 것이다. 하나님은 십자가의 사건을 통해 우리에게 사랑이 무엇인지 가르쳐주셨다. 이보다 더 성경적인 선포가 또 있을까? "하나님의 사랑이 우리에게 이렇게 나타난바 되었으니"(요일 4:9-10) 십자가의 사건이 없었다면 하나님의 사랑은 나타나지 않았을 것이다. 성경은 다시 선포한다. "하나님이 자기의 독생자를 세상에 보내심은 저로 말미암아 우리를 살리려 하심이니라" 이 말씀에 의하면 우리는 죽어 있었다. 아니 영원한 사망인 지옥형벌을 받을 수 밖에 없는 처지에 놓여 있었지만 하나님은 우리를 버려두지 않으시고, 오히려 관심을 가지고 우리를 살리려고 그 아들 독생자 예수님을 보내주셨다. 이것이 하나님의 사랑이다. "사랑은 여기 있으니 우리가 하나님을 사랑한 것이 아니요 하나님이 우리를 사랑하사 우리 죄를 속하기 위하여 화목 제물로 그 아들을 보내셨음이니라"(요일 4:10)

이 얼마나 당당한 선포인가? '사랑은 여기 있으니' 당신이 진정한 사랑을 찾지 못했다면 이제 십자가에서 진실한 사랑을 찾아야 한다. 구원받은 사람은 하나님의 사랑을 깨닫고, 배우고, 믿은 사람들이기 때문에 우리도 하나님을 사랑하게 된다. 사랑은 사랑을 요구하기 때문이다. 누구나 진실한 사랑을 받으면 진실한 사랑을 실천할 수 있다. "우리가 사랑함은 그가 먼저 우리를 사랑하셨음이라"(요일 4:19) 구원받은 사람은 하나님만 사랑하는 것이 아니라 하나님의 자녀들인 형제자매도 사랑하게 된다. 누가 하나님께 속한 사람인가? 누가 빛 가운데 거한 사람인가? 누가 사망에서 벗어나 생명에 들어간 사람인가? 반대로 누가 마귀에게 속한 사람인가? 누가 어둠 가운데 속한 사람인가? 누가 사망에 머물러 있는 사람인가? 누가 살인하는 자인가? 누가 눈이 멀었는가? 이 모든 차이는 '믿는 형제자매들을 사랑하는가? 사랑하지 못하는가?'의 차이에 있다. 다음 구절들은 이 점을 명확하게 뒷받침해준다.

"이러므로 하나님의 자녀들과 마귀의 자녀들이 드러나나니 무릇 의를 행하지 아니하는 자나 또는 그 형제를 사랑하지 아니하는 자는 하나님께 속하지 아니하니라, 빛 가운데 있다 하면서 그 형제를 미워하는 자는 지금까지 어둠에 있는 자요 그의 형제를 사랑하는 자는 빛 가운데 거하여 자기 속에 거리낌이 없으나 그의 형제를 미워하는 자는 어둠에 있고 또 어둠에 행하며 갈 곳을 알지 못하나니 이는 어둠이 그의 눈을 멀게 하였음이라, 우리는 형제를 사랑함으로 사망에서 옮겨 생명으로 들어간 줄을 알거니와 사랑하지 아니하는 자는 사망에 머물러 있느니라 그 형제를 미워하는 자마다 살인하는 자니 살인하는 자마다 영생이 그 속에 거하지 아니하는 것을 너희가 아는 바라, 우리가 하나님을 사랑하고 그의 계명들을 지킬 때에 이로써 우리가 하나님의 자녀를 사랑하는 줄을 아느니라"(요일 3:10, 2:9-11, 3:14-15, 5:2)

우리가 형제자매들을 사랑하는 것이야말로 구원받은 증거다. 진정한 사랑은 구원받은 사람들이 실천할 수 있다. 본래 인간은 참된 사랑을 실천할 수 없었다. 사랑은 하나님께 속한 것이기 때문에 우리가 구원을 받을 때 하나님의 사랑을 체험하고 배워서 그 사랑을 실천하게 되었다. 하나님은 사랑의 동기에 대해 말씀하신다. "사랑하는 자들아 우리가 서로 사랑하자 사랑은 하나님께 속한 것이니 사랑하는 자마다 하나님으로부터 나서 하나님을 알고, 어느 때나 하나님을 본 사람이 없으되 만일 우리가 서로 사랑하면 하나님이 우리 안에 거하시고 그의 사랑이 우리 안에 온전히 이루어지느니라"(요일 4:7, 12) 그래서 구원받은 사람은 하나님뿐만 아니라 다른 사람도 사랑한다.

하나님의 뜻과 말씀을 따르고 순종한다.

우리가 구원을 받으면 예수님을 우리의 삶의 주인으로 모시고 섬기게 된다. 예수님을 삶의 주인으로 모신 사람은 하나님 말씀에 순종하게 된다. 그러나 자신이 구원을 받았다고 하면서 하나님을 따르지도 않고 하나님의 말씀에 순종하지 않는다면 그 구원은 참된 구원이 아니다. 이것은 우리가 천국 가는 자격을 얻기 위해서 순종하는 것이 아니라 은혜에 보답하는 마음으로 순종해야 하는 것이다.

기독교와 불교의 차이가 무엇일까? 기독교는 신앙생활을 처음에 시작할 때 엄청난 구원을 받고 시작한다. 하지만 불교는 그 구원을 얻기 위해서 시작한다. 선한 행동을 왜 하는가? 기독교는 구원을 받았기 때문에 감사해서 하나님께 보답하기 위해서 하지만 불교는 그 구원을 이루고 마지막 경지에 도달하기 위해서 한다. 그러나 중요한 것은 아무리 노력해도 도달할 수 없는 것이 불교의 구원이요, 인간의 종교다. 그래서 기독교는 독선처럼 보인다. 예수님은 다음 구절에서 위대한 선언을 하셨다. "내가 유일한 길이다. 나 외에는 다른 길이 없다"(요 14:6) 사도 바울도 이 점에 대해 언급했다. "천하 인간에 구원을 얻을 만한 다른 구원자를 주신 적이 없느니라"(행 4:12)

그래서 구원받은 사람은 삶 가운데서 하나님을 섬기고 하나님께 순종하게 된다. 다음 구절에 나오는 메시지에서 우리는 그 사실을 본다.

"우리가 그의 계명을 지키면 이로써 우리가 그를 아는 줄로 알 것이요 그를 아노라 하고 그의 계명을 지키지 아니하는 자는 거짓말하는 자요 진리가 그 속에 있지 아니하되 누구든지 그의 말씀을 지키는 자는 하나님의 사랑이 참으로 그 속에서 온전하게 되었나니 이로써 우리가 그의 안에 있는 줄을 아노라 그의 안에 산다고 하는 자는 그가 행하시는 대로 자기도 행할지니라"(요일 2:3-6) 만일 우리가 하나님의 계명을 지키지 않으면 우리는 하나님을 모르는 사람이다. 하나님을 모르면 당연히 구원받은 것이 아니다. 구원받은 사람은 하나님의 참된 사랑을 온전히 깨달았기 때문에 말씀에 순종하고 지키게 된다. 하지만 말씀을 순종하지 않는 사람은 거짓말하는 자요, 참된 진리가 없는 구원받지 못한 사람이다. 그래서 구원을 받았다면 말로 시인하는 것보다 행함으로 시인해야 한다. 다음 구절에 나오는 메시지에서 우리는 그 진리를 본다. "그들이 하나님을 시인하나 행위로는 부인하니 가증한 자요 복종하지 아니하는 자요 모든 선한 일을 버리는 자니라"(딛 1:16)

다른 성도들과 교제를 즐긴다.

구원받은 사람은 다른 형제자매들을 사랑하고 함께 말씀을 나누며 서로 기도하며 교제를 즐긴다. 서로 영이 통하기 때문이다. 하지만 불신자는 진정한 교제가 안 된다. 서로 영이 다르기 때문이다. 불신자는 영적인 일에 대해서 이해가 되지 않고 깨닫지도 못한다. 다음의 말씀은 의심할 나위없는 성경의 메시지다. "육에 속한 사람은 하나님의 성령의 일들을 받지 아니하나니 이는 그것들이 그에게는 어리석게 보임이요, 또 그는 그것들을 알 수도 없나니 그러한 일은 영적으로 분별되기 때문이라"(고전 2:14) 여기에서 말하는 '육에 속한 자'란 구원받지 못한 불신자를 말한다. 그러니 불신자와 신자는 서로 통할 리가 없다. 하지만 믿는 사람들은 서로 통한다. 그들은 하나님의 말씀을 믿고 배우기 때문에 성경적인 사고를 한다. 생각이 같고 관심이 같으며 행동도 같기 때문에 교제가 이루어진다. 그러면 믿는 형제자매들만 사랑하고 믿지 않는 사람들은 사랑하지 말고 사귀지 말라는 뜻인가? 결코 믿지 않는 사람을 무조건 사귀지 말라는 것은 아니다. 만약 그들을 사귀지 않으려면 세상 밖으로 나가야 한다. 다음 구절은 이 점을 뒷받침해준다. "이 말은 이 세상의 음행하는 자들이나 탐하는 자들이나 속여 빼앗는 자들이나 우상 숭배하는 자들을 도무지 사귀지 말라 하는 것이 아니니 만일 그리하려면 너희가 세상 밖으로 나가야 할 것이라"(고전 5:10)

세상과 구별된 삶을 살아간다.

하나님은 분명하게 말씀하고 계셨다. "이 세상이나 세상에 있는 것들을 사랑하지 말라 누구든지 세상을 사랑하면 아버지의 사랑이 그 안에 있지 아니하니 이는 세상에 있는 모든 것이 육신의 정욕과 안목의 정욕과 이생의 자랑이니 다 아버지께로부터 온 것이 아니요 세상으로부터 온 것이라"(요일 2:15-16) 여기에 등장하는 '세상'이란 사람이 사는 세상이나 창조된 물질세계가 아니라 사탄에 의해 지배받고 하나님과 의를 거스른 죄 된 세상, 혹은 죄의 영역을 가리킨다. 이 말씀은 죄가 인간에게 어떻게 다가오는지 설명해 준다. 마귀 사탄은 옛날이나 지금이나 동일한 방법으로 사람들을 유혹한다. 육신의 정욕과 안목의 정욕과 이생의 자랑으로 유혹한다. 육신의 정욕은 육신에 호소하는 것이요, 안목의 정욕은 우리의 눈에 호소하는 것이요, 이생의 자랑은 이 세상의 명예에 호소한다.

마귀 사탄은 일류의 조상 아담에게 동일한 방법으로 유혹하였다. 육신의 정욕에 해당하는 '먹음직' 하고, 안목의 정욕에 해당하는 '보암직' 하고, 이생의 자랑에 해당하는 '지혜롭게 할 만큼 탐스럽기도 한 나무를 통해서 유혹하고 공격하였다. 마태복음 4장에서 마귀 사탄은 예수님을 유혹할 때도 이 세 가지 방법을 사용했으나 예수님은 말씀에 무장되어 있어서 그 유혹을 물리치셨다. 오늘날도 동일한 방법으로 마귀 사탄은 역사한다. 흔히 이 세 가지를 이성의 문제, 황금의 문제, 영광의 문제로 분류한다. 이성의 문제는 육신의 정욕에 호소하는 성적인 문제와 쾌락을 추구 하는 부분에 사탄이 유혹한다. 황금의 문제는 물질과 부의 문제로 사탄이 유혹한다. 영광의 문제는 명예와 연관하여 유혹한다. 그래서 구원받은 사람은 이러한 세상과 구별된 삶을 살아간다.

죄를 습관적으로 범하지 않는다.

구원받은 사람이 죄를 범할 수 있는가? 물론 죄를 범할 수 있다. 그러나 계속적으로, 습관적으로 죄를 범한다면 그 사람의 구원은 문제가 있다. 하나님의 말씀에 귀 기울려보라. "하나님께로부터 난 자는 다 범죄하지 아니하는 줄을 우리가 아노라 하나님께로부터 나신 자가 그를 지키시매 악한 자가 그를 만지지도 못하느니라"(요일 5:18) 자신이 실수로 죄를 범하고, 자신이 죄를 지은 것을 안타까워하며, 그 죄를 자백할 수는 있지만 구원받은 사람은 고의적으로, 또는 습관적으로 죄를 계속 범할 수는 없다. 왜냐하면 죄가 얼마나 무서운가를 알기 때문이다. 그 죄 때문에 예수님이 죽으셨다는 것을 알기 때문이다. 사실 인간이 죄를 범하지 않았다면 예수님은 십자가에서 죽을 이유가 없었다. 하나님이 죄를 얼마나 싫어하시면 예수님이 세상 죄를 지셨을 때, 비록 예수님이 자신의 하나밖에 없는 독생자였지만 하나님 아버지는 그 순간은 예수님을 버리셨다. 당신은 예수님의 고통의 절규를 들어 보았는가? 그것도 큰 소리의 절규를! 예수님은 십자가에 매달려 크게 소리 지르셨다. "엘리 엘리 라마 사박다니" 이것은 "나의 하나님 나의 하나님 어찌하여 나를 버리셨나이까?"(막 15:34)라는 뜻이다.

예수님이 돌아가시던 그날 하늘은 빛을 내지 않았다. 아마 이것은 하나님 아버지가 아들을 사랑하시지만 죄는 미워하시기에, 그 순간 예수님이 세상 죄를 다 지셨기 때문에, 그 예수님에게서 얼굴을 돌렸다는 의미일 것이다. 성경은 이러한 사실을 입증해 준다. "제 육시로부터 온 땅에 어둠이 임하여 제구시까지 계속되더니"(마 27:45) 하나님은 그만큼 죄를 싫어하시기 때문에 구원받은 사람은 죄를 미워하고, 멀리하며 습관적으로 죄를 범하지 않는다. 그러므로 자신은 구원받은 사람이라고 말은 하지만 계속 어둠 가운데 행하면 그 사람은 구원받은 사람이 아니다.

"만일 우리가 하나님과 사귐이 있다 하고 어둠에 행하면 거짓말을 하고 진리를 행하지 아니함이거니와 그가 빛 가운데 계신 것 같이 우리도 빛 가운데 행하면 우리가 서로 사귐이 있고 그 아들 예수의 피가 우리를 모든 죄에서 깨끗하게 하실 것이요"(요일 1:6-7) 어둠 속에서 행하는 것은 그리스도를 따르는 것이 아니며 생활 속에서 계속 죄를 범하는 것이다. 그러나 구원받은 사람은 어둠에서 빛으로 옮겨진 사람이다. 그러므로 더 이상 어둠 속에서 방황하지 않는다. 단호한 말씀이 아닌가? "너희가 전에는 어둠이더니 이제는 주 안에서 빛이라 빛의 자녀들처럼 행하라, 형제들아 너희는 어둠에 있지 아니하매 그 날이 도둑 같이 너희에게 임하지 못하리니, 예수께서 또 말씀하여 이르시되 나는 세상의 빛이니 나를 따르는 자는 어둠에 다니지 아니하고 생명의 빛을 얻으리라"(엡 5:8, 살전 5:4, 요 8:12) 그러므로 구원받은 사람은 빛 가운데 행하기 때문에 죄를 습관적으로 범하지 않는다.

내적으로 그리스도가 계신다는 사실을 체험한다.

"그의 성령을 우리에게 주시므로 우리가 그 안에 거하고 그가 우리 안에 거하시는 줄을 아느니라"(요일 4:13) 구원받은 사람은 자신의 삶 가운데서 예수님과 동행하며 그분을 섬기고 그분의 인도를 받는다. 기도를 통하여 그분과 대화하며 삶 가운데서 그분이 함께 하시는 것을 체험하고 감사하게 된다. 구원받은 사람은 성령의 인도함도 받는다. 성령께서 인도해 주지 않고 전혀 성령을 체험하지 못한다면 과연 하나님의 자녀이겠는가? 바울은 이 점을 분명하게 말한다. "성령이 친히 우리의 영과 더불어 우리가 하나님의 자녀인 것을 증언하시나니"(롬 8:16) 누가 과연 하나님의 아들인가? 하나님은 상당히 명확하게 말씀하신다. "무릇 하나님의 영으로 인도함을 받는 사람은 곧 하나님의 아들이라"(롬 8:14) 구원받은 사람은 반드시 기도의 응답을 받는다. 자녀이기에 당연히 기도응답을 받는다. 구원받은 사람은 세상으로부터 미움을 받는다. 하나님은 이러한 사실에 대해 말씀하신다. "너희가 세상에 속하였으면 세상이 자기의 것을 사랑할 것이나 너희는 세상에 속한 자가 아니요 도리어 내가 너희를 세상에서 택하였기 때문에 세상이 너희를 미워하느니라"(요 15:19) 물론 세상과 타협하며 살아간다면 미움을 당하지 않을 수도 있다. 성경은 명확하게 말씀하신다. "무릇 그리스도 예수 안에서 경건하게 살고자 하는 자는 박해를 받으리라"(딤후 3:12)

삶에서 열매를 맺는다.

구원받은 사람은 자신의 삶 가운데서 하나님의 인격을 나타낼 책임이 있다. 열매를 맺는다는 것은 예수님이 우리 삶 속에서 그의 인격을 구현하시며 우리 안에다 그의 생활양식을 심어 주시는 것이다. 구원받은 자가 자신의 삶 속에서 맺을 수 있는 열매는 갈라디아서 5장 22절과 23절에 잘 나타나 있다. 구원받은 사람은 성령을 소유하고 있기 때문에 말하는 단호한 말씀이 아닌가? "그의 성령을 우리에게 주시므로 우리가 그 안에 거하고 그가 우리 안에 거하시는 줄을 아느니라" (요일 4:13) 성령의 열매야말로 성령님이 내 주하신다는 증거가 된다. 성령의 열매는 예수님의 인격을 잘 보여 준다. 성령의 열매들은 다른 사람과의 관계를 통하여 맺을 수 있음을 보여준다.

사랑은 관계에서 주고받는 것이며 희락은 바른 관계의 결과다. 화평은 올바른 관계의 결과다. 오래 참음은 관계유지를 위하여 사람에 대하여 오래 참는다. 자비는 관계를 가질 때의 태도다. 양선은 관계에서 나오는 착한 마음이며 충성은 관계의 방법으로 상대방에게 최선을 다하는 것이다. 온유는 관계 안에서 복종하려는 의지이며 절제는 관계의 통제다.

성령의 열매를 통하여 배울 수 있는 중요한 교훈은 어떤 사람이 진정으로 구원받은 사람인가를 구분해 준다. 성령의 열매가 성령을 소유한 사람이 보여줄 수 있는 특징들이기 때문이다. 구원을 받았다는 사람이 삶에서 참지 못하고, 절제하지 못하고, 기뻐하지 못하고, 사랑을 실천하지 않는다면 그 사람의 구원은 의심하지 않을 수 없다. 당신은 구원받은 사람으로서 삶 가운데 성령의 열매를 맺으며 인격적으로 아름답게 변화되고 있는가?

심판에 대한 두려움이 없다.

구원받은 사람은 온전한 사랑을 체험했고, 그 온전한 사랑이 두려움을 내쫓기 때문에 심판에 대한 두려움이 없다. 온전한 사랑 안에는 두려움이 없다. 자신의 죄 문제를 다 처리한 의인이기 때문에 심판에 대한 두려움이 없다. 구원받은 사람은 분명히 심판이 없다 (요 5:24). 그러면 누가 두려워하는가? 두려워하는 자는 사랑 안에서 온전히 이루지 못한 사람이기 때문에 죄의 형벌을 받을 수 밖에 없다. 그분의 말씀에 귀 기울려보라.

"이로써 사랑이 우리에게 온전히 이루어진 것은 우리로 심판 날에 담대함을 가지게 하려 함이니 주께서 그러하심과 같이 우리도 이 세상에서 그러하니라 사랑 안에 두려움이 없고 온전한 사랑이 두려움을 내쫓나니 두려움에는 형벌이 있음이라 두려워하는 자는 사랑 안에서 온전히 이루지 못하였느니라" (요일 4:17-18) 진정으로 구원받은 사람은 자신의 삶에서 반드시 구원받은 증거를 나타낼 수 있어야 한다.

chapter 7
거짓 구원과 거짓 믿음

진단질문
거짓구원
거짓믿음

7. 거짓 구원과 거짓 믿음

　먼저 거짓 구원에 대해 살펴보겠다. 좋은 의사가 되려면 환자의 병에 대한 정확한 진단과 적절한 처방을 할 줄 알아야 한다. 영적인 의사로서 복음상담자의 역할도 이와 유사하다. 그러므로 우리가 복음상담을 하려면 상대방의 영적 상태를 바로 알아야 한다. 다시 말하면 영적인 진단을 바로 해야 한다는 말이다. 그 사람이 진정 주님을 만난 것인지 아니면 심각한 착각을 하고 있는지 가능하면 정확하게 알 필요가 있다. 그러기 위해서는 영적인 분별력이 있어야 하는데, 이것은 주님과의 깊은 교제, 영적 체험, 성경에 대한 깊은 이해, 오랫동안의 신앙생활과 다양한 복음상담 경험 등을 통해 체득되는 것이다. 그러나 기본적인 원리를 먼저 알고 상대방을 진단해 보면 많은 경우에 상대방의 영적인 상태를 분별할 수 있을 것이다.

　우리는 영적인 의사로서 과연 상대방이 구원받은 사람인지 스스로 자신을 점검하도록 도와주어야 한다. 그러면 우리는 왜 이러한 영적인 진단을 해야 하는가? 이것은 우리 인간에게 있어서 가장 중요한 문제이기 때문이다. 우리의 영원한 생사가 여기에 달려 있다. 천국이냐 지옥이냐를 판가름하는 가장 중요한 문제이기 때문이다. 우리가 사랑하는 가장 가까운 사람들의 영원한 운명에 관한 문제이기 때문이다. 우리가 구원을 받아 하나님의 축복을 누리는 사람이 되느냐 아니면 망하는 자가 되어 영원히 잃어버린 자가 되느냐가 여기에 달려 있기 때문이다.

　"우리는 구원 받는 자들에게나 망하는 자들에게나 하나님 앞에서 그리스도의 향기니 이 사람에게는 사망으로부터 사망에 이르는 냄새요 저 사람에게는 생명으로부터 생명에 이르는 냄새라 누가 이 일을 감당하리요" (고후 2:15-16) 그러므로 구원의 문제는 영원한 생명이냐 영원한 사망이냐의 문제이다. 그래서 성경은 이렇게 명령하고 있다. "너희는 믿음 안에 있는가 너희 자신을 시험하고 너희 자신을 확증하라 예수 그리스도께서 너희 안에 계신 줄을 너희가 스스로 알지 못하느냐 그렇지 않으면 너희는 버림 받은 자니라"(고후 13:5) 이보다 더 성경적인 명령이 또 어디 있겠는가? 여기서 '시험하라'는 말은 자기 스스로 자신이 구원받은 사람인지 테스트해 보고, 점검해보라는 말이다. 그래서 모든 사람은 자신이 구원을 받았는지 스스로 확인해 보아야 한다.

"나는 과연 구원받은 사람인가?"

"나는 지금 죽어도 천국에 들어갈 수 있는가?"

"예수님이 정말 내 안에 살아 계시는가?"

"나는 언제 예수님을 인격적으로 만난 사실이 있는가?"

"언제 예수님이 나의 모든 죄를 해결해 주셨는가?"

그래서 사도 바울은 계속해서 이렇게 말한다. "너희는 믿음 안에 있는가 너희 자신을 시험하고 너희 자신을 확증하라 예수 그리스도께서 너희 안에 계신 줄을 너희가 스스로 알지 못하느냐 그렇지 않으면 너희는 버림 받은 자니라"(고후 13:5) 만약 그 사람이 개인적으로 예수님을 만난 사실이 없다면 그 사람은 버림받은 사람이요, 하나님의 사랑에서 떨어진 사람이다. 그 결과 그 사람은 지옥에 들어갈 수밖에 없다. 그러므로 어떤 사람이 "나는 구원을 받았다, 나는 예수님을 믿는다, 나는 천국에 갈 수 있는 확신이 있다"고 하더라도 그 대답을 액면 그대로 받아드리지 말고 상대방이 어떻게 구원을 받았는지 구원간증을 해달라고 정중하게 요청할 필요가 있다.

"선생님이 어떻게 구원을 받았는지 제가 선생님의 구원간증을 한번 들어볼 수 있겠습니까?"

그때 그 사람이 참으로 구원받은 사람이라면 자신이 어떻게 구원을 받았는지 그리고 자신이 구원받은 이후에 어떻게 변화되었는지 기꺼이 들려줄 것이다. 그러면 구원이 아닌 경우는 어떤 것들이 있는가?

진단 질문

상대방이 교회를 다니지 않거나, 다녀본 적이 없거나, 기타 다른 종교를 갖고 있는 사람이라면 일단 구원받지 않았다고 간주해도 거의 틀림이 없다. 하지만 상대방이 교회를 다닌다고 하면 진단질문을 해보는 것이 좋겠다. 그러므로 상대방에게 조심스럽고, 정중하고, 예의 바르게 다음과 같은 질문을 해보라.

"만약 당신이 지금 이 순간 죽더라도 천국에 갈 확신이 있습니까?" 구원을 받았느냐고 묻지 말고 계속 점검하기 위해 다른 질문을 해보아야 한다. 이에 대한 답변은 대체로 다음과 같은 대답을 할 것이다. "아니요, 자신이 없습니다."

하지만 성경은 구원받은 사실을 미리 알 수 있다고 말한다.

"내가 하나님의 아들의 이름을 믿는 너희에게 이것을 쓰는 것은 너희로 하여금 너희에게 영생이 있음을 알게 하려 함이라"(요일 5:13) "죽어봐야 알지요."

사람이 죽은 다음에는 다시 기회가 없다.

"나는 천국에 가려고 노력하고 있어요."

성경은 구원은 하나님의 은혜와 선물로 받는 것이며 인간의 노력으로 받을 수 없다고 말한다(엡 2:8-9).

"나는 예수 믿고 많이 변했는데요"

모든 변화가 다 구원받은 증거는 아니다. 구원받지 않고 교회만 다녀도 많은 변화가 있을 수 있다. 그러므로 변화의 원인을 바로 파악해야 한다. 올바른 원인에서 온 변화도 있고, 잘못된 동기에서 온 변화도 있기 때문이다.

"나는 하나님을 사랑하고 그의 뜻대로 살려고 애쓰는데요"

관계를 통한 진정한 사랑이 아니라 혼자서 그냥 짝사랑하는 경우도 있다. 어떤 사람은 예수 없이 하나님만 사랑하는 사람도 있지만 우리가 하나님을 만나는 길은 오직 중보자이신 예수님을 통해서만 가능하다. "나는 설교를 들을 때 은혜를 많이 받는데요"

어떤 사람들은 드라마나 영화를 보아도 은혜를 받는 경우가 있다. "나는 말씀이 잘 이해가 되고 깨달아지는데요"

이러한 경우는 구원을 받은 경우도 있고, 구원이 아닌 경우도 있다. 구원이 아닌 경우는 거의 구원받기 직전에 와 있다거나 마음이 준비되어가는 과정이지 아직 구원이 아닌 경우도 있다. 하지만 구원받은 다른 증거가 함께 있다면 구원받은 증거이다.

"나는 하나님이 살아계신 것을 믿는데요"

이것은 마귀 사탄도 믿는 내용이다. 하나님과 개인적인 관계 가운데 있으면서 그것을 믿는다면 그것은 구원이다.

"나는 성경도 믿고 하나님도 다 믿는데요"

이것은 구원받기 전에도 믿을 수 있다.

"나는 모태신자인걸요"

인간의 혈통이나 육정으로 난 것은 구원이 아니다.

"이는 혈통으로나 육정으로나 사람의 뜻으로 나지 아니하고 오

직 하나님께로부터 난 자들이니라"(요 1:13)

"나는 불치병에서 치료받은 놀라운 체험을 했어요"

병은 육체의 병이 나은 것이지 그것이 구원은 아니다.

"나는 구원상담을 했는데요"

구원상담을 통해 구원이 이루어지지 않았는데 상담자가 구원을 받았다고 선포하는 경우 상대방은 구원이 이루어지지 않았음에도 불구하고 자신이 구원받은 것으로 착각할 수도 있다.

"나는 복음을 다 알아요, 예수님이 나를 위해 죽으셨다는 것을 다 알아요" 이것은 지식적인 동의이지 구원이 아니다. 진정한 구원은 마음에 이루어져야 한다.

"나는 영접기도를 통해 주님을 영접했어요"

영접기도 자체가 구원은 아니다. 그러므로 이러한 대답을 하는 경우에 그 사람의 구원문제에 대해 의문을 품을 수 있을 것이다. 이런 대답들은 모두 인간 중심적이고, 인간의 관점에서 말하는 것이다. 구원받지 않고도 위에서 언급한 것들을 다 할 수 있는 것이다. 그러면 왜 교회를 다니면서도 구원을 받지 못하는 경우가 있는가? 본인이 구원받은 것을 착각하는 경우도 있고, 상대방이 구원에 대해 무관심하다보니 그런 경우가 있고, 그 사람이 다니고 있는 교회에서 바르게 가르치지 않기 때문에 그런 경우가 있고, 사탄이 역사하고 있기 때문에 그런 경우가 있을 수 있는 것이다.

거짓 구원

장두만 교수는 그의 저서 「구원, 그것이 알고 싶다」에서 구원이 아닌 거짓 구원에 대해 명확하게 이야기한다(P. 92-98).

"한 영혼이 예수 그리스도를 개인적으로 만나 구원받는다는 것은 참으로 엄청난 특권이며 축복이라 하지 않을 수 없다. 구원이 그렇게 귀하고 소중한 만큼 사탄은 모조품 구원, 가짜 구원을 진짜 구원보다 더 범람하게 해서 사람들을 미혹하고 있다. 그러면 나 자신은 참으로 거듭난 사람인지 아닌지 어떻게 알 수 있는가? 교회를 다니는 사람들 가운데 상당히 많은 사람들이 전혀 구원받은 게 아니면서도 구원받은 것으로 착각하며 살아가고 있다. 다음과 같은 경우는 구원과 아무런 상관이 없다는 사실을 분명히 알아야겠다.

영접기도 자체는 구원이 아니다.

많은 선교단체나 일부 교회에서 10-15분 정도의 짧은 시간 동안 복음을 소개한 후, 스스로 영접기도를 하거나 상담자를 따라서 영접기도를 하게하고, 그 기도가 끝나고 나면 "이제 당신은 구원받은 성도입니다"라는 식으로 말한다. 이것은 참으로 위험하기 그지없는 비성경적인 방법이라고 하지 않을 수 없다. 물론 영접기도를 함으로써 주님을 영접해 구원받는 경우도 있다. 그러나 영접기도를 수십 번 반복했지만 여전히 구원받지 못한 사람도 있다. 그렇기 때문에 '영접기도=구원'이라는 등식은 성경적으로 볼 때 전적으로 틀린 것이다. 만약 '나는 영접기도를 했으니 구원받았다'고 믿는 사람이 있다면, 그는 큰 착각 가운데 있는 사람이요, 하나님과는 상관이 없는 사람이다.

복음을 단순히 머리로 이해하고 동의하는 것은 구원이 아니다.

구원받기 위해서는 복음을 지식적으로 알아야 한다. 이 과정은 반드시 필요하다. 복음에 관한 지식이 전혀 없이는 구원받지 못한다. 그러나 지식 그 자체는 구원이 아니다. 예수를 믿는 것은 머리로 아는 것이 아니라, 마음으로 믿는 것이다. 마음으로 믿는 다는 것은 지, 정, 의 전체로, 다시 말하면 전인격적으로 믿는 것을 의미한다. 그렇기 때문에 지식만의 구원은 가짜 구원이고, 감정만의 구원도 가짜 구원이고, 의지의 결단만으로 주님을 영접한다면 그것 역시 가짜 구원이다. 지, 정, 의가 동시에 작동해서 예수를 믿어야 참으로 믿는 것이다.

성경에 관한 지식의 누적이 구원은 아니다.

어떤 경우에는 구원받지 않고서도 교회에 오래 다니다 보면 성경에 관한 지식도 많아지고, 찬송도 꽤 많이 알게 되고, 교회생활에도 익숙해지고, 생활도 조금 변하게 되니, 이것이야말로 구원받은 증거가 아니겠느냐는 식으로 착각하는 사람들이 있다. 그러나 그것은 지식의 증거이지 참으로 구원받은 것은 아니다. 성경에 관한 지식이 아무리 많이 축적되어도 그것은 결코 구원이 아니다.

선하게 사는 것이 구원이 아니다.

어떤 사람은 이렇게 말한다. "나는 주님을 사랑하고, 주님 말씀대로 살려고 하고, 주님께 순종하려고 애를 쓰는데, 나 같은 사람이야말로 참으로 구원받은 사람이 아닌가?" 위와 같은 경우는 구원받은 사람일 수도 있고, 아닐 수도 있다. 왜냐하면 구원받지 않은 사람도 자기 나름으로 주님을 사랑할 수 있기 때문이다. 그러나 그것은 참사랑이 아니고 짝사랑이다. 그리스도의 사랑이 심령 가운데

부어진바 됨으로써 이전에 주님에 대한 사랑이 전혀 없었던 자에게 주님에 대한 사랑이 생기기 시작했다면 그 사랑은 참된 사랑이고, 그 사람은 구원받은 사람이다. 그러나 자기 열심이나, 그냥 예수님이 좋아서 사랑하는 것이라면 그것은 참사랑이 아니다. 주님 뜻대로 순종하려고 하고, 선하게 살려고 하는 것도 구원의 확실한 증거는 못된다. 구원받지 않고서도 그렇게 사는 사람은 많이 있다. 사도행전 10장에 나오는 고넬료는 구원받기 전에도 선행과 구제와 기도로 소문난 사람이었다.

모태신앙은 구원과는 별개의 것이다.

많은 교인들이 자신은 모태신자임을 크게 자랑한다. 그러나 엄밀히 말하면, 모태신앙이란 것은 없다. 신앙은 나와 하나님과의 개인적인 관계이지 어머니 때문에 또는 아버지 때문에 내가 자동적으로 천국 가는 것은 결단코 아니다. 그러므로 개인적으로 예수 그리스도를 만나 거듭나는 체험을 해야 하나님의 자녀가 되는 것이다. 그 외에 교회나 교파가 구원과는 상관이 없으며, 어떤 성례전이나, 교회의 직분이나, 어떤 신비적인 체험을 구원과 연관시켜서도 안 된다. 성령의 역사가 아니고서도 신비적인 체험을 하는 경우는 비일비재하다. 기독교가 아닌 이방종교에서도 성령과 관계없이 각종 신비적인 체험이 많이 있는 것을 각종 문헌을 통해 쉽게 접할 수 있다. 구원은 그렇게 어렵고 복잡한 것이 아니다. 그러나 거듭나지 못한 사람은 사탄의 역사로 인해 영적인 눈이 멀어 있기 때문에 영적인 세계가 보이지 않고, 따라서 헷갈리기 쉽다는 사실을 분명히 알 필요가 있다."

상대방이 구원의 확신이 없는 경우

참으로 구원을 받고서도 구원의 확신이 없는 경우가 있는가? 대부분의 경우 구원받은 적이 없기 때문에 구원의 확신이 없는 것이다. 그러므로 어떤 사람이 구원의 확신이 없다면 일단 구원받지 않은 것으로 간주해도 좋을 것이다. 하지만 가끔 구원을 받고도 확신이 없는 경우가 있다. 본인이 구원을 받았지만 성경지식이 없어서 구원의 확신이 없는 것이다. 또 어떤 경우는 본인이 구원받은 직후 어린 신앙인으로서는 도저히 감당하기 힘들 정도로 큰 충격을 받았다거나 너무 힘든 경험을 함으로 한동안 있던 구원의 기쁨이 금세 사라지는 경우에도 구원의 확신이 없는 것이다. 어떤 경우에는 현재의 삶에 문제가 있어서 구원의 확신이 없는 것이다.

진정한 회개를 하지 않는 경우

오늘날 일부에서 전해지고 있는 복음은 죄인들로 하여금 그릇된 희망을 갖게 한다. 자신의 죄에 대해 깊이 인식할 필요도 없이, 또 죄에서 돌이키는 회개가 없어도 예수께서 십자가에서 자신을 위해 죽으셨다는 것에 동의만 하면 구원받았다는 식으로 가르친다. 하지만 진정한 회개가 없는 구원은 있을 수 없는 것이다.

구약 성경에서 회개라는 단어는 "슈브"로서, 그것은 항상 죄로부터 돌아서서 하나님께로 향하는 것을 의미한다. 그것은 마음과 뜻과 정성과 힘을 다해서 하나님께로 돌아서는 것을 뜻한다. 그리고 신약 성경에서 회개라는 단어가 사용될 때는 언제나 목표의 변화, 특히 죄로부터의 돌이킴을 의미한다. 참된 회개는 그리스도에 대한 태도를 근본적으로 바꾸는 것은 물론, 양심의 가책을 포함하며, 많은 경우에 자신의 죄에 대한 슬픔을 수반한다. 그러나 그것은 구원받기 전에 무엇을 고쳐야 한다는 것을 의미하는 것은 결코 아니다. 주님 앞에는 "내 모습 이대로" 나간다. 사실상 구원받기 전에는 아무 것도 근본적으로 고칠 수 있는 능력이 없다. 이 면에 관해서 맥아더가 잘 지적하고 있다.

"무엇보다도 회개는 구원에 앞서 자신의 삶을 바로 잡아 보려는 시도가 아님을 알아야 한다. 회개에로의 부르심은 믿음으로 그리스도께로 돌이키기 전에 죄를 청산하라는 명령이 아니다. 오히려 그것은 자신의 불의함을 깨닫고 그것을 미워하며, 그것에 등을 돌리고, 그리스도께 달려가 전심으로 그분을 받아드리는 명령이다."
(맥아더, 「구원얻는 믿음이란 무엇인가」, p.229)

그러므로 참된 회개는 구원에 있어서 필수적인 과정이다. 지금까지의 죄에서 돌이키겠다는 의지(돌이키겠다는 마음의 각오)가 전혀 없이는 참된 구원이 이루어질 수 없다. 그렇기 때문에 "나는 구원을 받았어도 나의 삶의 방식을 전혀 바꾸지 않고 과거에 살던 그대로 살겠다"고 생각하는 사람은 구원받은 사람일 수가 없다.

이제 거짓 믿음에 대해 살펴보겠다.

교회다니는 사람들 중에 예수 믿으면 구원받는다는 것을 대부분 알고 있다. 그러나 그 중에 많은 사람들은 예수님을 믿는 것이 무엇을 의미하는지 모르고 있다. 단지 막연하게 예수 믿으면 구원을 얻는다고 알고 있는 것이다. 그래서 믿음 중에서도 잘못된 거짓 믿음이 있다. 이단들도 대부분 하나님을 믿는다고 말한다. 그래서 성경은 잘못된 거짓 믿음이 있다는 것을 명확하게 밝히고 있다. "이와 같이 행함이 없는 믿음은 그 자체가 죽은 것이라, 아아 허탄한 사람아 행함이 없는 믿음이 헛것인 줄을 알고자 하느냐"(약 2:17, 20) 이제 우리는 무엇이 거짓 믿음이며 무엇이 구원을 얻을 수 있는 참 믿음인지 바로 알아야 한다.

일시적인 거짓 믿음

일시적인 믿음은 거짓 믿음이다. 이것은 말씀을 들을 때에는 일시적으로는 받아들이지만 그 말씀이 결실을 이루지 못한다. 예수님은 이 사실을 씨 뿌리는 자의 비유를 통하여 지적하셨다.

"길 가에 있다는 것은 말씀을 들은 자니 이에 마귀가 가서 그들이 믿어 구원을 얻지 못하게 하려고 말씀을 그 마음에서 빼앗는 것이요 바위 위에 있다는 것은 말씀을 들을 때에 기쁨으로 받으나 뿌리가 없어 잠깐 믿다가 시련을 당할 때에 배반하는 자요"(눅 8:12-13) 이 말씀에서 '잠깐 믿다가'라는 말은 일시적으로만 믿는 것을 뜻한다. 또한 이 믿음은 구원을 위해서 자신을 의지하고, 이 세상에서 필요한 복을 얻기 위해서 예수님을 의지하는 것이다. 「전도폭발」의 제임스 케네디는 이 점에 대해 언급한다.

"구원 얻는 믿음 같으면서도 실상은 전혀 다른 믿음이 있는데 그것은 바로 영생을 위해서는 자기 자신을 의지하면서도 일시적인 복, 혹은 현세적인 복을 위해서는 주님을 신뢰하는 믿음이다. 이것을 구별하기란 어려운 일이나 우리는 그것을 구별할 필요가 있다. 그것은 영원한 복과 영원한 화를 구별하는 일이 된다. 루터를 한번 생각해보라. 구원받기 전에 그는 하나님을 믿고 있었다. 그가 로마로 순례의 길을 떠날 때 그는 안전과 숙식과 건강을 위해서 주님을 의지하지 않았는가? 분명히 의지했다. 그와 마찬가지로 존 웨슬리도 영국에서 신세계의 선교임지로 떠날 때 그의 안전을 주님께 맡겼다. 그럼에도 불구하고 이들은 지상에서 천국으로 가는 길의 안전을 위해서 자기 자신을 신뢰하고 있었다. 죄인이 믿음으로 의롭다 하심을 받는다는 사실의 진리를 알고 믿기 오래 전에 그들은 믿음을 안전한 여행을 할 수 있다는 진리에 대해서 알고 믿었다."

하나님의 존재를 믿는 거짓 믿음

하나님이 살아 계신다는 것을 믿는 것은 구원 얻는 참 믿음은 아니다. 이 세상에는 신은 없다고 믿는 무신론자들이 많다. 그러나 하나님의 존재를 믿는다고 해도 그것이 모두 구원 얻는 참 믿음은 아니다. 왜냐하면 마귀 사탄도 하나님이 살아 계시다는 사실을 믿기 때문이다. 그러면 마귀도 구원을 받았는가? 그래서 성경은 분명하게 말씀한다. "내가 하나님은 한 분이신 줄을 믿느냐 잘하는 도다 귀신들도 믿고 떠느니라"(약 2:19) 예수님 당시에도 많은 사람들이 예수님이 어떤 분인 줄 몰랐지만 귀신들린 사람은 알아보았다. 다음의 말씀들은 의심할 나위없는 성경의 이야기들이다. "나사렛 예수여 나는 당신이 누구인줄 아오니 하나님의 거룩한 자니이다"(막 1:23-24, 마 8:29, 막 5:1-7, 눅 4:33-36). 그러나 그들은 하나같이 고백하기를 "나와 당신이 무슨 상관이 있나이까?"라고 말했다. 예수님을 하나님의 아들이라고 믿어도 그 믿음은 예수님과 아무런 상관이 없는 것이다.

현세적인 거짓 믿음

현세적인 믿음은 구원 얻는 참 믿음이 아니다. 현세적인 믿음은 이 세상에서 세상적인 것들을 얻기 위하여 주님을 신뢰하는 것이다. 영생이나 천국의 소망에는 관심이 없고 이 세상에서 병을 낫게 하려고, 축복을 많이 받아서 부자가 되려고, 마음이 외로워서 마음이나 달래 보려고 믿는 것이다. 그러나 그러한 믿음은 참된 믿음이 아니다.

지식적인 동의 거짓 믿음

지식적인 동의의 믿음은 구원 얻는 참 믿음이 아니다. 그래서 「전도 폭발」의 제임스 케네디는 이 점에 대해 언급했다.

"신학자들은 믿음의 3요소를 지식, 동의, 신뢰로 정확히 지적했다. 우리는 어떤 것을 지식적으로는 알고 있으면서도 그것에 동의하지 않을 수가 있다. 예를 들면, 그리스도가 오늘날 인도에 사는 어떤 사람의 몸을 입고 이 세상에 왔다고 가르치는 사람이 있다. 저자는 이들의 가르침에 대해서 알고는 있지만 그것에 동의하지는 않는다. 또한 수많은 역사적 사실들에 대해서 지식적으로 알고 있고 또한 그것들에 동의하면서 아직 그것들에 대하여 신뢰하지 않는 사람이 있을 수 있다. 우리는 알렉산더 대제에 대해서 알고 있고 또 그의 정복전쟁들에 관한 역사적인 기록에 대해서 동의하고 있다. 더 나아가서 우리는 그가 군사전략에 천재였다는 데에도 동의한다. 그러나 알렉산더가 자기를 위해 뭔가를 해줄 수 있을 것으로 믿는 사람은 아무도 없기를 바란다. 그것은 어리석은 일일 것이다. 지식과 동의에 루터가 말한 신뢰가 따라야 한다."

지식적인 동의는 구원 얻는 믿음이 아니다. 물론 믿음은 올바른 지식에서 출발한다. 그러나 머리로 아는 것만 가지고 구원받는 것이 아니다. 당신은 올바른 믿음을 가지고 구원을 받았는가? 아니면 구원을 얻지 못하는 거짓 믿음은 아닌가?

행함이 없는 거짓 믿음

구원을 받지 못하는 거짓 믿음은 행함이 없는 믿음이다. 성경은 그것에 관해 상당히 명확하게 말씀한다. "내 형제들아 만일 사람이 믿음이 있노라 하고 행함이 없으면 무슨 유익이 있으리요 그 믿음이 능히 자기를 구원하겠느냐, 아 허탄한 사람아 행함이 없는 믿음이 헛것인 줄을 알고자 하느냐, 영혼 없는 몸이 죽은 것 같이 행함이 없는 믿음은 죽은 것이니라"(약 2:14, 20, 26)

여기서 '사람이 믿음이 있노라 하고'라는 의미가 무엇인가? 우리 주위에 교회를 다니는 사람들 가운데 본인은 구원을 받았다고 말하며 믿음이 있다고 말하지만 그 사람의 삶을 살펴보면 전혀 변화가 없고 행함이 없는 사람이 있다. 그런 사람은 참된 구원을 받은 사람이 아니다. 왜냐하면 야고보는 '그 믿음이 능히 자기를 구원하겠느냐 아아 허탄한 사람아'라고 말하고 있기 때문이다. 그러므로 행함이 전혀 없는 것은 참된 믿음이 아니다. 행함이 없으면 믿음도 없다.

그래서 존 맥아더는 그의 책 「구원이란 무엇인가」에서 찰스 라이리의 글을 인용한다(P. 226). "행함이 없고 죽은 가짜 믿음이 인간을 구원할 수 있는가? 야고보는 우리가 행함으로 구원을 얻는다고 말하지 않는다. 다만 선한 행함을 낳지 않는 믿음이 죽은 믿음이라고 말하고 있는 것이다. 열매를 맺지 못하는 믿음은 영혼을 구원할 수 없다. 그런 믿음은 참된 믿음이 아니기 때문이다."

계속해서 존 맥아더는 반스의 글을 인용한다(P. 227).

"야고보는 참된 믿음이 있다면 언제나 선한 행함이 따라온다고 주장한다. 그리고 사람을 의롭게 하고 구원할 수 있는 것은 오직 그 믿음뿐이라고 주장한다. 실질적인 삶의 거룩함으로 이끌지 못한다면 그 믿음은 조금도 가치가 없다."

계속해서 존 맥아더는 루터의 글을 인용한다(P. 355-358).

"믿음은 즉시 사람을 새롭게 하고 거듭나게 한다. 그리고 사람을 완전히 새로운 삶의 방식과 특징으로 이끌고 간다. 그래서 참된 믿음이 있는 사람은 계속해서 선한 일을 하지 않고는 견딜 수 없게 되는 것이다. 나무가 열매를 맺는 것처럼 당연히 믿음은 선한 행위를 낳는다. 나무에게 열매를 맺으라고 명령하는 것이 전혀 불필요한 일이듯이 믿는 자에게도 선한 일을 하라고 촉구할 필요가 없다. 믿는 자는 저절로, 자유롭게, 자발적으로 선한 일을 하기 때문이다. 그것은 아무 명령이 없어도 잠을 자고 먹고 마시며 옷을 입고 듣고 말하며 가고 오는 것과 같은 이치다. 이 믿음이 없는 사람은 단지 믿음과 행위에 대해 헛된 말만 할 뿐이다. 사람이 행위로 선해지는 것이 아니라 선한 행위로 거짓 믿음과 참된 믿음의 차이를 입증해야 한다. 믿음이 참이라면 언제나 그 믿음은 선을 행하기 때문이다. 만일 믿음이 선을 행하지 않으면 그 믿음은 분명 헛되고 거짓된 것이다. 행함에 대해 언급한 성경의 모든 단락은 하나님이 행함을 통해 믿음 안에서 받은 선함을 입증하며 다른 사람에게 유익을 끼치기를 원하신다는 것을 보여 준다. 그것을 통해 거짓 믿음이 드러나고 뿌리째 제거될 수 있도록 말이다. 우리가 행함이 없다면 우리는 자신의 믿음이 참인지 아닌지 알 수 없다. 행함이 따라오지 않는 곳에는 오직 공허한 생각과 꿈만 있을 뿐 믿음이 없다는 확실한 증표다. 그러나 사람들은 그것을 믿음이라고 거짓되게 부른다. 행함은 당연히 믿음이 따라오기 때문에 행함을 명령할 필요는 없다. 명령을 받지 않아도 믿음은 행함을 하게 되어 있다. 그래서 우리는 거짓 믿음과 참된 믿음을 구별할 수 있게 되는 것이다."

계속해서 존 맥아더는 칼빈의 글을 인용한다(P. 358-361).

"믿음과 행함이 얼마나 분리할 수 없을 만큼 밀접히 연결되어 있는지 알고자 한다면 그리스도를 바라보라. 완전함과 거룩함을 향한 열정이 일어나지 않는 곳에는 그리스도의 영도, 그리스도도 없다. 또한 그리스도가 계시지 않는 곳에는 의도, 믿음도 없다. 인간의 마음속에는 허영을 위한 자리가 너무 많다. 거짓을 위한 은신처가 너무 많다. 기만과 위선의 수의를 너무 단단히 입고 있다. 그래서 종종 인간의 마음은 스스로를 기만한다. 외형뿐인 믿음 안에서 영광을 누리는 자들은 사탄보다 조금도 나을 것이 없다는 것을 그들이 알아야 한다."

계속해서 존 맥아더는 스펄전의 글을 인용한다(P. 369-370).

"그리스도를 기꺼이 구주로 받아들이는 것처럼 보이지만 주님으로는 받아들이지 않으려는 사람들이 있다. 믿음을 행함으로 입증하지 않으면서 그리스도를 믿는다고 말만 하는 자들이 있다는 것은 얼마나 슬픈 일인가? 나는 진정으로 그리스도를 구주로 영접하지만 주님으로는 받아들이지 않는 것이 가능하다고 생각하지 않는다. 구속받은 영혼이 가장 먼저 보여 주는 태도는 구주의 발아래 엎드리는 것이다. 그리고 감사와 경배를 드리며 이렇게 부르짖는 것이다. '찬양 받으실 주님이시여, 당신의 보혈로 사셨으니 이제 저는 당신의 소유입니다. 오직 당신의 것입니다. 영원히 당신의 것입니다. 제가 당신을 위해 무엇을 하기를 원하십니까?' 그리스도가 우리의 왕이 아니라면 그리스도를 구주로 받아들이는 것은 불가능하다. 구원의 매우 많은 부분이 우리를 다스렸던 죄의 지배에서 구원받는 것에 있기 때문이다. 또한 우리가 사탄의 지배에서 구속받을 수 있는 유일한 길은 그리스도의 지배에 복종하는 것뿐이다. 죄를 용서 받았지만 예전처럼 살아간다면 그는 진정으로 구원받은 자가 아니다."

계속해서 존 맥아더는 아이언사이드의 글을 인용한다(P. 379).

"아마도 이렇게 묻는 사람이 있을 것이다. '내가 죄 속에 계속 살아도 여전히 구원받은 자가 될 수 있지 않습니까?' 전혀 그렇지 않다. 천만의 말씀이다. 한 사람이 복음을 믿는 순간 그는 거듭난다. 그리고 새로운 생명과 본질을 받는다. 그것은 죄를 미워하고 거룩함을 사랑하는 본질이다. 당신이 예수님께 나와 믿음을 드린 사람이라면 자신 안에서 선을 향한 새로운 갈망, 거룩함을 추구하는 갈망, 의를 향한 목마름을 발견하지 않는가? 이 모든 것이 새로운 본질을 소유했다는 증거다."

계속해서 존 맥아더는 토저의 글을 인용한다(P. 387).

"그리스도를 구주로 고백했지만 삶에서 그리스도를 주님으로 인정하며 완전한 순종을 드리도록 인도하지 않는다면 그 믿음은 결코 참된 믿음이라고 할 수 없으며 결국에는 고백한 자를 배반한다. 믿는 자는 순종한다. 순종하지 않는 것은 참된 믿음이 아니라는 분명한 증거다. 참된 회개가 있는 곳에 순종이 있다. 회개가 과거의 실패와 죄에 대한 슬픔일 뿐만 아니라 이제부터 하나님이 보여 주시는 대로 그분의 뜻을 행하기로 결단하는 것이기 때문이다."

계속해서 존 맥아더는 아서 핑크의 글을 인용한다(P. 388-389). "구원의 믿음은 내 전 존재와 생명을 나에 대한 하나님의 주장과 권리에 완전히 내어 드리는 것으로 이루어져 있다. 그것은 그리스도의 뜻에 엎드리고 그분의 멍에를 받으며 자신의 절대적인 주님으로 그리스도를 주저 없이 받아들이는 것이다. 오, 죄인들에게 그리스도를 개인적인 '구주'로 받아들이라고 구걸하는 현대의 방식은 신약의 기준에서 얼마나 멀리 떨어져 있는 것인가? 신약에서 예수 그리스도가 소개될 때 항상 구주보다는 주인이라는 말이 먼저 나온다는 것을 알 수 있다. 순서가 바뀌는 경우는 한 번도 없다. "마리아가 가로되 내 영혼이 주를 찬양하며 내 마음이 하나님 내 구주를 기뻐하였음은, 이같이 하면 우리 주 곧 구주 예수 그리스도의 영원한 나라에 들어감을 넉넉히 너희에게 주시리라, 만일 저희가 우리 주 되신 구주 예수 그리스도를 앎으로 세상의 더러움을 피한 후에 다시 그 중에 얽매이고 지면 그 나중 형편이 처음보다 더 심하리니, 오직 우리 주 곧 구주 예수 그리스도의 은혜와 저를 아는 지식에서 자라가라 영광이 이제와 영원한 날까지 저에게 있을지어다." (눅 1:46-47, 벧후 1:11, 2:20, 3:18)"

참된 믿음과 거짓 믿음은 어떻게 구별하는가?

장두만 박사는 "성침논단"의 논문에서 이것을 구별하는 세 가지 방법을 소개한다(P. 23-24).

"첫째, 참된 믿음은 열매로 안다. 거짓 믿음은 열매를 맺지 못하지만 참된 믿음은 내재하시는 성령의 능력으로 열매를 맺게 된다. 예수를 믿고 구원을 받았다고 고백을 하지만 아무런 변화의 열매가 없다면 그 믿음은 참된 믿음이 아니다.

둘째, 한 사람이 예수 그리스도를 전인격적으로 믿으면 바로 그 직후부터 변화의 열매가 나타난다. 예수를 전인격적으로 믿고 구원받으면 분명한 변화의 증거가 있다는 것은 교파 관계없이 모든 학자들이 이구동성으로 주장하고 있다. 장로교의 대표적인 신학자 가운데 한명이었던 찰스 하지도 중생은 '영적 죽음에서 영적인 생명으로 옮겨가는 즉각적인 변화' 라고 했고, 또 다른 장로교 신학의 대표자 중 한 사람인 위필드도 유사한 주장을 하고 있다. '중생이란 성령 하나님의 역사로 인해 영혼 속에 일어나는 근본적이고 완전한 변화이다.' 침례교 신학자인 스트롱은 다음과 같이 말하고 있다. '중생은 즉각적인 변화이다. 중생은 점진적으로 서서히 이루어지는 일이 아니다.'

셋째, 한 사람이 참으로 거듭나면 경험하는 변화에는 두 종류가 있다. 즉, 내적인 변화와 외적인 변화이다. 내적인 변화는 구원을 받으면 즉각적으로 일어나는 변화요, 외적인 변화는 즉각적인 경우도 있고 점진적으로 이루어지는 경우도 잇다. 성경은 진정으로 거듭난 신자가 내주하시는 성령의 능력으로 인해 경험하는 내적인 변화에 대해 분명하게 가르치고 있다."

밀라드 에릭슨은 그의 저서 ?구원론?에서 짝퉁구원을 분별하는 법을 소개한다(P. 264-265). "성경은 신앙을 외적으로 고백하는 모든 사람들이 참된 구원을 받은 사람으로 정당화하지 않고 있다. 예수님은 양의 가죽을 입고 왔으나 이리의 탐욕을 가진 거짓 선지자들에 대해서 경고한다(마 7:15). 그들은 그들의 말로서가 아니라 그들의 열매로서 평가되어야만 한다(마 7:16-20). 심판 날에 그러한 사람들도 주님을 '주여 주여' 라고 부를 것이며 예언을 했다고 귀신을 쫓아냈다고 주님의 이름으로 능력을 행했다고 주장할 것이다(마 7:22). 그러한 모든 주장들은 아마 사실일지도 모른다. 그러나 하나님의 나라에 들어갈 이들은 이들이 아니요 오히려 아버지의 뜻을 행한 이들이다(마 7:21). 그러한 가짜 신자들에 대한 예수님의 최종 선언은 '내가 너희를 도무지 알지 못하니 불법을 행하는 자들아 내게서 떠나가라' (마 7:23)인 것이다. 씨 뿌리는 자의 비유는 겉으로 보기에 참 믿음으로 여겨지는 것이 사실은 아주 다른 것이 될 수도 있다는 또 다른 지적이다(마 13:1-9, 18-23). 지금까지의 내용을 고려해볼 때 예수님께서는 신자인 것으로 보이는 모든 사람들을 참으로 신자라고 여기시지는 않았다는 것은 분명하다. 그러므로 신앙생활을 하다가 후에 타락한 이들은 처음부터 결코 구원받지 못했다는 것이 우리의 결론이다." 그러므로 우리는 거짓 믿음을 분별하고 상대방이 참된 믿음으로 예수 그리스도를 믿을 수 있도록 도와주어야 한다.

구원을 주지 못하는 것들이 있다.

"구스인이 그의 피부를, 표범이 그의 반점을 변하게 할 수 있느냐 할 수 있을진대 악에 익숙한 너희도 선을 행할 수 있으리라" (렘 13:23) 세상에서 가장 불행하고 불쌍한 사람은 돈 없고, 권력 없고, 아픈 사람이 아니라 그 영혼이 지옥에 가는 사람이다. 구원받지 못한 사람은 이 세상에서 가장 불행하고 불쌍한 사람이다. 그러면 지옥에 들어가지 않고 하늘나라에 들어가려면 어떻게 해야 하는가? 구원을 받아야 한다. 하지만 사람은 스스로를 구원할 수 있는 능력이 없다.

선행으로 구원을 받을 수 없다.

인간의 노력으로 구원을 받을 수 없다. 그렇지만 많은 사람들은 구원의 조건을 자신의 행위에 두고 있다. 하지만 선행이 악행을 없애지는 못한다. 죄를 저지른 후에 아무리 선한 일을 많이 해도 그 선한 일 때문에 판사가 그 사람의 죄를 용서해 주지는 않는다. 진실로 구원받지 못한 사람은 하나님 앞에서 참된 선행을 할 수 없다. 죄인은 영적으로 허물과 죄로 말미암아 죽어 있기 때문이다. 죽은 사람은 선을 행할 능력이 없다.

만약 우리의 행위로 천국에 들어간다면 우리의 노력으로 언제 그 구원이 성취되겠는가? 만일 우리의 예배 출석이나 선행과 도덕적으로 정결한 삶을 살아서 천국에 간다면 그리스도는 헛되이 죽으신 것이다. 우리에게 진정으로 필요한 분은 구세주가 아니라 매사에 도덕적이고 모범적인 삶을 살게 하는 분일 것이다. 우리의 선한 행위를 통하여 구원받을 수 있다고 주장하는 모든 종교는 거짓 종교이다.

인간이 인간 스스로를 구원하지 못하는 이유가 있다. 인간은 죄를 범한 죄인이기 때문에 죄인이 죄인을 구원할 수 없다. 인간이 스스로를 구원할 수 있다고 생각하는 것은 모순이요 환상이다. 그럼에도 불구하고 인간이 만든 이 땅의 모든 종교는 인간이 스스로를 구원할 수 있다고 가르친다. 하지만 기독교는 인간이 만든 종교가 아니라 참된 생명이다. 그리스도인이 선한 행실을 보이고 의롭게 살며 정결하게 사는 것은 구원을 받기 위해서가 아니라 하나님의 은혜로 구원을 이미 받았기 때문에 고맙고 감사해서 보답하는 삶을 사는 것이다. 다윗은 자신이 경험한 은혜를 보답하겠다고 간증한다. "하나님이 주신 은혜를 내가 무엇으로 보답할꼬"

다음 구절은 이 점을 명확하게 뒷받침해준다.

"너희는 그 은혜에 의하여 믿음으로 말미암아 구원을 받았으니 이것은 너희에게서 난 것이 아니요 하나님의 선물이라 행위에서 난 것이 아니니 이는 누구든지 자랑하지 못하게 함이라"(엡 2:8-9) 여기서 '너희'는 에베소교회의 구원받은 성도들이다. 그들은 무엇으로 구원을 받았는가? 하나님의 은혜와 믿음을 통해서 하나님의 선물로 받았다. 사도 바울은 계속해서 명확하게 말한다. "허물로 죽은 우리를 그리스도와 함께 살리셨고 (너희는 은혜로 구원을 받은 것이라)"(엡 2:5)

은혜란 무엇인가? 받을 만한 자격이 없음에도 불구하고 거저 받는 것이다. 구원은 행위에서 비롯되는 것이 아니다. 사도 바울이 '너희에게서 난 것이 아니요'(엡 2:8)라고 말했는데, 이 말은 구원은 인간에게서 나는 것이 아니고 하나님이 주시는 선물이란 뜻이다. '행위에서 난 것이 아니니'(엡 2:9)라고 분명하게 말하고 있다. 사도 바울은 다른 곳에서도 이 점을 명확하게 말한다. "우리를 구원하시되 우리가 행한 바 의로운 행위로 말미암지 아니하고 오직 그의 긍휼하심을 따라 중생의 씻음과 성령의 새롭게 하심으로 하셨나니"(딛 3:5) 여기서도 '우리의 행한 바 의로운 행위로 말미암지 아니하고'라고 말씀한다. 또 다른 곳에서 사도 바울은 명확하게 말한다.

"하나님이 우리를 구원하사 거룩하신 소명으로 부르심은 우리의 행위대로 하심이 아니요 오직 자기의 뜻과 영원 전부터 그리스도 예수 안에서 우리에게 주신 은혜대로 하심이라"(딤후 1:9) 여기서도 은혜가 강조되고 있다. 이처럼 분명하게 행위가 아니고 은혜라고 강조하는데도 수많은 세상의 종교들은 구원의 조건으로 착한 행실을 강조한다.

예수님은 이러한 통찰을 나누고 있다. "나더러 주여 주여 하는 자마다 다 천국에 들어갈 것이 아니요 다만 하늘에 계신 내 아버지의 뜻대로 행하는 자라야 들어가리라" (마 7:21) 그러면 내 아버지의 뜻이 무엇인가? 사도 요한은 하나님의 뜻을 명확하게 말한다. "내 아버지의 뜻은 아들을 보고 믿는 자마다 영생을 얻는 이것이니 마지막 날에 내가 이를 다시 살리리라 하시니라" (요 6:40) 하나님 아버지의 뜻은 하나님이 보내신 예수님을 믿고 영생을 얻는 것이다(요 3:16).

교육, 철학, 지식으로 구원을 받을 수 없다.

우리는 인간의 교육과 지식과 지혜로 구원을 받을 수 없다. 오히려 지식적으로 뛰어나기 때문에 믿지 않고 예수님을 거절하는 사람들이 많다. 하나님은 분명하게 말씀하고 계셨다.

"하나님의 지혜에 있어서는 이 세상이 자기 지혜로 하나님을 알지 못하므로 하나님께서 전도의 미련한 것으로 믿는 자들을 구원하시기를 기뻐하셨도다" (고전 1:21) 이 말씀은 무엇이라 말하는가? "자기 지혜로 하나님을 알지 못하는 고로" 이것이 정답이요, 사실이다. 이 세상에서 어떤 사람들은 전도를 미련한 것으로 본다. 하지만 하나님은 그 미련해 보이는 전도를 통해서 사람들을 구원하신다. 십자가의 복음은 멸망을 당하는 사람들에게는 미련하게 보이지만, 구원 얻는 우리에게는 하나님의 능력이다. 사도 바울은 하나님의 섭리를 명확하게 말한다.

"형제들아 너희를 부르심을 보라 육체를 따라 지혜로운 자가 많지 아니하며 능한 자가 많지 아니하며 문벌 좋은 자가 많지 아니하도다 그러나 하나님께서 세상의 미련한 것들을 택하사 지혜 있는 자들을 부끄럽게 하려 하시고 세상의 약한 것들을 택하사 강한 것들을 부끄럽게 하려 하시며 하나님께서 세상의 천한 것들과 멸시 받는 것들과 없는 것들을 택하사 있는 것들을 폐하려 하시나니"(고전 1:26-28) 단호한 말씀이 아닌가? "그 때에 예수께서 대답하여 이르시되 천지의 주재이신 아버지여 이것을 지혜롭고 슬기 있는 자들에게는 숨기시고 어린 아이들에게는 나타내심을 감사하나이다"(마 11:25) 여기 어린아이는 겸손하게 하나님을 믿으려 하는 자들을 지칭한다.

도덕적으로 바르게 살아도 구원을 받을 수 없다.

예레미야는 인간의 마음에 대해 단호한 선언을 했다. "만물보다 거짓되고 심히 부패한 것은 마음이라 누가 능히 이를 알리요마는"(렘 17:9) 사람의 마음은 이 세상에서 가장 부패하고 더럽기 때문에 그러한 마음으로는 바르게 살 수 없다. 예레미야는 계속해서 명확하게 말한다. "구스인이 그의 피부를, 표범이 그의 반점을 변하게 할 수 있느냐 할 수 있을진대 악에 익숙한 너희도 선을 행할 수 있으리라"(렘 13:23) 이 말씀의 의미는 무엇인가? 흑인이 피부를 변하게 할 수 있다면, 표범이 반점을 변하게 할 수 있다면 악에 익숙한 사람도 선을 행할 수 있다는 것이다. 하지만 흑인이 백인이 될 수 없듯이, 표범이 반점을 없애지 못하는 것처럼 죄인은 자신을 구원할 수 없다. 도덕적으로 바르게 살아도 구원을 받을 수 없다.

인간이 의롭게 살았다고 내세우는 의는 하나님 앞에 더러운 옷과 같아서 인정될 수 없다. 이사야는 이 점을 명확하게 말한다. "무릇 우리는 다 부정한 자 같아서 우리의 의는 다 더러운 옷 같으며 우리는 다 잎사귀 같이 시들므로 우리의 죄악이 바람 같이 우리를 몰아가나이다"(사 64:6)

다른 종교로 구원을 받을 수 없다.

이 세상에 다양한 종교가 있지만 그 종교들은 크게 이방 종교와 사이비 기독교 종교가 있다. 어떤 종교를 막론하고 그들 종교는 모두가 우리가 구원받기 위해서 무엇을 해야 한다고 가르친다. 그들은 기도를 하거나, 순례를 하기도 하고, 고행을 하거나, 제사를 드리거나, 예식을 올리거나, 주문을 외운다. 하지만 기독교는 종교가 아니라 생명이다.

예수님은 구원을 주는 다른 길은 없다고 말씀하셨다. "예수께서 이르시되 내가 곧 길이요 진리요 생명이니 나로 말미암지 않고는 아버지께로 올 자가 없느니라"(요 14:6) 예수님이 유일한 길이요 진리요 생명이다. 그 길이 아니면 천국은 갈 수 없다. 그 진리가 아니라면 참된 진리가 아니다. 그 생명이 아니면 천국에서 영원히 살 수 없다. 누가는 하나님이 다른 구원자를 주신 적이 없다고 명확하게 말한다. "다른 이로써는 구원을 받을 수 없나니 천하 사람 중에 구원을 받을 만한 다른 이름을 우리에게 주신 일이 없음이라 하였더라"(행 4:12) 어떤 종교도 우리의 죄 문제를 해결해 주지 못한다. 오직 예수님 한 분만이 우리 죄를 용서하실 수 있다.

율법으로 구원을 받을 수 없다.

율법과 연관해서 잘못된 세 가지 오류가 있다. 그것은 율법주의와 반율법주의와 갈라디아주의이다. 율법주의는 사람이 율법을 지킴으로 구원받을 수 있다고 가르치는 것이다. 사도행전 15장 1절부터 2절에 보면 안디옥 교회에 유대로부터 내려와서 이방인인 안디옥 사람들에게 모세의 법대로 할례를 받아야 구원을 받는다고 가르치는 자들이 있었다. 바울과 바나바가 예루살렘 교회로 파송되어 그 문제를 놓고 예루살렘 교회에서 회의를 열었다. 그 회의의 결과는 분명했다. 어느 누구라도 율법을 통해서 구원을 얻을 수 없다고 결론을 내렸다. 그리고 율법주의를 해결하기 위해서 로마서가 기록되었다.

반율법주의는 은혜로 구원을 받았으니 율법은 필요 없고 구원받은 후 어떻게 살아도 상관없다는 도덕폐기론 사상이다. 그래서 반율법주의를 해결하기 위해 야고보서가 기록되었다. 야고보서는 올바른 믿음을 소유했다면 반드시 믿음의 행함이 뒤따라야 한다는 것을 강조한다.

갈라디아주의는 구원은 은혜로 받았으나 율법을 지킴으로 구원을 보존해 간다는 주장이다. 은혜에 율법을 더해야 한다는 주장이다. 갈라디아주의를 해결하기 위해서 갈라디아서가 쓰여졌고, 사도 바울은 갈라디아서에서 갈라디아주의 같은 다른 복음은 없다고 호되게 꾸짖고 있다.

성경은 이 점에 대해 명확하게 말씀한다. "사람이 의롭게 되는 것은 율법의 행위로 말미암음이 아니요 오직 예수 그리스도를 믿음으로 말미암는 줄 알므로 우리도 그리스도 예수를 믿나니 이는 우리가 율법의 행위로써가 아니고 그리스도를 믿음으로써 의롭다 함을 얻으려 함이라 율법의 행위로써는 의롭다 함을 얻을 육체가 없느니라"(갈 2:16) 율법의 행위로 의롭다 함을 얻을 사람은 이 세상에 아무도 없다. 사도 바울은 분명하게 말한다. "무릇 율법 행위에 속한 자들은 저주 아래에 있나니 기록된 바 누구든지 율법 책에 기록된 대로 모든 일을 항상 행하지 아니하는 자는 저주 아래에 있는 자라 하였음이라"(갈 3:10) 율법으로 구원을 받으려 하는 자는 저주 아래 있는 것이다. 율법은 한 가지만 지켜야 하는 것이 아니라 항상 온갖 일을 해야 한다. 만약 지키지 못하면 용서는 없고 정죄만 있으니 저주 아래 있는 것이다. 사도 바울은 이 점을 분명하게 선언한다.

"또 하나님 앞에서 아무도 율법으로 말미암아 의롭게 되지 못할 것이 분명하니 이는 의인은 믿음으로 살리라 하였음이라"(갈 3:11) 율법은 인간에게 아무 소리도 못하게 한다. 변명의 여지가 없다. 사도 바울의 명확한 결론이다. "우리가 알거니와 무릇 율법이 말하는 바는 율법 아래에 있는 자들에게 말하는 것이니 이는 모든 입을 막고 온 세상으로 하나님의 심판 아래에 있게 하려 함이라 그러므로 율법의 행위로 그의 앞에 의롭다 하심을 얻을 육체가 없나니 율법으로는 죄를 깨달음이니라"(롬 3:19-20)

그러면 우리는 어떻게 구원을 받을 수 있는가?

먼저 성경을 통해서 구원이 무엇인지 정확하게 알아야 한다.

chapter 8
구원의 핵심

구원이 성립되려면
죄 때문에 위험하다
죽음 때문에 위험하다
지옥에 들어가기 때문에 위험하다
성경적인 구원

8. 구원의 핵심

성경에 등장하는 구원은 크게 분류하면 두 종류다. 넓은 의미의 일반적인 구원과 좁은 의미의 죄에서 구원됨이다. 그러면 구원이란 무엇인가? 구원의 의미를 바로 알기 위해서 우리 사회에서 사용하는 비슷한 낱말부터 살펴보면 구원을 이해하기가 쉽다. 구원의 비슷한 말은 구출, 구조, 건짐을 받음이다. 먼저 넓은 의미의 일반적인 구원을 살펴보면 고난과 자연 재해로부터의 보호다. 사도행전 27장에서 사도 바울이 죄수로 체포되어 배를 통해서 로마에 호송되다가 큰 풍랑을 만나 배가 파선하고 죽을 곤경에 처해 있다가 구조되었다. 우리는 성경에서 일반적인 의미의 구원에 대해 발견한다. "여러 날 동안 해도 별도 보이지 아니하고 큰 풍랑이 그대로 있으매 구원의 여망마저 없어졌더라. 그 남은 사람들은 널조각 혹은 배 물건에 의지하여 나가게 하니 마침내 사람들이 다 상륙하여 구조되니라"(행 27:20, 44) 사도 바울은 자연 재해로부터 구조되고 구원을 받았다.

다음은 성경에 나타난 일반적인 구원을 설명하는 내용들이다.

첫째는 죽음에서 벗어남이다. "여호와여 돌아와 나의 영혼을 건지시며 주의 사랑으로 나를 구원하소서 사망 중에서는 주를 기억하는 일이 없사오니 스올에서 주께 감사할 자 누구리이까"(시 6:4-5) 둘째는 전쟁에서 벗어남이다. "너희 하나님 여호와는 너희와 함께 행하시며 너희를 위하여 너희 적군과 싸우시고 구원하실 것이라 할 것이며"(신 20:4) 셋째는 악한 자에게서 벗어남이다. "악을 행하는 자에게서 나를 건지시고 피 흘리기를 즐기는 자에게서 나를 구원하소서"(시 59:2) 넷째는 고난과 고통에서 벗어남이다. "슬프다 그 날이여 그와 같이 엄청난 날이 없으리라 그 날은 야곱의 환난의 때가 됨이로다 그러나 그가 환난에서 구하여 냄을 얻으리로다"(렘 30:7) 다섯째는 소경이 눈을 뜨는 것이다. "맹인이 겉옷을 내버리고 뛰어 일어나 예수께 나아오거늘 예수께서 말씀하여 이르시되 네게 무엇을 하여 주기를 원하느냐 맹인이 이르되 선생님이여 보기를 원하나이다 예수께서 이르시되 가라 네 믿음이 너를 구원하였느니라 하시니 그가 곧 보게 되어 예수를 길에서 따르니라"(막 10:50-52) 여섯째는 귀신의 억눌림에서 벗어나는 것이다. "사람들이 그 이루어진 일을 보러 나와서 예수께 이르러 귀신 나간 사람이 옷을 입고 정신이 온전하여 예수의 발치에 앉아 있는 것을 보고 두려워하거늘 귀신 들렸던 자가 어떻게 구원 받았는지를 본 자들이 그들에게 이르매"(눅 8:35-36) 일곱째는 질병으로부터 치유됨이다. "열두 해 동안이나 혈루증으로 앓는 여자가 예수의 뒤로 와서 그 겉옷 가를 만지니 이는 제 마음에 그 겉옷만 만져도 구원을 받겠다 함이라 예수께서 돌이켜 그를 보시며 이르시되 딸아 안심하라 네 믿음이 너를 구원하였다 하시니 여자가 그 즉시 구원을 받으니라"(마 9:20-22)

그러므로 구원이란 어떤 위험으로부터 구조되는 것, 구출되는 것, 건짐을 받음이다. 그러면 좁은 의미의 죄에서 구원되는 것은 무엇인가? 그것은 예수 그리스도께서 이 세상에 오신 목적을 밝히는 성경 구절에서 발견할 수 있다. 하나님은 분명하게 말씀한다. "아들을 낳으리니 이름을 예수라 하라 이는 그가 자기 백성을 그들의 죄에서 구원할 자이심이라 하니라"(마 1:21) 예수님은 자기 백성을 죄에서 구원하기 위해서 오셨다. 그러므로 우리는 죄에서 구원을 받아야 한다. 요한의 아버지 사가랴의 예언에서도 죄사함으로 말미암는 구원을 분명하게 발견한다. "주의 백성에게 그 죄 사함으로 말미암는 구원을 알게 하리니"(눅 1:77) 그러므로 죄에서 구원되는 것은 예수님을 통해서 죄의 문제를 해결하고 죄의 사함을 받고 의인이 되어서 하나님의 자녀가 되고, 천국에 들어가는 구원이다. 하지만 이 구원은 오직 예수 그리스도를 통해서만 얻을 수 있다. "다른 이로써는 구원을 받을 수 없나니 천하 사람 중에 구원을 받을 만한 다른 이름을 우리에게 주신 일이 없음이라 하였더라"(행 4:12) 죄에서 구원받는 것은 사람으로서는 할 수 없지만 하나님은 능히 우리를 구원하실 수 있다. 그러므로 우리 예수님은 "하나님은 하실 수 있느니라"는 위대한 선언을 하셨다. "듣는 자들이 이르되 그런즉 누가 구원을 얻을 수 있나이까 이르시되 무릇 사람이 할 수 없는 것을 하나님은 하실 수 있느니라"(눅 18:26-27)

그러므로 우리는 성경에 등장하는 구원이 어떤 종류의 구원인지 자세히 살펴서 바로 알아야 한다. 그 구원이 일반적인 의미의 구원이라면 그 구원으로는 천국에 들어갈 수는 없다. 오직 죄의 문제를 해결해서 죄에서 구원을 받아야 진정한 구원을 받고, 영생을 얻고, 의인이 되어서 하나님 나라에 들어갈 수 있다.

구원이 성립되려면

우리에게 구원이 이루어지고, 구원이 성립되려면 반드시 전제조건이 필요하다. 구원이 성립되는 전제조건은 인간이 곤경에 처하여 위험하다는 사실을 알아야 한다. 사람들은 자신이 위험하다는 사실을 알지 못하면 하나님께 구원을 요청하지 않는다. 어떤 사람이 119 구조대에게 구조요청을 할 수 있을까? 자신이 위험한 상황에

처하여 있다는 것을 알아야 한다. 마찬가지로 우리 인간도 자신이 곤경에 처하여 위험하다는 사실을 인식해야 하나님께 구원을 요청하게 된다. 인간에게 있는 위험이란 인간이 가지고 있는 문제와 인간 스스로의 힘으로 해결할 수 없는 인간의 한계상황이다.

실존주의 철학에서 인간의 한계상황을 설명한 내용이 있다. 실존주의 철학은 20세기 초반에 등장한 철학으로 전 세계적으로 일반 대중에게까지 폭넓게 지지를 받았다. 실존주의 철학은 개인의 실존을 중시하는 철학적 입장으로, 여기서 실존은 독일어로 엑시스텐츠(Existenz)이며, 이 말은 원래 "존재"를 의미하였으나 20세기에 들어와 실존주의 철학이 특히 인간의 개별적인 현실과 존재를 가리키는 말로 사용된 이후로 "현실 존재"를 줄여서 "실존"이라는 말로 사용한다. 실존주의 철학의 선구자 덴마크의 키에르케고르는 인간의 실존적 체험인 신으로부터의 소외, 그에 따른 죄책감과 절망을 다루었다. 독일의 하이데거는 죽음과 불안을 다루었다. 그리고 독일의 칼 야스퍼스(Karl Jaspers 1883-1969)라는 철학자가 있다. 그는 인간의 한계상황을 설명하였는데, 여기서 한계상황(boundary situation)이란 인간이 절대 넘을 수 없고, 극복할 수 없는 한계다. 그는 인간의 한계상황을 5가지로 분류하여 첫째는 인간의 죄, 둘째는 인간의 죽음, 셋째는 인간의 고독, 넷째는 인간의 갈등과 투쟁, 다섯째는 인간의 방황이다. 칼 야스퍼스는 인간의 문제를 지적하는 시를 소개했다. "나는 왔다. 온 곳을 모르면서. 나는 있다. 누군지도 모르면서. 나는 간다. 어디로 가는지도 모르면서. 나는 죽는다. 언제 죽을지도 모르면서"

칼 야스퍼스는 변호사가 되기 위해 법대에 입학했으나 곧 의학부로 옮겨 베를린 등 3개 대학에서 의학을 공부하였다. 학위를 취득

한 뒤 하이델베르크대학의 정신과 조교를 지냈으며, 1913년 "정신병리학 총론"을 저술하여 정신병리학자로서의 지위를 확립하였다. 그 동안 베버와 친교를 맺으면서 철학에 대한 관심도 더욱 깊어졌다. 1916년부터 하이델베르크대학 심리학 교수로 있으면서 "세계관의 심리학(1919)"을 발표했으며, 1921년 철학에 관한 교수가 된 후 철학적 사색에 몰두하면서, "현대의 정신적 상황(1931)"에 이은 주요 저서 "철학(3권, 1932)"을 발표함으로써 실존주의 철학자로서의 이름을 떨쳤다. 그러나 자신의 아내가 유대인이었기 때문에 1933년 나치의 방해로 대학 운영에 제외되고, 1937년 교수직에서 추방되었다. 1938년에는 프랑크푸르트에서 했던 강연을 "실존철학"이라는 제목으로 출판하였다. 1945년 4월 미군의 하이델베르크 점령으로 교수직에 복귀하여 대학을 바로 세우는데 힘썼으며, 또한 전쟁 중에 독일인들이 범한 죄를 반성한 "죄의 문제"를 강의했다. 제2차 세계대전 중에도 계속되었던 사색활동은 제2차 세계대전 뒤에 더욱 왕성해져 하이데거와 함께 전쟁 뒤의 독일 철학계에 큰 영향을 끼쳤다. 1948년 하이델베르크를 떠나 스위스로 가서 바젤대학 교수가 되었고, 1961년 퇴직한 뒤에도 바젤에 머물렀다. 세계 대전 뒤의 철학적 저작으로는 "진리에 대하여(1947), 철학적 신앙(1948), 철학입문(1950), 셸링(1955), 위대한 철학자들 제1권(1957), 계시와 철학적 신앙(1962)" 등이 있다.

그러므로 인간의 위험은 인간의 한계상황이고, 인간의 문제다. 그렇다면 성경은 인간의 문제와 인간의 위험을 어떻게 소개하고 있을까? 성경은 다음 세 가지 때문에 인간이 위험하다고 말씀하고 있다.

첫째로 인간은 죄인이기 때문에 위험하다. 그러므로 죄가 문제다. 하지만 죄가 없는 사람이 어디 있을까? 그러므로 모든 사람은 구원이 필요한 죄인이다. "모든 사람이 죄를 범하였으매 하나님의 영광에 이르지 못하더니" (롬 3:23)

둘째로 죄인은 죄의 대가로 죽기 때문에 위험하다. 그러므로 죽음이 문제다. 하지만 이 세상에 죽지 않을 사람이 어디 있을까? 성경은 이렇게 말한다. "한번 죽는 것은 사람에게 정해진 것이요 그 후에는 심판이 있으리니" (히 9:27)

셋째로 죽은 후에 심판을 받고 죄에 대가로 지옥에 들어가기 때문에 위험하다. 그러면 누가 심판을 받을까? 성경은 '죽은 사람들이 심판을 받는다'고 기록되었다. "또 내가 보니 죽은 자들이 큰 자나 작은 자나 그 보좌 앞에 서 있는데 책들이 펴 있고 또 다른 책이 펴졌으니 곧 생명책이라 죽은 자들이 자기 행위를 따라 책들에 기록된 대로 심판을 받으니" (계 20:12) 그러므로 우리는 우리가 얼마나 위험한가를 알아야 한다. 자신이 죄 때문에 죽어서 심판을 받고 지옥에 들어간다는 사실을 알아야 한다. 누가 이 3가지 한계 상황으로부터 자유로울 수 있을까?

첫째, 죄의 문제를 생각해 보라. 인간으로서 죄인이 아닌 사람이 있는가? 이 사회를 보라. 국회의원들, 사업가들, 공무원들, 교수들, 깊이 들어가면 죄와 연관되지 않은 사람들이 없다. 비리, 뇌물, 이성의 문제까지 있다.

둘째, 죽음의 문제를 생각해 보라. 인간으로서 죽지 않는 사람이 있는가? 뿐만 아니라 성경은 인간의 3가지 죽음을 말한다. 영적인 죽음, 육적인 죽음, 영원한 죽음이다. 이 3가지 죽음 중에 영적인 죽음이 더 심각한 죽음이다. 구원받지 못한 사람은 모두 다 영적으로 죽어 있다. 그들은 하나님의 생명에서 떠나있다. "그들의 총명이 어두워지고 그들 가운데 있는 무지함과 그들의 마음이 굳어짐으로 말미암아 하나님의 생명에서 떠나 있도다"(엡 4:18) 하지만 우리가 구원을 받을 때 영적으로 죽은 우리가 하나님의 생명으로 다시 살아난다. "그는 허물과 죄로 죽었던 너희를 살리셨도다"(엡 2:1) 이 말은 구원을 받으면 하나님의 생명을 받고 영생을 받았기 때문에 영이 살아 있다는 의미다. 그리고 영생을 얻으면 영원히 죽지 않는다. "예수께서 이르시되 나는 부활이요 생명이니 나를 믿는 자는 죽어도 살겠고 무릇 살아서 나를 믿는 자는 영원히 죽지 아니하리니 이것을 네가 믿느냐"(요 11:25-26) 영적으로 죽어 있는 사람들은 어떻게 살아갈까? 영적으로 죽어 있는 사람들은 영적인 일에 관심이 없다. 그들은 영적인 일을 이해할 수 없다. "육에 속한 사람은 하나님의 성령의 일들을 받지 아니하나니 이는 그것들이 그에게는 어리석게 보임이요, 또 그는 그것들을 알 수도 없나니 그러한 일은 영적으로 분별되기 때문이라"(고전 2:14)

셋째, 심판과 지옥의 문제를 생각해 보라. 누가 심판을 받을까? 성경은 죽은 사람이 심판을 받는다고 전한다. 그러므로 구원이란 이 3가지 문제를 단번에 다 해결하는 것이다. 사실 이 3가지는 하나로 연결된다. 인간에게 있는 죽음과 심판과 지옥의 문제는 결국 죄 때문에 생겨났고, 죄의 결과로 주어진 문제다. 인간이 죄를 범하지 않았더라면 인간은 영원히 죽지 않고, 심판을 받을 필요도 없고, 지옥에도 들어가지 않는다. 그러므로 죄를 해결해야 한다. 우리가 죄를 해결하면 영생을 얻게 되며, 우리가 죄를 해결하면 의인이 되기 때문에 심판을 받지 않으며, 지옥에도 들어가지 않는다. 그러므로 성경은 다음 세 가지 때문에 인간이 위험하다고 말씀한다.

첫째로 인간은 죄인이기 때문에 위험하다.

둘째로 인간은 죄의 대가로 죽어야 하기 때문에 위험하다.

셋째로 죽은 후에 심판을 받고 죄의 대가로 지옥에 들어가기 때문에 위험하다. 이 세 가지 위험에 대해서 차례대로 살펴보자.

인간은 죄 때문에 위험하다

인간은 죄 때문에 위험하다. 하지만 죄가 없는 사람이 어디 있을까? 그러므로 모든 사람은 구원이 필요한 죄인이다. 이 점은 성경의 명확한 선언이다. "모든 사람이 죄를 범하였으매 하나님의 영광에 이르지 못하더니"(롬 3:23) 왜 우리 인간이 죄인일까? 무엇을 통해 우리가 죄인이라는 사실을 발견할 수 있을까? 우리는 하나님의 말씀인 성경을 통해서 우리가 죄인인 이유를 정확하게 알 수 있다. 성경은 우리 인간을 진단하는 정밀 도구와 같다. 마치 환자가 겉으로 보면 전혀 이상이 없는 것처럼 보이지만 병원에 가서 엑스레이 검사를 해보고 CT촬영을 해보면 정확하게 무엇이 문제인지 나오는 것처럼 성경으로 인간을 진단해보면 인간의 죄가 적나라하게 나타나며 왜 우리가 죄인인지 알게 된다.

우리 인간이 왜 죄인인가?

첫째, 인류의 조상인 아담의 원죄를 물려받아서 죄인으로 태어나서 죄를 지었기 때문이다.

죄가 어디서 시작되었을까? 죄는 에덴동산의 아담과 하와로부터 인류에게 들어 왔다. 하와가 하나님의 말씀 대신에 마귀의 거짓말을 믿었을 때 그 여자는 하나님께 죄를 범했다. 창세기 3장에서 불신은 모든 죄가 비롯되는 뿌리가 된다. 하나님의 말씀에 대한 불신은 사람에게 죽음과 멸망을 초래하였기 때문에 사도 바울은 로마서 5장 12절에서 분명하게 말한다. "그러므로 한 사람으로 말미암아 죄가 세상에 들어오고 죄로 말미암아 사망이 들어왔나니 이와 같이 모든 사람이 죄를 지었으므로 사망이 모든 사람에게 이르렀느니라" 여기 '한 사람'은 아담을 지칭한다. 죄는 아담을 통하여 이 세상에 들어오게 되었다. 모든 사람이 죄를 짓고 있는 것을 보면 온 인류가 아담의 원죄를 물려받은 것을 알 수 있다. 따라서 모든 사람은 자신이 죄인인 것을 잘 알고 있는데 그 이유는 실제로 자신들 스스로가 죄를 범하고 있기 때문이다.

인간이 죄인으로 태어났기 때문에 죄를 범하는 것은 너무나 당연하다. 쉽게 말해서 콩을 심으면 콩이 나고, 팥을 심으면 팥이 나듯이 인류의 조상인 아담이 죄인이 되었고, 죄인은 죄인을 낳을 수밖에 없게 되었다. 더 쉽게 말하면 인간은 태어날 때부터 자신의 마음속에 죄의 공장이 있는 것과 같다. 신발공장을 계속 가동시키면 신발이 생산되고, 옷 공장을 계속 가동시키면 옷이 제품으로 생산되듯이 죄의 공장이 마음속에 있으니 인간은 계속해서 죄를 범하게 된다. 다윗은 자신이 태어날 때부터 죄인이었다고 명확하게 말한다. "내가 죄악 중에서 출생하였음이여 어머니가 죄 중에서 나를 잉태하였나이다"(시 51:5) 이 말은 임신 그 자체를 죄라고 말하는 것이 아니라 잉태의 순간부터 자신이 죄성을 가지고 있는 존재라는 의미다. 다윗도 아담의 원죄를 물려받았기 때문이다. 다윗뿐만 아니라 모든 사람은 자신의 부모를 통하여 아담의 죄성을 물려받는다.

둘째, 죄가 우리 마음속에서 나오기 때문이다.

인간의 모든 죄는 마음속에서 나온다. 죄라는 것은 외부로부터 영향을 받아서 죄를 범하는 것이 아니라 마음속 내부에서 나온다. 모든 사람은 아담에게서 죄를 짓는 성질과 원죄를 물려받았기 때문이다. 인간의 모든 죄는 마음속에서 나온다. 다음 구절은 이 점을 명확하게 뒷받침해준다. "속에서 곧 사람의 마음에서 나오는 것은 악한 생각 곧 음란과 도둑질과 살인과 간음과 탐욕과 악독과 속임과 음탕과 질투와 비방과 교만과 우매함이니 이 모든 악한 것이 다 속에서 나와서 사람을 더럽게 하느니라"(막 7:21-23) 이 말씀은 분명히 죄가 속에서 나온다고 말한다. 외부에서 들어간 것이 아니고 내부에 죄성이 있기 때문에 죄가 밖으로 나온다.

사도 바울은 자신이 죄를 지은 경험을 간증한다. "이제는 그것을 행하는 자가 내가 아니요 내 속에 거하는 죄니라 내 속 곧 내 육신에 선한 것이 거하지 아니하는 줄을 아노니 원함은 내게 있으나 선을 행하는 것은 없노라 내가 원하는 바 선은 행하지 아니하고 도리어 원하지 아니하는 바 악을 행하는도다 만일 내가 원하지 아니하는 그것을 하면 이를 행하는 자는 내가 아니요 내 속에 거하는 죄니라 그러므로 내가 한 법을 깨달았노니 곧 선을 행하기 원하는 나에게 악이 함께 있는 것이로다"(롬 7:17-21) 이 말씀에서 '내 속에 거하는 죄니라'가 두 번 나온다. 인간의 죄는 속에서 나온다. 이 세상에서 가장 더러운 것을 죄가 나오는 인간의 마음이다. "만물보다 거짓되고 심히 부패한 것은 마음이라 누가 능히 이를 알리요 마는"(렘 17:9) 이 세상에서 가장 부패한 것이 마음이라 했다. '만물보다' 이 속에 무엇이 포함되는가? 시궁창에 쥐가 썩은 것보다도, 음식이 부패한 것보다도, 화장실에 있는 인간의 배설물보다도 더 더럽고 썩었고 악취가 나는 것이 인간의 마음이다. 사람들이 이 사실을 알고 있을까? '누가 능히 알리요 마는' 이 말씀은 모르고 있다고 지적한다.

사람들은 인간의 배설물이 더럽다고 말한다. 하지만 예수님은 인간의 마음속에서 나오는 죄가 인간을 더럽게 한다고 명확하게 말씀하셨다. "예수께서 이르시되 너희도 아직까지 깨달음이 없느냐 입으로 들어가는 모든 것은 배로 들어가서 뒤로 내버려지는 줄 알지 못하느냐 입에서 나오는 것들은 마음에서 나오나니 이것이야말로 사람을 더럽게 하느니라"(마 15:16-18) 입으로 들어가서 배로 들어가고 뒤로 내어버려지는 것이 무엇인가? 사람들이 더럽게 여기는 인간의 배설물이다. 사람을 더럽게 하는 것은 인간의 배설물이 아니라 마음에서 나오는 죄가 사람을 더럽힌다.

셋째, 우리 인간을 하나님과 비교해보면 죄인으로 드러난다.

일반적으로 사람들은 자신이 큰 죄인이 아니라고 생각한다. 이 세상에는 자기보다 큰 죄인들이 많기 때문이다. 물론 이 세상에는 자신들보다 큰 죄인들이 아주 많다. 부모를 죽인 살인자, 사람을 잔인하게 죽이는 사람들, 어린아이를 유괴해서 죽이고 부모에게는 안 죽였다고 거짓말한 후 돈을 받아다가 결혼식을 하고 놀러 다닌 사람들, 자기 조카를 유괴해서 죽인 사람, 국민의 세금을 도적질한 사람들, 이뿐이겠는가? 지금도 형무소 안에 많은 죄인들이 갇혀있고, 지금도 계속 죄를 범하는 사람들이 경찰에게 잡혀서 그 범죄가 신문에 보도되고, TV뉴스 시간에 보도되어 얼굴을 들지 못하고 고개를 숙이고 얼굴을 감추는 사람들이 많다. 하지만 감옥에 가지 않은 사람들이 더 많고, 한 번도 나쁜 일로 경찰서에 가지 않은 사람들이 더 많다. 사람들은 자신을 그러한 범죄자들과 비교하고 자신은 죄인이 아니라고 생각한다. 지혜자 솔로몬은 이 점을 분명하게 선언한다. "사람의 행위가 자기 보기에는 모두 정직하여도 여호와는 마음을 감찰하시느니라"(잠 21:2)

우리 인간은 하나님 앞에 죄인이다. 점도 없고 티도 없고 정결하고 거룩하고 깨끗하신 하나님 앞에 죄인이다. 예를 들어 방안에 평소에는 먼지가 안 보이다가 밝은 태양 빛이 비춰지면 아주 많은 먼지가 드러나듯이, 죄인이 하나님 앞에 서면 무수한 죄들이 드러난다. 안보이던 암 덩어리가 엑스레이 빛 앞에 드러나듯이 하나님께서 우리 마음속을 깊이 진단하니 죄가 드러나게 된다. 하나님은 우리의 중심을 보시는 분이다. 사람은 외모를 보지만 하나님은 우리의 마음과 동기를 보신다. 이 얼마나 단호한 말씀인가? "여호와께서 사무엘에게 이르시되 그의 용모와 키를 보지 말라 내가 이미 그를 버렸노라 내가 보는 것은 사람과 같지 아니하니 사람은 외모를 보거니와 나 여호와는 중심을 보느니라 하시더라"(삼상 16:7) 하나님은 정확하게 우리의 중심을 보신다. "하나님은 거룩한 자들을 믿지 아니하시나니 하늘이라도 그가 보시기에 부정하거든"(욥 15:15) 여기서 '그가 보시기에'라는 말은 하나님이 보시는 관점을 지적한다. 그분은 정확하게 중심을 보실 수 있다. 우리 속담에 "열 길 물속은 알아도 한 길 사람 속은 모른다"는 말이 있지만 하나님에게는 통하지 않는다. 우리 하나님은 심장을 살피는 분이기 때문이다. "나 여호와는 심장을 살피며 폐부를 시험하고 각각 그의 행위와 그의 행실대로 보응하나니"(렘 17:10) 하나님의 보시는 눈은 정확하다. 인간은 속일 수 있어도 하나님은 속일 수 없다. 인간의 심령을 꿰뚫어 보는 불꽃같은 눈을 가지고 계신다. 사도 요한은 예수님의 모습을 보고 "그의 눈은 불꽃같고"(계 1:14)라고 표현했다. 인간은 자신을 잘못 볼 수도 있지만 하나님은 정확하게 보신다. 이 얼마나 단호한 말씀인가? "사람의 행위가 자기 보기에는 모두 정직하여도 여호와는 마음을 감찰하시느니라"(잠 21:2) 하나님은 우리 일생의 삶을 구석구석까지 다 보시고 아신다. 우리의 모든 것을 아신다. 그분이 어느 부분을 아시는지 시편 139편 1-12절을 보면 자세하게 나타난다. 나의 인생길, 어디에 눕는 것, 어디에 앉아 있는 것, 어디에서 일어서는 것, 나의 모든 생각, 나의 모든 행위, 나의 혀의 모든 말을 다 아신다. 우리는 그 하나님에게서 피할 수도, 숨을 수도 없기 때문에 하늘로 피하여도 거기 계시고, 달나라에 피하여도 그곳에도 계시고, 우주선을 타고 화성이나 금성에 피하여도 그곳에도 계신다. 바다 끝으로 피하여도 하나님은 그곳에도 계신다. 캄캄한 암흑 속에도 계신다. 음부로도 피할 수 없다. 하나님은 어느 인간도 하나님에게서 숨을 수 없다고 선포하셨다. 하나님은 어머니 모태에서 형질로 이루어지기 전에 이미 우리를 다 보셨다. "내가 은밀한 데서 지음을 받고 땅의 깊은 곳에서 기이하게 지음을 받은 때에 나의 형체가 주의 앞에 숨겨지지 못하였나이다 내 형질이 이루어지기 전에 주의 눈이 보셨으며 나를 위하여 정한 날이 하루도 되기 전에 주의 책에 다 기록이 되었나이다"(시 139:15-16) 단호한 말씀이 아닌가? "여호와의 말씀이니라 나는 가까운 데에 있는 하나님이요 먼 데에 있는 하나님은 아니냐 여호와의 말씀이니라 사람이 내게 보이지 아니하려고 누가 자신을 은밀한 곳에 숨길 수 있겠느냐 여호와가 말하노라 나는 천지에 충만하지 아니하냐"(렘 23:23-24)

하나님은 나를 어떻게 평가하실까?

나의 모든 것을 다 보시는 하나님이 나의 일생을 처음부터, 모태에서 형질로 이루어지기 전부터, 지금까지 그리고 앞으로도 다 보시는 분이신데 나는 하나님 앞에 어떻게 평가될까? 정확하고 분명한 눈을 가지고 우리의 마음을 훤히 다 들여다보시는 하나님, 천지에 충만하신 하나님, 나를 다 감찰하시고 아시는 하나님이 나를 어떻게 평가하실까? 그 결론은 분명하다. "보라 그의 눈에는 달이라도 빛을 발하지 못하고 별도 빛나지 못하거든, 하나님은 거룩한 자들을 믿지 아니하시나니 하늘이라도 그가 보시기에 부정하거든, 그에게서 눈을 돌이켜 그가 품꾼 같이 그의 날을 마칠 때까지 그를 홀로 있게 하옵소서, 하물며 악을 짓기를 물 마심 같이 하는 가증하고 부패한 사람이겠느냐, 하물며 벌레인 사람 구더기인 인생이랴, 하물며 구더기 같은 사람, 벌레 같은 인생이랴"(욥25:5, 15:15, 14:6, 25:6)

위의 말씀들을 자세히 살펴보자. 하나님은 여기서 '벌레와 같은 사람'이라고 말하지 않았다. 하나님은 '구더기와 같은 사람'이라고 말하지 않으셨다. 하나님은 명확하고 분명하게 "너는 벌레요, 너는 구더기다"라고 말씀한다. 이것이 우리를 향한 하나님의 결론이다. 하나님의 평가는 우리를 죄인이요, 죄덩어리요, 죄투성이라고 말하는데 그래도 죄인이 아니라고 말할 수 있을까? 성경은 이미 우리 모든 인간이 죄인이라고 선언했다. "모든 사람이 죄를 범하였으매 하나님의 영광에 이르지 못하더니"(롬 3:23) 성경은 모두가 다 죄를 범하였다고 말했다. 단 한사람도 예외가 없다. 이 보다 더 명확한 선언이 어디 있을까? "기록된 바 의인은 없나니 하나도 없으며"(롬 3:10) 결국 하나님은 우리를 죄인이라고 진단하셨다. 우리를 만드시고 우리를 심판하실 하나님이 그렇게 진단을 내리신 것이다.

내가 느끼는 나의 병에 대한 자각 증상보다 의사의 진단이 정확한 것처럼 인간에 대한 진단은 하나님의 진단이 정확하다. 당신은 죄인이 아니라고 아무리 큰소리를 쳐도 하나님은 당신을 포함하여 모든 사람이 죄인이라고 선언하셨다. 따라서 우리는 하나님의 진단을 받아 드려야 한다. 단호한 말씀을 보라. "그런즉 하나님 앞에서 사람이 어찌 의롭다 하며 여자에게서 난 자가 어찌 깨끗하다 하랴, 사람이 어찌 깨끗하겠느냐 여인에게서 난 자가 어찌 의롭겠느냐, 모든 사람이 죄를 범하였으매 하나님의 영광에 이르지 못하더니, 의인은 없나니 하나도 없도다"(욥 25:4, 14:14, 롬 3:10, 23) 결국 당신은 거룩하신 하나님 앞에서 죄인이다. 하나님은 이방인이나 유대인이나 다 죄 아래 있다고 이미 분명하게 선언하셨다. "그러면 어떠하냐 우리는 나으냐 결코 아니라 유대인이나 헬라인이나 다 죄 아래에 있다고 우리가 이미 선언하였느니라, 다 치우쳐 함께 무익하게 되고 선을 행하는 자는 없나니 하나도 없도다"(롬 3:9, 12) 그렇다면 죄란 무엇일까?

죄란 불신이다.

사실 세상에서 가장 무서운 죄는 불신이다. 서로 믿지 못하고 불신할 때 무서운 일이 벌어진다. 남편이 아내를 믿지 못하고, 아내가 남편을 믿지 못하면 그 가정은 지옥과 같다. 창세기 3장에서 인간이 최초로 죄를 범하는 경우를 생각해 보라. 창세기 3장 1-6절을 읽어보면 표면적으로 드러나는 죄는 불순종이다. 하나님은 에덴동산 중앙에 선악과를 만드시고 인간에게 먹지 말라고 명령하셨다. 하지만 인간은 뱀의 모습으로 찾아온 사탄의 유혹으로 말미암아 선악과를 따먹고 불순종의 죄를 범한다. 하지만 불순종은 표면적으로 드러난 것이고 본문을 자세히 관찰하면 그것은 하나님을 불신하는 죄였다. 하나님은 창세기 2장 16-17절에서 명확하게 말씀하셨다. "여호와 하나님이 그 사람에게 명하여 이르시되 동산 각종 나무의 열매는 네가 임의로 먹되 선악을 알게 하는 나무의 열매는 먹지 말라 네가 먹는 날에는 반드시 죽으리라 하시니라" 하나님의 명령은 명백했으며, 결코 어려운 것이 아니었다. 사실 동산에 있는 모든 나무의 실과는 인간이 맘대로 먹을 수 있었고, 단지 하나만 먹지 말라고 하셨다. 그리고 인간이 선악과를 먹으면 반드시 죽는다고 말씀하셨다. 하지만 인간은 하나님의 말씀을 불신하고 오히려 사탄의 유혹을 받아 사탄의 거짓말을 믿게 되었다.

사탄의 유혹은 의심을 갖게 하는 것이다. "그런데 뱀은 여호와 하나님이 지으신 들짐승 중에 가장 간교하니라 뱀이 여자에게 물어 이르되 하나님이 참으로 너희에게 동산 모든 나무의 열매를 먹지 말라 하시더냐"(창 3:1) 여기서 '참으로' 라는 말은 사탄이 인간에게 불신을 갖게 역사하는 것이다. 사탄은 하나님의 말씀을 의심케 하고 하나님에 대한 믿음을 없애고자 했다. 하와가 사탄의 유혹에 넘어간 증거는 하나님이 말씀하시지 않은 '만지지도 말라'는 말을 덧붙여 말한 것과 '정녕 죽으리라' 는 말씀을 기억하지 못하고 '죽을까 하노라 하셨느니라' 는 말로 하나님이 강조하신 것을 불신하는 태도를 나타낸 것이다. 이러한 틈이 보였기 때문에 사탄이 거짓말을 했다. "뱀이 여자에게 이르되 너희가 결코 죽지 아니하리라"(창 3:4) 사탄은 하나님 말씀을 정면으로 도전했다. 하나님의 말씀하고는 완전히 정반대의 말을 하였다. 하나님은 '정녕 죽는다.'고 말씀하셨고, 사탄은 '결코 죽지 아니한다.'고 말했다. 만약 하와가 창세기 3장 2-3절에서 1절의 사탄의 말에 하나님의 말씀을 분명하게 말했다면 4절에서 사탄은 '결코 죽지 아니한다'고 말하지 못했을 것이다.

사탄은 한 걸음 더 나아가 5절에서는 하와를 도와주는 척 하며 유혹한다. "먹어라 먹으면 너희도 하나님처럼 될 수 있다 그것을 하나님이 다 아시니까 너희에게 못 먹게 하는 것이다. 내가 도와 줄 테니 어서 먹어라" 얼마나 영악하게 유혹을 잘하는가? "너희가 그것을 먹는 날에는 너희 눈이 밝아져 하나님과 같이 되어 선악을 알 줄 하나님이 아심이니라"(창 3:5) 이제 하와는 사탄의 거짓말을 믿게 되었고, 하나님은 불신하였다. 그리고 불신하는 마음으로 선악과를 쳐다보니 먹음직스럽고 보암직하고 먹으면 지혜롭게 될 것 같아 탐이 나게 되었다. 그래서 하나님의 말씀을 불신하고 선악과를 따먹고 아담에게까지 주어서 아담도 먹게 된다. 이만큼 불신의 죄는 큰 죄다. 감히 피조물이 하나님이 되고자하는 야망을 품고 선악과를 따 먹은 죄이다.

지금도 사람들은 하나님을 불신하고 믿지 않는다. 사탄의 유혹을 받아 하나님의 존재를 부인하고 있다. 결국 세상에서 가장 악한 마음은 불신의 마음이다. 하나님이 구원의 복음을 이미 다 이루어 놓으셨기 때문에 우리가 그것을 믿지 않으면 결국 그 마음은 가장 악한 마음이요, 강퍅한 마음이다. 히브리서 3장 12절은 가장 악한 마음을 분명하게 소개한다. "형제들아 너희는 삼가 혹 너희 중에 누가 믿지 아니하는 악한 마음을 품고 살아 계신 하나님에게서 떨어질까 조심할 것이요" 여기서 '믿지 아니하는 악한 마음'은 믿지 아니하면 악한 마음이 되는 것을 나타낸다. 그런 악한 마음을 소유한 사람은 살아 계신 하나님에게서 떨어지기 때문에 복음의 말씀을 믿지 않는 마음이 가장 악한 마음을 소유한 것이다. 어느 누구도 제외될 수 없다.

사람들이 복음의 말씀을 믿지 않고 받아들이지 않는 이유가 무엇일까? 죄의 유혹으로 마음이 완고하게 되었기 때문이다. 성경은 이 점을 정확하게 지적한다. "오직 오늘이라 일컫는 동안에 매일 피차 권면하여 너희 중에 누구든지 죄의 유혹으로 완고하게 되지 않도록 하라"(히 3:13) 여기서 '죄의 유혹'이란 인간이 하나님 없이 그냥 살겠다는 태도다. 그러한 마음이 완고한 마음, 굳어 있는 마음, 닫쳐진 마음이다. 하나님을 믿지 않고 그냥 살겠다는 그런 악한 마음이다. 언제 인간은 완고한 마음을 소유하지 말아야 할까? 하나님의 말씀을 통해 복음의 말씀을 들었을 때다. 성경은 이 점을 명확하게 말한다. "그러므로 성령이 이르신 바와 같이 오늘 너희가 그의 음성을 듣거든, 광야에서 시험하던 날에 거역하던 것 같이 너희 마음을 완고하게 하지 말라"(히 3:7-8, 15, 4:7)

죄란 하나님의 창조 목적을 떠나서 자기 마음대로 사는 것이다.

하나님께서 인간을 창조하신 목적이 있다. 마치 사람들이 무엇을 만들 때도 목적을 가지고 만드는 것처럼 하나님도 목적을 가지고 인간을 만드셨다. 사람들이 만든 수많은 물건들 중에 목적도 없이 우연히 존재하는 것이 있을까? 사람이 만든 모든 것은 그 존재 목적이 있다. 우리가 입은 옷은 사람들을 춥지 않게 하고, 입어서 멋지게 하고, 다양한 제복들과 유니폼들은 그 사람의 신분과 하는 일을 나타낸다. 우리의 눈을 위한 안경은 잘 보이게 하는 목적이 있고, 시계는 시간을 알게 하고, 책상은 공부하는데 사용하며, 전등은 환하게 불빛을 비추기 위해서 사용하고, 옷장은 옷을 보관한다. 우리가 살고 있는 방안에 있는 다양한 물건들은 다 만든 사람이 있고 존재하는 목적이 있다. 사람들이 목적을 가지고 만들었기 때문이다. 하물며 하나님께서 인간을 창조하셨는데 분명한 목적이 있지 않겠는가?

하나님께서 인간을 창조하신 목적은 분명하다. 하나님께서 우리 인간과 인격적 관계 가운데 사랑의 교제를 나누기 위해서 자신의 형상을 따라 우리 인간을 만드셨다. 우리 인간은 하나님의 영광을 위해서 창조되었다. "내 이름으로 불려지는 모든 자 곧 내가 내 영광을 위하여 창조한 자를 오게 하라 그를 내가 지었고 그를 내가 만들었느니라"(사 43:7) 또한 하나님의 찬송을 부르기 위해서 창조하셨다. "이 백성은 내가 나를 위하여 지었나니 나를 찬송하게 하려 함이니라"(사 43:21) 하지만 우리 인간이 로봇이나 꼭두각시나 짐승처럼 하나님을 섬기라고 창조된 것은 아니다. 하나님과 우리의 관계는 인격적인 관계 가운데 서로 통하고 사랑하며 아름다운 교제를 나누기 위해서 만들어졌다. 하나님은 우리 인간을 하나님을 닮은 인간으로 하나님의 형상을 따라 만드셨다. 따라서 우리 인간은 하나님을 닮았다. 외적인 모습이 닮은 것이 아니라 내적인 부분이 닮았다. 하나님이 인격적인 분이시기 때문에 우리 인간도 인격적인 존재로 만드셨다. 하나님은 우리 인간을 자유의지를 가진 존재로 만드셨다. 자유롭게 결정하고, 자유롭게 생각하고, 자유롭게 선택할 수 있는 인간으로 만드셨다. 로봇처럼 프로그램을 입력하면 그대로 행하는 인간이 아니다. 이렇게 창조된 인간이 하나님을 떠나서 자기 마음대로 사는 것이 인간의 근본적인 죄이다.

죄란 불의이며, 표준에 미치지 못한 것이다.

요한일서 5장 17절은 "모든 불의가 죄"라고 선언한다. 옳지 않은 모든 것이 잘못된 것이며, 잘못된 그것이 곧 죄가 된다. 당신은 하나님께 대하여, 당신의 동료에 대하여, 당신의 나라, 당신의 도시, 당신의 동반자, 당신의 몸에 대하여, 죄를 범할 수가 있다. 무엇이든지 잘못된 것이 바로 죄이다. 죄란 표준에 미치지 못한 것이다. 하나님은 사람이 만일 의롭다면 지킬 수 있는 표준을 세워 놓으셨다. 사람이 자기 스스로 이 표준을 만족시킬 수 없는데 십계명이 바로 표준이다. 사람은 누구나 이 표준을 미치지 못한다. 사람들은 이 표준에서 단 하나도 완전히 만족시킬 수 없다. 그러므로 모든 사람은 하나님께 대하여 죄인이다.

죄라는 단어가 헬라어로는 "하마르티아"인데 그 뜻은 표준에 미치지 못한 것, 하나님의 의의 수준에 미치지 못한 것, 과녁을 이탈했다는 뜻이다. 예를 들어 올림픽 양궁 결승전에서 한국 대표선수가 금메달을 따기 위해서 목표물을 향하여 화살을 쏘려고 한다. 그 시간에 무엇을 생각하겠는가? 오직 10점짜리 원안에 화살을 쏘기 위해서 잡념을 버릴 것이다. 그렇게 생각하고 화살을 쏘았는데 그것이 과녁에 맞지 않고 이탈했다면 그것이 죄라는 뜻이다. 여기서 양궁 선수는 하나님이라고 생각하고 화살은 인간이라고 생각해 보라. 그 화살이 하나님이 원하는 대로 날아가지 않고 빗나가 버린 것이다. 처음에는 조금 빗나갔지만 그 화살이 날아가는 것이 일평생 동안 날아간다면 나중에는 엉뚱한 곳으로 날아가 버린 것이 바로 죄의 의미이다. 또한 양궁 선수를 부모라고 생각해 보고 화살이 자식이라고 생각해 보라. 부모는 자식에게 바라는 것이 있다. 어릴 때부터 공부도 잘 하고, 나쁜 친구들을 사귀지 않고, 올바르게 성장해주기를 바랐는데 처음부터 자꾸 말을 듣지 않고 엉뚱한 짓만 하면서 나쁜 친구들을 사귀고, 공부도 하지 않고, 결국 나쁜 사람으로 성장한다면 그것이 죄의 의미다.

한국 대학생선교회의 명예 총재이신 김준곤 목사는 그의 저서 「예수 칼럼」에서 죄에 대해 언급했다. "사람은 하나님의 법도와 그분의 뜻과 그분의 영광과 그분의 말씀과 명령에 따라 살도록 창조되었는데 그런 인간이 의식적, 무의식적으로 언어와 행동을 통하여 하나님을 적대시하고 하나님 없이 하나님을 등지고 사는 것이 죄이다." 네비게이토 출판사에서 발행한 「생명에 이르는 길」은 죄란 "하나님을 기쁘게 하기보다는 나를 기쁘게 하는 것이며 하나님 뜻보다는 내가 하고 싶은 대로 하는 것"으로 소개한다. 따라서 죄란 인간이 하나님이나 다른 사람에게 간섭받지 않으려는 태도이다. "내 삶의 주인은 나다. 내 인생은 내 것이다. 그러므로 누구도 나에게 이래라 저래라 할 수 없다." 죄란 이런 태도로 사는 것이다. 죄란 근본적으로 마음의 태도이다. 인간이 독단적으로 살아가는 것이 죄이다. 적극적일 때는 하나님을 대적하고 소극적일 때는 하나님께 무관심하게 행동한다. 죄란 하나님으로부터 멀어짐이다. 그분의 통제에 대한 거역이다. 하나님과 협의 없는 활동, 태도, 행동이다. 하나님은 성경에서 죄에 대해 분명하게 말씀하고 계셨다.

"우리는 다 양 같아서 그릇 행하여 각기 제 길로 갔거늘"(사 53:6) 여기서 우리 인간은 양으로 비유하고 있다. 그 이유는 다른 짐승하고는 달리 양은 목자가 없이는 살아갈 수 없는 존재이기 때문이다. 양은 어디에 푸른 초장이 있고 쉴 만한 물가가 있는지 모르고 늑대 같은 동물이 공격해 올 때 방어 능력이 없어서 반드시 목자가 필요하다. 마찬가지로 우리 인간도 하나님 없이 살아갈 수 없는 존재다. 그러한 양이 목자를 떠나서 자기 고집대로 하려는 경향이 있는 것처럼 우리 인간도 하나님 없이는 살아갈 수 없는 존재가 하나님을 떠나서 자기 마음대로 살아가려 하기에 우리 인간을 양으로 비유한다. 예수님께서도 "나를 떠나서는 너희가 아무 것도 할 수 없음이라"(요 15:5)라고 말씀하셨다. 양 같은 습성이 있는 우리 인간은 하나님을 떠나서 그릇 행하여 각자 자기 길로 나아간다. 하나님이 원하는 길로 나아가지 않고 자기 길로 나아가며 자기가 하고 싶은 대로 실행한다. 이것이 바로 죄가 되는 것이다. 단호한 말씀이 아닌가? "다 치우쳐 함께 더러운 자가 되고 선을 행하는 자가 없으니 하나도 없도다"(시 14:3) 여기서 '치우쳤다'는 말은 하나님의 길에서 하나님의 뜻에서 치우쳤으니 더러운 자가 될 수밖에 없다. 선을 행할 수는 더더욱 없다. 치우친 사람은 선을 행하기는커녕 가증스런 죄들만 범한다. 마음으로는 하나님이 없다고 말한다(시 14:1-2). 시편 14편 3절에서는 '다 치우쳐 더러운 자가 되었다'고 말하며, 로마서 3장 12절에서는 '다 치우쳐 한가지로 무익하게 쓸모없게 되었다'고 말한다. 결국 다 치우쳐 한가지로 무익하게 되니 쓸모없는 인간이 되고, 결국 지옥에 들어가게 된다. 성경을 살펴보면 하나님께서 인간을 심판하시는 것을 추수로 비유한다. 알곡은 유익하기 때문에 모아 창고에 들여놓고, 껍데기는 무익하니 모아서 불에 태운다. 마찬가지로 구원받은 사람은 유익하니 천국 창고로 들어가고, 불신자는 무익하니 지옥 불못에 들어간다.

죄란 하나님을 마음에 모시지 않는 것이다.

　단호한 말씀이 아닌가? "또한 그들이 마음에 하나님 두기를 싫어하매 하나님께서 그들을 그 상실한 마음대로 내버려 두사 합당하지 못한 일을 하게 하셨으니"(롬 1:28) 하나님 없이 살아갈 수 없는 인간이 행복의 근원 되시는 하나님을 마음에 두기를 싫어한다. 자기 마음대로, 자기 뜻대로 살려는 것이다. 하지만 하나님이 없는 마음은 고장난 마음, 허전한 마음, 문제가 많은 마음, 상실된 마음, 만족이 없는 마음이기 때문에 그런 마음을 가지고는 우리 인간은 행복하게 살 수 없다. 오히려 합당하지 못한 죄들만 범하게 된다. 로마서 1장 29-32절에 등장하는 죄들은 인간의 중심 보좌에 하나님이 계시지 않기 때문에 생기는 죄들이다. 인간이 하나님을 믿지 않고 자기 맘대로 살기 때문에 생기는 죄들이다. 하나님께서 그 마음 중심 보좌에 앉아 계시면 그러한 죄들은 범하지 않는다. 그들은 하나님을 버리고 자기 스스로 행복해지려고 노력하게 된다. 단호한 말씀이 아닌가? "내 백성이 두 가지 악을 행하였나니 곧 그들이 생수의 근원되는 나를 버린 것과 스스로 웅덩이를 판 것인데 그것은 그 물을 가두지 못할 터진 웅덩이들이니라"(렘 2:13) 여기서 소개되는 두 가지 죄에서 그 한 가지는 생수의 근원되는 하나님을 버린 것이다. 여기에서 왜 '생수의 근원 되는 하나님'으로 소개하였을까? 이 말씀의 의미가 무엇일까? 이것은 '행복의 근원 되는 하나님'이라는 뜻이다. 인간이 생수를 마시면 모든 갈증이 사라지고, 목마르지도 않고, 영원히 행복하게 살 수 있다. 예수님은 이 생수를 우물가의 여인에게도 말씀하셨다. "내가 주는 물을 마시는 자는 영원히 목마르지 아니하리니 내가 주는 물은 그 속에서 영생하도록 솟아나는 샘물이 되리라"(요 4:14) 여기서 '생수의 근원 되는 하나님'을 버린 것은 하나님 없이 행복할 수 있다는 인간의 태도를 나타내기 때문에 죄가 되는 것이다. 하나님은 이 생명수를 줄 수 있는데 사람들은 생수의 근원 되시는 하나님을 버렸다. 그러나 우물가의 여인은 예수님께 그런 생수를 요청한다. "여자가 이르되 주여 그런 물을 내게 주사 목마르지도 않고 또 여기 물 길으러 오지도 않게 하옵소서"(요 4:15) 예레미야 2장 13절은 또 다른 한 가지의 죄를 소개한다. 인간이 하나님 없이 행복해 지려고 자기 스스로 노력하는 것이다. 생수의 근원되는 하나님은 버렸지만 물은 안 먹을 수는 없고 그래서 스스로 웅덩이와 샘을 판다. 그러나 아무리 노력을 해도 소용이 없는데 그 웅덩이는 물을 저축치 못할 터진 웅덩이기 때문이다. 하나님 없이 인간 스스로 노력하는 것은 밑 빠진 독에 물 붓는 것과 같다. 아무리 노력해도 인간이 하나님을 떠나서는 절대로 행복해질 수 없다.

죄란 불법이다.

성경은 한 마디로 "죄는 불법"(요일 3:4)이라고 선언한다. 여기서 보듯이 죄란 법을 어기는 것이다. 세상 모든 사람의 마음과 삶 가운데는 죄와 불법이 있다. 사람들은 남을 미워하고, 시기 질투하며, 서로 다투고, 속이고, 훔치고, 빼앗고, 해치고, 죽이기까지 하는 것을 보면 과연 불법이 들어 있다. 당신은 예외인가? 자기 삶과 마음속을 솔직하게 살펴보면 정도의 차이가 있을 뿐이지 이런 것들이 있다는 사실을 누구나 인정할 수밖에 없다. 이것은 우리 본성의 일부분이다. 예수님은 "네 이웃을 네 몸과 같이 사랑하라"(마

2:39)고 말씀하셨다. 이웃을 자기 몸같이 사랑하지 못하는 것도 죄가 된다. 성경은 "우리는 다 그릇 행하여 각기 제 길로 갔다"(사 53:6)고 선언한다. 내가 하고 싶은 대로만 한다면 이것은 곧 고민과 불행과 다툼의 원인이 된다. 살인, 도적질, 사기와 같은 것들만이 죄가 되는 것이 아니라 하나님을 기쁘시게 하기보다 나를 기쁘게 하는 것, 하나님의 뜻보다는 내가 하고 싶은 대로 하는 것, 하나님이나 다른 사람에게 간섭받지 않으려는 태도와 내가 나의 삶의 중심이 되고, 나를 다른 무엇보다 앞에 두는 태도가 바로 죄가 된다. 내가 만일 죄를 범하면 나는 하나님에 대하여 적개심을 갖는 것이며 하나님을 반역하는 것이다.

우리가 법을 어길 때 어떤 불가피한 결과를 당하게 된다. 한 사람이 그 나라의 법을 어기면 그는 범죄자가 되며, 정죄를 당하게 되며, 결국 재판에 넘겨지게 된다. 죄를 범한다는 것은 하나님의 법을 어기는 것이다. 그런데 하나님은 로마서 3장 19절에서 분명하게 말씀하셨다. "온 세상으로 하나님의 심판 아래 있게 하려 함이라" 죄를 범한다는 것은 정죄를 당하는 것을 말하며, 정죄를 당한다는 것은 우리가 심판을 받을 위험에 놓여 있고, 또 반드시 심판을 받을 수밖에 없다는 것이다. 하나님은 온 세상이 하나님의 심판 아래 있다고 말씀하셨다(롬 3:19). 여기서 우리는 죄의 참다운 성격에 관한 무서운 계시를 보게 된다. 죄는 법을 어기는 것이요, 범죄가 된다. 죄를 범한 자는 정죄를 당하게 되고, 그 결과 심판에 이르게 된다. 하나님은 심판주가 되신다. 사람이 만든 법을 어길 때 그 범법자는 그 형벌의 값을 지불해야 한다. 하나님은 사람보다 못한 분이 아니시기 때문에 하나님의 법을 어겼을 때 온 세상의 심판자이신 하나님은 그 죄의 형벌을 요구하신다.

죄란 바꾸는 것이다.

우리는 하나님에 의해서 창조된 인간이기 때문에 우리는 당연히 하나님을 섬겨야 한다. 이것이 인간의 본분이요 사람의 도리다. 솔로몬이 전도서에서 인생을 논한 다음 마지막으로 이렇게 결론을 내렸다. "일의 결국을 다 들었으니 하나님을 경외하고 그의 명령들을 지킬지어다 이것이 모든 사람의 본분이니라"(전 12:13) 그런데 인간이 하나님은 섬기지 않고 헛된 우상을 섬기는 것이 죄이다. 섬길 대상을 하나님이 아니라 우상으로 바꾸는 것이다. 사도 바울은 로마서 1장 21-23절에서 이것을 명확하게 지적하고 있다. "하나님을 알되 하나님을 영화롭게도 아니하며 감사하지도 아니하고 오히려 그 생각이 허망하여지며 미련한 마음이 어두워졌나니 스스로 지혜 있다 하나 어리석게 되어 썩어지지 아니하는 하나님의 영광을 썩어질 사람과 새와 짐승과 기어다니는 동물 모양의 우상으로 바꾸었느니라"(롬 1:21-23)

결국 인간이 죄를 범함으로 하나님을 떠나게 되었고, 하나님이 주신 모든 축복을 잃어버리게 되었다. 이 모든 원인은 인간이 죄를 범했기 때문이다. 항상 죄가 인간에게 문제를 일으킨다. 온 우주에서 가장 무섭고, 파괴적인 것이 죄이다. 모든 문제의 원인, 모든 슬픔의 근원, 모든 인간의 공포의 원인은 죄이다. 죄는 인간의 본성을 뒤집어 놓았고, 인간 생활의 내적 조화를 파괴시키고, 인간으로부터 그 고귀함을 박탈해 갔다. 죄는 인간을 유혹하여 마귀 사탄의 사슬에 얽매이게 했다. 모든 정신 이상, 모든 질병, 모든 파괴, 모든 전쟁은 그 뿌리를 죄에 두고 있다. 죄는 인간의 두뇌에 광란을 가져왔고 심장에 독소를 집어넣었다.

죄는 광란하는 태풍이며, 분화중인 화산이며, 정신 병원에서 뛰쳐나간 미치광이다. 죄는 배회하는 범죄자이며, 먹이를 찾아 헤매는 사자이며, 지상을 향해 돌진하는 번개 불이다. 죄는 목을 잘라내는 단두대이며, 인간의 영혼까지 좀먹어 들어가는 암이며, 전방에 있는 모든 것을 휩쓸어버리는 성난 태풍이다. 죄로 인하여 모든 인간의 범죄를 담은 물줄기는 더러워졌고, 모든 바람은 도덕적으로 부패했고, 매일 매일의 광선은 어두워지고, 모든 인생의 잔은 쓴 맛이 감돌고, 모든 인생행로는 함정으로 위험스러워지고, 모든 인생 항로는 암초의 위험에 직면해 있다. 죄는 모든 행복을 파괴하고, 이해력을 어둡게 하고, 양심을 마비시키고, 모든 것을 고갈시키고, 모든 슬픔의 눈물과 고민의 아픔을 가져온다. 죄는 최고급 옷을 약속하면서 수의를 가져다주며, 자유를 약속하고는 속박을 주며, 비단을 약속하면서 무명을 준다. 장구한 세월 동안, 인간은 죄의 병에 눈이 멀어 탈출구를 찾아 헤매야 하는 영적인 암흑세계에 빠져 있다. 결국 인간은 죄인이기 때문에 위험에 처하여 있고 구원이 필요하다. 이제 인간의 두 번째로 위험한 죽음에 대해 살펴보자.

인간은 죽음 때문에 위험하다.

우리 인간은 자신이 위험하다는 사실을 인식해야 구원을 요청한다. 그렇다면 인간의 위험은 무엇인가? 성경은 다음 세 가지 때문에 인간이 위험하다고 말씀한다. 첫째로 인간은 죄인이기 때문에 위험하다. 둘째로 인간은 죄의 대가로 죽어야 하기 때문에 위험하다. 셋째로 죽은 후에 심판을 받고 죄에 대가로 지옥에 들어가기 때문에 위험하다. 이제 인간의 두 번째 위험인 죽음에 대해 살펴보자.

"한번 죽는 것은 사람에게 정해진 것이요 그 후에는 심판이 있으리니"(히 9:27)

인간은 영적으로 죽어 있다.

인간이 죄를 범함으로 영적으로 죽어 있다. "그는 허물과 죄로 죽었던 너희를 살리셨도다"(엡 2:1) 여기 '너희'란 구원받은 에베소 교회 성도들이며, 그들은 구원받기 전에 허물과 죄로 죽어 있었다. 우리 모든 그리스도인도 구원받기 전에는 영적으로 죽어 있었지만 구원을 받을 때 다시 살아난다. 우리는 과거에 허물과 죄로 인하여 영적으로 죽어 있었다. 죄악의 쾌락 가운데 사는 사람들도 영적으로 죽어 있다. 그들은 누구든지 죄악의 쾌락 가운데서 살고 있다면 영적인 일에 대하여 죽어 있다. 아담의 죄는 그를 영적인 일들로부터 분리시켰다. 선과 악을 알고도 악을 택하는 사람들도 역시 영적인 일들로부터 분리되어 있다. 하지만 구원받은 사람은 죽음 가운데서 살아나서 성령의 역사로 말미암아 영적인 일들에 대하여 깨어 있다. 따라서 죄에 대하여 죽은 우리들은 예수님이 우리를 위해 해놓으신 일 때문에 새 생명 가운데서 의롭게 살아야 한다.

구원받지 못한 사람은 영적인 일에 대하여 죽어 있다. 구원받은 사람은 죄악 된 일에 대하여 죽어 있다. 구원받은 자나 죄인이나 모두 몸이 죽는다. 하지만 구원받지 못한 사람은 몸이 죽으면 즉시 영원토록 거할 지옥에 들어가며 다가올 영원한 죽음에 들어간다. 성경을 잘 살펴보면 우리는 죽음이 무의식의 상태가 아니라는 것을 알 수 있다. 죽음은 단지 어떤 일에 대하여 활동할 수 없는 상태다.

구원받지 못한 사람은 하나님과 교통할 수 있는 영이 죽어 있기 때문에 그들은 영적으로 죽어 있기 때문에 하나님을 찾지 않고, 하나님께 영광을 돌리지도 않고, 오히려 하나님을 부인하고 영적인 것들을 미련하게 여기며 영적인 일에 대한 깨달음도 없다. 하나님 말씀을 듣고 성령께서 깨우쳐 주기 전에는 사람은 영적으로 죽어 있기 때문에 구원을 받을 수 없고 하나님을 찾지도 않는다. 성경은 분명하게 말씀한다. "육에 속한 사람은 하나님의 성령의 일들을 받지 아니하나니 이는 그것들이 그에게는 어리석게 보임이요, 또 그는 그것들을 알 수도 없나니 그러한 일은 영적으로 분별되기 때문이라"(고전 2:14) 여기서 '육에 속한 사람'은 믿지 않는 사람이다. 그들은 자연인이며 하나님의 영적인 일들이 오히려 미련하게 보인다. 성경은 '그에게는 어리석게 보임이요'라고 말씀한다. 그러나 구원받고 성령께서 우리의 마음에 들어오시면 어려운 성경 말씀도 이해되고 영적인 것들이 이해가 되기 시작한다. '그러한 일은 영적으로 분별되기 때문이라' 하나님의 영적인 것들은 사람의 눈으로 보는 것이 아니며 사람의 귀로 듣는 것도 아니며 인간적인 마음으로 생각해도 알 수 없다. 오히려 믿음의 눈으로 성령께서 역사하실 때 진리를 분별할 수 있고 볼 수 있다. 성경은 이 점을 명확하게 말씀한다. "기록된 바 하나님이 자기를 사랑하는 자들을 위하여 예비하신 모든 것은 눈으로 보지 못하고 귀로 듣지 못하고 사람의 마음으로 생각하지도 못하였다 함과 같으니라 오직 하나님이 성령으로 이것을 우리에게 보이셨으니 성령은 모든 것 곧 하나님의 깊은 것까지도 통달하시느니라"(고전 2:9-10)

인간에게 육신의 죽음이 있다

영혼이 몸을 떠날 때 그 몸이 죽는 것이 육신의 죽음이다. 그때 몸은 더 이상 활동할 수 없으며 우리 몸은 원래 흙으로 지어졌기 때문에 몸이 죽으면 흙으로 돌아간다. 인간의 혼은 의식이 있다는 것이 성경의 진리다. 누가복음 16장에 나오는 부자는 죽어 몸이 무덤에 묻혔지만 그의 혼은 지옥의 고통을 의식하고 있었으며 예수님을 믿기를 거절하였기 때문에 지금도 고통을 당하고 있다. 성경은 육신의 죽음에 대해 이렇게 말씀한다. "한번 죽는 것은 사람에게 정해진 것이요 그 후에는 심판이 있으리니"(히 9:27) 인생을 무엇에 비유할 수 있을까? 인생은 나그네 길에 비유될 수 있다. 이 세상은 종착역이 아니라 그저 잠시 들려 가는 휴식처이며 인생 나그네 길은 사람이 과거라는 역을 출발하여 현실이라는 역을 거쳐 미래라는 종착역에 도착하면 인생이 끝난다. 여기서 탄생은 과거라는 역이며, 현실은 우리가 살고 있는 역이며, 죽음은 미래의 종착역이다. 언제, 어떻게 이 미래의 종착역에 닿을지 모르는 것이 우리의 인생이다. 우리의 평생은 순식간에 지나가며 너무나 빨리 지나가기 때문에 인생은 너무나 짧고 허무하다. 성경은 이 점을 분명하게 말씀한다. "그러므로 모든 육체는 풀과 같고 그 모든 영광은 풀의 꽃과 같으니 풀은 마르고 꽃은 떨어지되"(벧전 1:24) 모든 풀은 반드시 시들 때가 있는 것처럼 인생도 시들어 죽을 때가 있으며 사람이 아무리 건강하고 미모가 아름답다 하더라도 그것은 영원히 지속되지 못하고 사라질 때가 있다. 따라서 성경은 인간의 모든 영광을 풀의 꽃에 비유한다. '풀은 마르고 꽃은 떨어지되' 아무리 아름답고 부드러운 피부라도 나이가 들면 쭈글쭈글해지고 탄력이 없고 주름살이 생기며 죽으면 썩어 버린다.

인생살이가 고달프다

　모든 사람은 오래 살지 못하고 빨리 죽으며 아주 짧은 삶을 살아도 그 인생 속에는 괴로움이 가득하다. 한시라도 편안한 날이 많지 않고 괴로움의 연속이기 때문에 성경은 이 점을 명확하게 말씀한다. "여인에게서 태어난 사람은 생애가 짧고 걱정이 가득하며 그는 꽃과 같이 자라나서 시들며 그림자 같이 지나가며 머물지 아니하거늘"(욥 14:1-2) 우리 인생은 그림자 같고, 풀과 같고, 안개와 같은 존재이다. 안개는 작은 물방울로 되어 있어서 햇빛이 비치면 사라지며 우리는 잠깐 있다가 없어지는 제한된 인생이기 때문에 성경은 이 점을 분명하게 말씀한다. "들으라 너희 중에 말하기를 오늘이나 내일이나 우리가 어떤 도시에 가서 거기서 일 년을 머물며 장사하여 이익을 보리라 하는 자들아, 우리의 모든 날이 주의 분노 중에 지나가며 우리의 평생이 순식간에 다하였나이다 우리의 연수가 칠십이요 강건하면 팔십이라도 그 연수의 자랑은 수고와 슬픔뿐이요 신속히 가니 우리가 날아가나이다"(약 4:13, 시 90:9-10)

　우리 인생은 사는 날이 적고, 그림자 같이 신속하고, 평생이 순간적으로 지나가는 존재이기 때문에 시편 기자는 인간의 죽음을 날아가는 화살에 비유한다. 어떤 사람이 화살을 가지고 목표물을 향해 쏘았을 때 화살을 쏘는 순간이 탄생이요, 날아가는 과정이 인생길이요, 목표물에 닿는 순간이 죽음이다. 우리는 죽음을 향해서 걸어가는 것도 아니요, 뛰어가는 것도 아니요, 날아가고 있다. 우리 인생의 전체를 생각해 보면 세월과 시간이 어렸을 때에는 기어가고, 청소년 때에는 걸어가고, 청년 때에는 뛰어가고, 늙었을 때에는 날아가는 것을 느낄 수 있다. 어릴 때에는 시간이 지나서 빨리 어른이 되고 싶지만 어른이 되면 하는 일없이 세월만 보내고 있다는 생각이 든다. 그리고 세월이 얼마나 빠른지 날아가는 것과 같다.

인간은 언제 어떻게 죽을지 모른다.

우리는 내일 일을 모르며 언제, 어떻게 죽을지 모르기 때문에 어떤 사람들은 거창한 계획을 세워 놓고 그것을 실천해 보지도 못하고 죽는 경우가 있다. 내일 결혼식을 앞두고 죽는 사람, 새 집을 사 놓고 죽는 사람, 좋은 회사를 시작하여 출근해 보지도 못하고 죽는 사람, 새 차를 사놓고 타보지 못하고 죽는 사람, 좋은 가게를 얻어 장사를 시작해 보지도 못하고 죽는 사람들이 있다. 성경은 그런 사람들을 이렇게 소개한다. "들으라 너희 중에 말하기를 오늘이나 내일이나 우리가 어떤 도시에 가서 거기서 일 년을 머물며 장사하여 이익을 보리라 하는 자들아 내일 일을 너희가 알지 못하는도다 너희 생명이 무엇이냐 너희는 잠깐 보이다가 없어지는 안개니라"(약 4:13-14)

어떤 부자가 얼마나 농사를 잘 지었는지 몇 년 동안 먹어도 남을 만큼 곡식을 많이 쌓아 두고 즐거워했지만 하나님은 그 부자에게 이렇게 말씀하셨다. "오늘밤에 네가 죽는다면 이 예비한 모든 것이 무슨 유익이 있겠느냐?" 이것이 성경의 말씀이다. "또 내가 내 영혼에게 이르되 영혼아 여러 해 쓸 물건을 많이 쌓아 두었으니 평안히 쉬고 먹고 마시고 즐거워하자 하리라 하되 하나님은 이르시되 어리석은 자여 오늘 밤에 네 영혼을 도로 찾으리니 그러면 네 준비한 것이 누구의 것이 되겠느냐 하셨으니"(눅 12:19-20) 우리는 언제, 어떻게 죽을지 모르기 때문에 사고로 죽을지, 병으로 죽을지, 나이가 들어 노화로 죽을지 모른다. 이 육신의 죽음에는 세 가지 원인이 있다. 그것은 사고와 병과 노화 현상이다.

첫째, 어떤 사람은 사고로 생을 마감한다. 아무리 건강하고 부유한 사람이라도 사고를 당하면 죽음을 모면할 도리가 없다. 모두들 조심을 하면 사고를 면할 수 있다고 생각하지만 큰 비행기 사고나 큰 화재가 났을 때에는 개인의 조심에 관계없이 죽을 수도 있다. 세계 각처에서 대형 사고들이 얼마나 많이 일어나는가? 배가 침몰되고, 비행기가 추락하고, 가스가 폭발하고, 아파트가 무너지고, 열차가 전복되고, 큰 지진과 홍수가 일어나고 있다. 이처럼 지구상에는 끊임없는 사고가 많이 일어나서 많은 사람이 교통사고로 죽어가고 있다. 내가 조심해서 운전을 했지만 상대방의 잘못으로 부딪치면 별 도리 없이 죽을 수도 있다. 매년 그것이 세상에서 마지막으로 하는 운전이라는 것을 알지 못하고 자동차에 오르는 사람이 미국만도 4만 명이 넘는다.

둘째, 많은 사람들은 질병으로 생을 마감한다. 죽음은 사정없이 냉정하게 인류의 발자취를 살피고 있다. 의학이나 안전조치가 죽음을 대항하여 싸움을 벌이고 있지만 결국에는 죽음이 승자가 된다. 인간의 오랜 과학적 투쟁의 결과 사람들은 그 수명을 몇 년 더 연장시킬 수 있었지만 성경에서 말하는 인간의 평균 수명 70세를 넘지 못했다. 성경은 분명하게 선포한다. "우리의 연수가 칠십이요 강건하면 팔십이라도 그 연수의 자랑은 수고와 슬픔뿐이요 신속히 가니 우리가 날아가나이다"(시 90:10) 대 도시에는 새롭게 지은 대형 병원들이 많이 들어서 그 병실에는 아픈 병자들이 가득 입원해 있지만 요즘처럼 질병이 많은 때도 없다. 수많은 의학 기술과 기구들과 약들이 나오고 있지만 여전히 질병으로 죽는 사람들이 많다. 각종 심장병은 한창 전성기에 있는 젊은 사람들의 생명을 앗아가며 암 역시 수천수만에 달하는 사람들의 몸에 고통을 불어넣고 있다.

셋째, 사람은 자신이 원하지 않아도 나이를 먹기 때문에 자연적으로 늙으면 죽는다. 인간이 육신의 죽음을 피할 수 있는 길이 있을까? 한 가지의 길이 있다면 구원받은 우리가 살아 있을 때 예수님이 재림하시면 육신의 죽음을 피할 수 있다. 우리가 살아있는 가운데 부활하여 주님을 만날 수 있기 때문이다. 다음 성경 말씀은 그 사실을 자세히 설명한다. "형제들아 자는 자들에 관하여는 너희가 알지 못함을 우리가 원하지 아니하노니 이는 소망 없는 다른 이와 같이 슬퍼하지 않게 하려 함이라 우리가 예수께서 죽으셨다가 다시 살아나심을 믿을진대 이와 같이 예수 안에서 자는 자들도 하나님이 그와 함께 데리고 오시리라 우리가 주의 말씀으로 너희에게 이것을 말하노니 주께서 강림하실 때까지 우리 살아 남아 있는 자도 자는 자보다 결코 앞서지 못하리라 주께서 호령과 천사장의 소리와 하나님의 나팔 소리로 친히 하늘로부터 강림하시리니 그리스도 안에서 죽은 자들이 먼저 일어나고 그 후에 우리 살아 남은 자들도 그들과 함께 구름 속으로 끌어 올려 공중에서 주를 영접하게 하시리니 그리하여 우리가 항상 주와 함께 있으리라 그러므로 이러한 말로 서로 위로하라" (살전 4:13-18)

죽음은 모든 사람에게 정해져 있다.

죽음은 모든 사람에게 정해진 사실이다. 죽음에 대한 싸움은 어린아이가 태어나는 순간부터 시작하여 어머니는 자녀의 생명을 보호하기 위해서 여러 해 동안 심혈을 기울인다. 어머니는 아이의 음식과 의복과 환경을 돌보고, 진료와 예방 접종을 시킨다. 이와 같은 어머니의 보살핌에도 불구하고 아이들 중에 이미 죽어간 아이들이 많다. 그러므로 죽음은 어린 아기를 포함하여 모든 사람에게 정해진 사실이다. 이 말은 사람으로 이 세상에 태어난 이상 죽음을 피할 수 있는 사람은 없다는 뜻이다. 필자는 두려움을 갖게 하려고 죽음을 말하는 것이 아니다.

이 죽음은 창조의 새벽부터 현재까지, 아니 세상 끝 날까지 모든 인류가 경험해야 할 공통의 경험의 죽음은 모든 사람에게 이미 예정되어 있기 때문에 언제 죽느냐 하는 것이 문제일 뿐이다. 우리가 살아가는 중에 이런 저런 약속을 하지만 이러한 약속은 소홀히 할 수도 있고 어길 수도 있지만 아무도 무시하거나 깰 수 없는 약속이 하나 있는데 우리는 반드시 한 번은 이 약속을 지킬 수 있으며, 꼭 지켜야할 약속이 바로 죽음이라는 약속이다. 생명이 탄생하고 어린아이가 태어나면 우리는 기뻐한다. 하지만 생명이 가고 사람이 죽으면, 우리는 될 수 있는 대로 빨리 죽음에 대해서 잊으려고 한다. 많은 사람들은 세상에 많은 생명이 태어나게 하려고 온갖 노력을 다하지만 그와 같은 생명이 이 세상으로부터 사라져 가는 것을 망각하고 있다. 따라서 인간은 죽음을 적절하게 준비하는 지혜가 필요하다.

한 나라에 왕을 즐겁게 해주는 광대가 있었다. 그 광대는 바보스러운 행동으로 왕을 즐겁게 해 주었기 때문에 왕은 그 광대가 가장 바보스러운 존재라고 생각했다. 그러던 어느 날 왕은 광대에게 사명을 하나 맡긴다. "너는 이 세상을 여행해 보고 너보다 더 바보스러운 사람을 찾아라. 그 사람을 만나면 나에게 데려오너라" 광대는 자기보다 더 바보인 사람을 찾기 위해서 여행을 떠났지만 많은 세월이 흘렀는데도 그 광대는 돌아오지 않았다. 어느 날 왕에게 큰 병이 들어 죽음이 다가오게 되었다. 그러자 왕은 빨리 그 광대를 찾아오라고 명령했는데 너무나 궁금해서 견딜 수가 없었던 모양이다. 드디어 그 광대가 돌아와 왕 앞에 도착하자 왕은 광대에게 물었다. "너보다 더 바보스러운 사람을 찾았느냐?" 광대는 찾지 못했다고 대답했지만 광대는 왕이 곧 죽게 될 것을 알고 왕에게 이렇게 질문한다. "왕이여, 왕은 미지의 죽음의 여행을 시작하시려 하는데 그 여행을 떠날 준비를 하셨습니까?" 그러자 왕은 준비를 못해서 두렵다고 고백하자 광대는 이제야 자기보다 더 바보스럽고 어리석은 사람을 찾았다고 말했다. 그 어리석은 자는 바로 왕이었다. 왜냐하면 죽음의 여행을 떠날 사람이 준비도 하지 않았기 때문이다.

당신은 죽음을 준비 하였는가?

우리는 다른 모든 일에 대하여 준비하면서도 죽음에 대해서만큼은 준비하려 들지 않기 때문에 참으로 이상한 일이다. 우리는 교육을 위해서 준비하고, 사업, 출세, 회사의 취직, 결혼을 위해서 준비하며, 늙을 때를 위해서 준비한다. 우리는 모든 일을 위해서 준비하지만 죽는 순간을 위해서는 아무런 준비를 하지 않는다. 우리는 주위에서 일어나는 사건을 통하여 죽음이 사실이라는 것을 목격한다. 구급차의 요란스런 사이렌 소리, 장례 등을 걸어 놓은 초상집, 우리가 가끔 지나치는 묘지들, 도시의 심한 교통을 뚫고 지나가는 영구차 등이 죽음이 언제 우리를 부르러 올지 모른다는 것을 우리에게 상기시켜 주고 있다. 이 세상의 수많은 병원들은 "한번 죽는 것은 사람에게 정하신 것이요"라고 말해준다. 수많은 장의사들도 우리를 만날 때마다 "한번 죽는 것은 사람에게 정하신 것이요"라고 말해준다. 신문과 방송의 뉴스에서도 "한번 죽는 것은 사람에게 정하신 것이요"라고 말해준다. 큰 대형사고가 일어날 때도 "한번 죽는 것은 사람에게 정하신 것이요"라고 말하고 있다. 교통사고가 일어날 때도 "한번 죽는 것은 사람에게 정하신 것이요"라고 말해준다. 우리가 이러한 죽음의 사건을 직면할 때마다 마귀는 우리에게 속삭인다. "다른 사람이 다 죽어도 너는 안 죽는다" 그 소리를 듣고 우리는 자신에게 속삭인다. "그래, 나는 안 죽는다" 그러나 설교자들이 죽음의 사실을 증명하려고 시간을 허비하고 노력할 필요가 없는 것은 설교자가 노력하지 않아도 죽음은 사실이기 때문이다.

죽음은 사람을 구별하지 않는다.

죽음은 사람을 구별하지 않기 때문에 모든 사람을 같은 지위로 하락시킨다. 죽음은 만민을 차별 없이 대하며 왕의 궁전도 가난한 농부의 집을 방문하듯이 쉽게 접근한다. 대통령의 관저에도 죽음은 자기 집 안방 드나들듯 찾아간다. 죽음은 노인을 불러가기도 하며, 심지어 어머니 품속에 있는 갓난아기에게도 찾아간다. 죽음은 결혼식을 앞둔 사랑스러운 신부에게도 찾아간다. 죽음은 부자에게서 그 재물을 앗아가고, 가난한 사람에게서 그 누더기를 벗기어 버리며, 사람에게서 끓어오르는 탐심을 식혀버리고, 정욕의 불길을 죽여 버린다. 모든 사람이 죽음을 도외시하고 모르는 체 하려고 애를 쓰고 있지만 왕자든, 농부든, 바보든, 힘센 장사이든, 살인자든, 성자이든 간에 누구나 한번은 직면해야 하는 것이 죽음이다. 죽음은 나이도 상관하지 않고 야당이나 여당의 당파심도 없다. 정확한 시간은 아무도 모르지만, 우리는 죽음이 언제라도 찾아올 수 있는 불청객이라는 사실을 알고 있다.

우리의 생명은 금방이라도 끊어질 것 같은 실에 매달려 있다. 죽음은 우리의 인생 노정에 한 발짝 걸음을 옮겨 놓을 적마다 그 어두컴컴한 입을 벌리고 있다. 죽음은 만인의 적으로 제왕이라도 할지라도 죽음의 칼 앞에는 굴복한다. 과학자나 의사들은 이 죽음이라는 괴물을 왕궁에서 멀리 떼어놓으려고 용감하게 싸우고 있지만 수의를 몸에 걸친 공포의 군주는 몰래 호위 망을 뚫고 곧 마루에 나와 왕의 침실로 들어가서 음산한 외투로 군주를 덮쳐 버린다.

우리는 어디로 가고 있을까?

우리는 사실 죽음으로 나아가며 그 길을 가면서 가정과 사회에서 일을 하고 있다. 이 사실이 너무 심한 말로 느껴지는가? 하지만 우리가 하는 일 모두는 죽음으로 가는 길에서 하고 있는 것과 같다. 잠을 자는 것도, 식사를 하는 것도, 공부를 하는 것도, 장사를 하는 것도, 심지어 사랑을 하는 것도 죽음으로 가는 길에서 하고 있다. 이것이 진실이다. 진실이 무엇인가? 진실은 매우 중요하고 절대로 변하지 않기 때문에 우리는 진실을 바로 알아야 한다. 사람이 한번 죽는 것은 진리요 사실이다. 중요한 것은 구원받은 사람들은 죽은 다음에 아름다운 하늘나라에 들어가고 구원받지 못한 사람은 죽어서 지옥에 들어간다는 사실이다.

죽음은 결코 끝이 아니며 소멸도 아니다. 사실 우리 인간은 아무 것도 소멸시킬 수 없다. 어떤 사람들은 쓰레기를 줄이려고 쓰레기 소각장을 만들어 놓고 쓰레기를 태우지만 쓰레기를 모두 없앨 수 있을까? 그럴 수 없는 것이 현실이다. 쓰레기를 불에 태우면 가스를 발생시켜서 공기를 오염시킬 뿐이며 그것은 하나도 없어진 것이 아니라 쓰레기를 다 태운 후에 타버린 재와 태울 때 나온 가스의 무게를 달아보면 처음의 쓰레기의 무게와 똑같다는 사실을 알게 될 것이다. 태워서 없애 버린 것이 아니고 단지 형태만 바꾸어 놓은 것이다. 만일 냄비에 물을 계속 끓이면 물이 없어지고 다 소멸된 것처럼 보이지만 그것은 단지 수증기로 변해서 공기 중에 남아 있기 때문에 이것이 바로 물의 순환이다. 물을 햇빛으로 데워서 수증기로 변하여 구름이 되어 올라가면 다시 비와 눈으로 변해서 다시 이 땅에 내려온다. 그래서 인간이 소멸시킬 수 있는 것은 하나도 없는 것처럼 인간의 죽음도 인간의 소멸이 아니며 인간의 영혼도 소멸할 수 없다. 그 영혼은 의식을 가진 채 영원토록 하나님의 축복 속에서 살게 되든지 아니면 저주받은 지옥에서 고통과 재앙 속에서 살게 된다. 따라서 인간은 죽음 때문에 위험하며 구원이 필요한 존재다. 이제 인간의 세 번째 위험인 심판 후에 지옥에 들어가는 위험에 대해서 살펴보자.

인간은 지옥에 들어가기 위험하다.

인간의 위험 세 가지 중에 마지막은 인간이 죽은 후에 심판을 받고 지옥에 들어가는 위험이다. 어떤 사람이 심판을 받을까? 성경은 단호하게 말씀한다. "한번 죽는 것은 사람에게 정해진 것이요 그 후에는 심판이 있으리니, 또 내가 보니 죽은 자들이 큰 자나 작은 자나 그 보좌 앞에 서 있는데 책들이 펴 있고 또 다른 책이 펴졌으니 곧 생명책이라 죽은 자들이 자기 행위를 따라 책들에 기록된 대로 심판을 받으니"(히 9:27, 계 20:12) 여기 성경은 '죽은 사람이' 심판을 받는다고 말한다. 그러므로 인간은 구원받기 위해서 자신이 얼마나 위험한가를 알아야 한다. 자신이 죄 때문에 죽어서 심판을 받고 지옥에 들어간다는 사실을 알아야 한다. 그러면 지옥은 어떤 곳인가?

지옥은 성경이 보여준다.

지옥에 관한 모든 것을 알려 주는 유일한 출처는 성경이다. 성경을 떠나서는 인간이 지옥에 대해서 도저히 알 수 없다. 어떤 사람이 지옥을 체험하고 돌아와서 우리에게 말해 주는 것은 도저히 불가능하다. 그곳에서 이곳으로 올 수 있는 길은 없기 때문이다. 지옥은 인간이 만들어낸 이야기가 아니며 지옥은 분명히 존재하며 성경에서 말하는 문자 그대로의 장소로 지옥은 고통이 있는 곳, 어두운 곳, 슬피 울며 이를 가는 곳, 구더기도 죽지 않고 불도 꺼지지 아니하는 곳, 고난의 연기가 세세토록 올라가는 곳으로 소개한다. 성경에서 지옥을 얼마나 중요하게 다루는지 살펴보라. 신약 성경은 27권이며 장수는 264장으로 되어 있는데, 그 중에서 심판과 영원한 형벌의 장소에 관하여 234번이나 말씀하고 있다. 성경은 하늘나라에 대해서보다도 지옥에 대해서 더 많이 말씀하고 있기 때문에 만일 지옥이 없다면 성경은 하나님의 말씀이 아니며, 예수님도 우리의 구세주가 될 수 없는 것은 우리 예수님께서 지옥에 대해서 말씀하셨기 때문이다. 성경은 지옥에 대해 분명하게 말씀한다.

"불러 이르되 아버지 아브라함이여 나를 긍휼히 여기사 나사로를 보내어 그 손가락 끝에 물을 찍어 내 혀를 서늘하게 하소서 내가 이 불꽃 가운데서 괴로워하나이다, 나는 너희에게 이르노니 형제에게 노하는 자마다 심판을 받게 되고 형제를 대하여 라가라 하는 자는 공회에 잡혀가게 되고 미련한 놈이라 하는 자는 지옥 불에 들어가게 되리라, 인자가 그 천사들을 보내리니 그들이 그 나라에서 모든 넘어지게 하는 것과 또 불법을 행하는 자들을 거두어 내어 풀무 불에 던져 넣으리니 거기서 울며 이를 갈게 되리라, 세상 끝에도 이러하리라 천사들이 와서 의인 중에서 악인을 갈라 내어 풀무 불에 던져 넣으리니 거기서 울며 이를 갈리라, 또 왼편에 있는 자들에게 이르시되 저주를 받은 자들아 나를 떠나 마귀와 그 사자들을 위하여 예비된 영원한 불에 들어가라, 손에 키를 들고 자기의 타작 마당을 정하게 하사 알곡은 모아 곳간에 들이고 쭉정이는 꺼지지 않는 불에 태우시리라, 하나님을 모르는 자들과 우리 주 예수의 복음에 복종하지 않는 자들에게 형벌을 내리시리니 이런 자들은 주의 얼굴과 그의 힘의 영광을 떠나 영원한 멸망의 형벌을 받으리로다, 그도 하나님의 진노의 포도주를 마시리니 그 진노의 잔에 섞인 것이 없이 부은 포도주라 거룩한 천사들 앞과 어린 양 앞에서 불과 유황으로 고난을 받으리니 그 고난의 연기가 세세토록 올라가리로다 짐승과 그의 우상에게 경배하고 그의 이름 표를 받는 자는 누구든지 밤낮 쉼을 얻지 못하리라 하더라, 사망과 음부도 불못에 던져지니 이것은 둘째 사망 곧 불못이라 누구든지 생명책에 기록되지 못한 자는 불못에 던져지더라, 만일 네 오른 눈이 너로 실족하게 하거든 빼어 내버리라 네 백체 중 하나가 없어지고 온 몸이 지옥에 던져지지 않는 것이 유익하며 또한 만일 네 오른손이 너로 실족하게 하거든 찍어 내버리라 네 백체 중 하나가 없어지고 온 몸이 지옥에 던져지지 않는 것이 유익하니라"(눅 16:24, 마 5:22, 13:41-42, 13:49-50, 25:41, 3:12, 살후 1:8-9, 계 14:10-11, 20:14-15, 마 5:29-30)

지옥은 힌놈의 계곡에 비유된다.

"그러나 두려워하는 자들과 믿지 아니하는 자들과 흉악한 자들과 살인자들과 음행하는 자들과 점술가들과 우상 숭배자들과 거짓말하는 모든 자들은 불과 유황으로 타는 못에 던져지리니 이것이 둘째 사망이라"(계 21:8) 여기 '불과 유황으로 타는 못'은 신약성경의 원어인 헬라어로 '게헨나(Gehenna)'라고 부른다. 이 단어는 신약에서 하나님과 복음을 거절한 자들의 영원한 거처를 가리키는 말로, 예수님이 11번 사용하셨다. 야고보도 이 말을 사용하였다. "혀는 곧 불이요 불의의 세계라 혀는 우리 지체 중에서 온 몸을 더럽히고 삶의 수레바퀴를 불사르나니 그 사르는 것이 지옥 불에서 나느니라"(약 3:6) 이 '게헨나'는 '힌놈의 계곡'이라는 히브리어에 그 어원을 두고 있으며 힌놈의 계곡은 예루살렘밖에 있는데, 국가에 반역한 자들을 빠뜨리는 곳이었다. 이 계곡의 특징은 불이 그곳에 계속 타오르는 것으로 많은 사람들이 이것을 지옥의 완벽한 특징이라고 보았다. 바로 하나님을 거부하고 믿지 않는 자들이 거하는 곳이다. 예수님이 지옥이 없는데 힌놈 골짜기에서 지옥을 만들어 낸 것이 아니고 실제의 지옥을 그 당시 이스라엘 사람들이 가장 잘 이해하도록 힌놈 골짜기를 통해서 설명하신 것이다.

근본적으로 지옥은 하나님으로부터 분리된 상태이며, 둘째 사망으로서 모든 밝고, 즐겁고, 좋고, 행복하고, 의로운 실재로부터 영원히 분리되는 곳이다.

사탄은 지옥이 없다고 거짓말한다.

사탄은 에덴동산에서 처음 나타난 이래로 지금까지 사람들이 하나님의 말씀을 믿지 않도록 속이며 하나님의 말씀마다 도전하고 있다. 창세기 초반부에서 사탄은 아담과 하와로 하여금 하나님의 말씀을 믿지 못하도록 유혹을 하였는데 오늘날에도 마찬가지다. 사탄은 "지옥은 없다" 라고 주장하며, 지옥이란 단지 무덤일 뿐이며, 실제의 고통 같은 것은 없다고 거짓말한다. 때때로 사탄은 지옥에 있는 자들이 구원받을 수 있는 다른 기회가 있다고 외치기도 한다.

예수님은 누구를 두려워하라고 했는가? 사랑과 친절을 설교하신 예수님은 분명하게 말씀하셨다. "내가 내 친구 너희에게 말하노니 몸을 죽이고 그 후에는 능히 더 못하는 자들을 두려워하지 말라 마땅히 두려워할 자를 내가 너희에게 보이리니 곧 죽인 후에 또한 지옥에 던져 넣는 권세 있는 그를 두려워하라 내가 참으로 너희에게 이르노니 그를 두려워하라" (눅 12:4-5) 우리는 몸을 죽이겠다는 사람을 두려워하지만 예수님은 우리의 몸을 죽이고 그 다음에는 더 이상 다른 것을 할 수 없는 사람을 두려워하지 말고, 죽은 후에 지옥에 던져 넣는 권세를 가지신 하나님을 두려워하라고 말씀하셨다.

예수님이 지옥에 대해 경고 하셨다.

예수님은 분명하게 말씀하셨다. "만일 네 손이 너를 범죄하게 하거든 찍어버리라 장애인으로 영생에 들어가는 것이 두 손을 가지고 지옥 곧 꺼지지 않는 불에 들어가는 것보다 나으니라 만일 네 발이 너를 범죄하게 하거든 찍어버리라 다리 저는 자로 영생에 들어가는 것이 두 발을 가지고 지옥에 던져지는 것보다 나으니라 만일 네 눈이 너를 범죄하게 하거든 빼버리라 한 눈으로 하나님의 나라에 들어가는 것이 두 눈을 가지고 지옥에 던져지는 것보다 나으니라 거기에서는 구더기도 죽지 않고 불도 꺼지지 아니하느니라 사람마다 불로써 소금 치듯 함을 받으리라" (막 9:43-49) 예수님이 성경에서 지옥에 대해 이러한 말씀을 하신 목적이 무엇인가? 의도가 무엇인가? 지옥이 없는데 그냥 상징으로 말한 것인가? 예수님께서 하신 말씀을 어떻게 이해할 수 있을까? 성경을 잘 읽는 방법은 성경의 본문에서 하나님의 마음을 읽는 것이다. 과연 예수님은 어떤 마음으로 이 말씀을 하셨을까? 필자는 이 말씀을 주의 깊게 살펴보면서 예수님의 마음을 읽을 수 있었는데 예수님은 '지옥은 인간이 갈 곳이 못된다'고 말씀하신다. 어떠한 희생을 치르더라도 지옥만은 절대로 가지 말라고 말씀하신다. 손을 찍어 버리고, 발을 찍어 버리고, 눈을 빼어 버리고 지옥에 가지 않을 수 있다면 그렇게 하라는 뜻이다. 지옥에서 견딜 수 있는 인간의 몸은 없기 때문에 절대로 어떠한 희생을 치르더라도 '지옥만은 가지 말라'고 말씀하신다.

이 말씀에서 예수님은 지옥은 '불이 꺼지지 않는 장소'라고 분명하게 말씀하신다. 사람들은 지옥의 불이 문자 그대로 꺼지지 않는 불일까? 하고 의심하지만 지옥의 불은 말씀하신 대로 꺼지지 않는 불인 이유는 그 불길에 영향을 받는 결과가 실제의 불의 결과와 같기 때문이다. 다음 구절은 이 점을 명확하게 뒷받침해준다. "불러 이르되 아버지 아브라함이여 나를 긍휼히 여기사 나사로를 보내어 그 손가락 끝에 물을 찍어 내 혀를 서늘하게 하소서 내가 이 불꽃 가운데서 괴로워하나이다"(눅 16:24) 지옥이 실제의 불이 아니라면 왜 부자는 자신의 혀를 서늘하게 하기 위해서 물을 요구했겠는가? 지옥은 벌레도 죽지 않는 이유는 성경은 지옥에서는 구더기도 죽지 않는다고 말하고 있기 때문이다. 성경학자들은 '힌놈 골짜기'가 예수님이 영원한 지옥 불의 상징으로 사용하신 힌놈 계곡의 가장 낮은 곳이라고 믿었다. 이 계곡은 짐승의 시체가 버려진 습기 찬 곳이다. 시체 위에는 항상 벌레들이 기어 다녔고, 때때로 불이 그것들을 태우곤 하였다. 그래서 지옥은 사람도 영원히 죽지 않고 불도 영원히 꺼지지 않는 곳이다.

마태복음에서는 지옥을 '영영한 불과 영벌'이라고 말한다. "또 왼편에 있는 자들에게 이르시되 저주를 받은 자들아 나를 떠나 마귀와 그 사자들을 위하여 예비된 영원한 불에 들어가라, 그들은 영벌에, 의인들은 영생에 들어가리라 하시니라"(마 25:41, 46) 사도 바울은 이러한 통찰을 나누고 있다. "환난을 받는 너희에게는 우리와 함께 안식으로 갚으시는 것이 하나님의 공의시니 주 예수께서 자기의 능력의 천사들과 함께 하늘로부터 불꽃 가운데에 나타나실 때에 하나님을 모르는 자들과 우리 주 예수의 복음에 복종하지 않는 자들에게 형벌을 내리시리니 이런 자들은 주의 얼굴과 그의 힘의 영광을 떠나 영원한 멸망의 형벌을 받으리로다"(살후 1:7-9) 요한은 계시록에서 지옥은 밤낮 쉼을 얻지 못하고 고난을 세세토록 받아서 고난의 연기가 세세토록 올라간다고 말하고 있다. "그도 하나님의 진노의 포도주를 마시리니 그 진노의 잔에 섞인 것이 없이 부은 포도주라 거룩한 천사들 앞과 어린 양 앞에서 불과 유황으로 고난을 받으리니 그 고난의 연기가 세세토록 올라가리로다 짐승과 그의 우상에게 경배하고 그의 이름 표를 받는 자는 누구든지 밤낮 쉼을 얻지 못하리라 하더라"(계 14:10-11)

지옥은 영원한 고통의 장소다.

영원이란 시작과 끝이 없는 시간이기 때문에 지옥에 들어간 사람은 꺼지지 않는 불 속에서 영원히 지내야 한다. 사람들이 어떻게 지옥에서 지낼 수 있을까? 예수님은 누가복음 16장 19절부터 31절에서 한 부자가 실제로 지옥에 들어가서 고통을 당하는 모습을 보여 주고 있다. 이것은 분명히 한 사람의 사생활과 그의 죽음과 죽음 후에 있는 생활에 대하여 말씀하신 것이다. 여기에 지옥에 대해 배울 수 있는 많은 진리들이 있다.

사람이 죽으면 그 즉시 지옥에 들어간다.

사람이 죽으면 그 즉시 이 세상에서 저 세상으로 가기 때문에 중간은 없고 더더욱 연옥도 없다. 그리스도인은 죽으면 즉시 세상을 떠나 하나님 앞으로 가게 된다. 사도 바울은 이 점을 명확하게 밝히고 있다. "우리가 담대하여 원하는 바는 차라리 몸을 떠나 주와 함께 있는 그것이라"(고후 5:8) 반면에 구원받지 못한 사람은 죽으면 그 즉시 지옥으로 고통과 재앙으로 들어간다. 누가복음 16장에 나오는 나사로가 죽었을 때 그 즉시 천사들에게 받들려 아브라함의 품에 들어갔지만 부자도 죽었을 때 그 즉시 음부에 들어갔다. "부자도 죽어 장사되매 저가 음부에서 고통 중에"(눅 16:22-23). 부자의 화려한 장례식도 자신에게는 아무런 도움이 될 수 없었다. 거지 나사로는 장사를 지냈다는 기록이 없어 아마 가마니에 둘둘 말아서 버렸는지도 모른다. 그러나 부자는 분명히 화려한 장례를 치렀겠지만 수많은 사람들이 참여하고 화려한 장식에 아주 거창한 장례를 치렀겠지만 그는 즉시 지옥과 고통 속으로 들어갔다.

죽음 후에도 모든 의식기능이 지속된다.

부자는 죽은 후에도 볼 수 있었고, 말할 수 있었고, 울 수도 있었고, 고통을 느낄 수 있었고, 기억할 수도 있었다. 아브라함은 그에게 이 세상에서 살아갈 때 있었던 모든 것을 기억하라고 말한다. "아브라함이 이르되 얘 너는 살았을 때에 좋은 것을 받았고 나사로는 고난을 받았으니 이것을 기억하라 이제 그는 여기서 위로를 받고 너는 괴로움을 받느니라"(눅 16:25) 그는 과거에 전도를 거절했던 것이 기억이 나서 매우 후회스러울 것이다. 만일 어떤 사람이 지옥에 들어갔다면 그 사람도 여러 가지가 기억이 날 것이다. 그 사람 집과 가까운 곳에 교회가 있어서 언제라도 교회에 나가서 예수님을 믿을 수 있었다는 것이다. 그 사람에게도 예수 믿는 친구가 있어서 그가 전도했을 때 거절했던 일이 생각이 날 것이다. 가까운 곳에 기독교 서점이 있어서 얼마든지 책이나 설교 테이프를 구입해서 믿을 수도 있었다는 것이다. 혹시 그 사람 집에도 성경이 있어서 자세히 읽고 공부했더라면 구원받을 수 있었다는 점이 기억나서 더 괴로워할 수도 있다. 누가복음 16장에서 부자는 자기 집에 있는 형제들이 기억이 났다. 그래서 자기 집 앞에서 구걸했던 나사로를 다시 보내 자기 형제들에게 전도해서 고통 받는 지옥에 오지 않게 해달라고 아브라함에게 간청하고 있다. "이르되 그러면 아버지여 구하노니 나사로를 내 아버지의 집에 보내소서 내 형제 다섯이 있

으니 그들에게 증언하게 하여 그들로 이 고통 받는 곳에 오지 않게 하소서"(눅 16:27-28)

사도행전 26장에 보면 아그립바 왕이 등장한다. 그는 그 당시에 복음을 가장 잘 전하였고, 성경에 능통했던 바울에게 복음을 전해 들었던 사람이지만 그는 복음을 듣고 마지막 결단의 시기에 예수님을 거절하고, 복음을 거절했다. "왕께서는 이 일을 아시기로 내가 왕께 담대히 말하노니 이 일에 하나라도 아시지 못함이 없는 줄 믿나이다 이 일은 한쪽 구석에서 행한 것이 아니니이다 아그립바 왕이여 선지자를 믿으시나이까 믿으시는 줄 아나이다 아그립바가 바울에게 이르되 네가 적은 말로 나를 권하여 그리스도인이 되게 하려 하는도다 바울이 이르되 말이 적으나 많으나 당신뿐만 아니라 오늘 내 말을 듣는 모든 사람도 다 이렇게 결박된 것 외에는 나와 같이 되기를 하나님께 원하나이다 하니라"(행 26:26-29) 참으로 아그립바 왕은 거의 믿을 뻔했던 사람이다. 바울은 자신이 어떻게 예수를 만나 구원받았는지, 열심히 간증을 하며 복음을 전했다. 지금 아그립바 왕은 지옥에서 바울의 전도 받던 때가 기억이 나서 괴로워할 것이다. 그리고 "나는 거의 믿을 뻔했는데 내가 왜 그때 거절했지" 하며 후회하고 있을 것이다.

죽음 후에는 다시 기회가 없다.

이 부자는 지옥에 들어가서 한 가지 소원이 있었다. 목마름의 고통을 해결하기 위해서 물을 조금 구했다. "불러 이르되 아버지 아브라함이여 나를 긍휼히 여기사 나사로를 보내어 그 손가락 끝에 물을 찍어 내 혀를 서늘하게 하소서 내가 이 불꽃 가운데서 괴로워

하나이다 아브라함이 이르되 얘 너는 살았을 때에 좋은 것을 받았고 나사로는 고난을 받았으니 이것을 기억하라 이제 그는 여기서 위로를 받고 너는 괴로움을 받느니라"(눅 16:24-25) 손가락 끝에 물을 찍으면 물이 얼마나 되겠는가? 겨우 한두 방울의 물인데 얼마나 뜨겁고 갈증이 심하면 그렇게 작은 물을 요구했겠는가? 그는 불 가운데 있었다. 얼마나 비참하고 기가 막히는가? 그는 이 세상에 있을 때 날마다 호화로운 잔치를 벌이고 즐겼던 사람이다. "한 부자가 있어 자색 옷과 고운 베옷을 입고 날마다 호화롭게 즐기더라"(눅 16:19) 하지만 지옥에서는 물 한 방울도 먹지 못하고 구걸하고 있다. 그는 이 세상에서 나사로를 배부르게 먹인 적이 있어서 그것을 생각하고 나사로를 보내어 물을 달라고 요구했을지도 모른다. 비록 이 세상에서 그가 나사로를 잘 보살펴 주었다 하더라도 소용이 없다. 지옥과 천국의 사이에는 큰 구렁이 끼어 있고 엄청난 간격이 있어서 갈 수도 건너 올 수도 없기 때문이다. "그뿐 아니라 너희와 우리 사이에 큰 구렁텅이가 놓여 있어 여기서 너희에게 건너가고자 하되 갈 수 없고 거기서 우리에게 건너올 수도 없게 하였느니라"(눅 16:26) 그러면 누가 이 큰 구렁과 큰 간격을 만들었는가? 하나님이신가? 아니다. 그 큰 간격을 만든 것은 인간이다. 인간이 처음부터 하나님과 인간 사이에 간격을 만들었다. 하나님은 사람들을 긍휼히 여기시고 다시 십자가를 통하여 인간이 하나님께 올 수 있는 길을 마련하셨고, 구원의 다리를 마련하셔서 건너올 수 있게 하셨지만 세상에서 그 사랑을 거절했기 때문에 지금 지옥에 들어가는 것이다. 그 큰 구렁은 인간이 스스로 만든 것이다. 죽음 후에 제 2의 기회란 없다. 사람이 죽은 후에 그 사람을 위한 화려한 장례 의식이 거행이 되고 유명한 목사나 신부가 그 장례의식을 인도해도, 수많은 사람들이 기도를 수없이 드려도, 엄청난 액수의 헌금을 드려도, 그 사람이 지옥에서 다시 천국으로 갈 수는 없다. 죽으면 더 이상의 기회는 없다. 오직 이 세상에서만 기회가 있을 따름이다.

죽은 사람과 의사소통이 불가능하다.

죽은 후에 죽은 사람과 살아 있는 사람과의 사이에 의사소통은 불가능하다. 이 세상에는 점을 치는 무당들이 있다. 무당이 되려면 그들에게 신이 내려야 하고 자기 조상 중에 어떤 사람이 알려 주기 때문에 사람의 일들을 척척 알아맞힌다고 장담한다. 그러나 거짓말이다. 죽은 사람과 살아 있는 사람 사이에 의사소통은 불가능하기 때문이다. 무당과 관계된 것은 귀신들의 장난이다.

인간이 죽어서 그 영혼이 귀신이 되는 것이 아니고 루시퍼가 타락하여 사탄이 될 때 함께 타락한 천사들이 귀신들이 되었다. 그들은 사람들을 자기 손아귀에 넣고 다스리려고 속이고 있다. 분명히 이 부자는 고통 받는 지옥에 있으면서 자기 형제들에게 이 고통 받는 곳에 오지 말라고 말할 수 없었다. 아브라함은 나사로도 보낼 수 없다고 분명하게 말한다. 예수 믿는 전도는 죽은 자를 살려 보내서 그들이 전하는 것이 아니라 모세와 선지자들에게 들으라고 말한다. 여기서 말하는 '모세와 선지자'는 성경을 지칭하며 성경 말씀을 들어야 한다. 바로 오늘날의 교회와 구원받은 하나님의 사람들의 전도를 통해서 성경 말씀을 들어야 한다. 단호한 말씀이 아닌가? "이르되 그러면 아버지여 구하노니 나사로를 내 아버지의 집에 보내소서 내 형제 다섯이 있으니 그들에게 증언하게 하여 그들로 이 고통 받는 곳에 오지 않게 하소서 아브라함이 이르되 그들에게 모세와 선지자들이 있으니 그들에게 들을지니라 이르되 그렇지 아니하니이다 아버지 아브라함이여 만일 죽은 자에게서 그들에게 가는 자가 있으면 회개하리이다 이르되 모세와 선지자들에게 듣지 아니하면 비록 죽은 자 가운데서 살아나는 자가 있을지라도 권함을 받지 아니하리라 하였다 하시니라"(눅 16:27-31) 이 부자는 죽은 후 왜 지옥에 들어갔는가? 이 사람이 부자이기 때문에 지옥에 들어갔는가? 이 땅에서 날마다 호화로이 잔치하면서 불쌍한 이웃을 돌보지 않고 거지 나사로를 보살피지 않아서 지옥에 들어간 것인가? 이 부자가 지옥에 간 것은 그가 부자였다거나 가난해서가 아니고, 유식하거나 무식해서가 아니고, 현명하거나 우매해서도 아니고, 그가 스스로 말하는 것처럼 회개하지 않아서 그 무서운 지옥에 들어간 것이다.

그는 이렇게 말하고 있다. '나는 회개하지 못해서 이곳에 왔습니다.' 그는 나사로를 자기 집에 보내면 형제들이 회개하고 이 고통 받는 지옥에 오지 않을 것을 누구보다 잘 알고 있었다. 그는 이 사실을 지옥에 와서 철저하게 배웠다. 그가 무슨 말을 하는지 들어보라. "이르되 그렇지 아니하니이다 아버지 아브라함이여 만일 죽은 자에게서 그들에게 가는 자가 있으면 회개하리이다"(눅 16:30)

지옥은 필요한 장소인가?

하나님은 사랑의 하나님이시다. 그 사랑의 하나님이 과연 지옥을 만들어 놓고 사람들을 그 곳으로 보내시겠는가? 하지만 지옥은 필요하다. 세상에서도 우리는 준법자들과 범죄자들을 갈라놓는다.

우리는 법률을 지키는 사람들의 안전과 보호를 위해서 갈라놓는다. 만일 모든 형무소의 문들을 다 열어 놓는다면, 그래서 감금된 모든 죄수들이 풀려 나온다면, 우리의 생명과 재산은 안전하게 보호되지 못할 것이다. 우리는 법을 지키는 시민들로부터 법을 어기는 자들을 분리하여 수용할 장소가 절대적으로 필요하다. 마찬가지로 지옥은 우주의 형무소로서 하나님의 법을 저버리고 하나님의 아들 예수님을 배척하고 복음을 순종치 않았던 자들이 구원받은 성도들로부터 분리되는 곳이다. 세상에서 우리는 정신 이상자들을 정신이 온전한 자들로부터 분리시켜 갈라놓는다. 만일 정신 이상자들을 분리시키지 않는다면 우리의 생명은 위협을 받을 것이다. 마찬가지로 지옥은 우주의 정신 이상자들의 수용소이다. 구원받고 예수님을 마음에 모시고 예수님의 인격과 성품을 본받는 성도들로부터 분리시키는 곳이다.

세상에서 우리는 살아 있는 사람과 죽은 사람을 갈라놓는다. 아무리 사랑하는 사람이라도 죽으면 그 시체를 계속 방안에 둘 수는 없다. 만약 그대로 둔다면 방안은 불쾌하고 비위생적이어서 살아 있는 사람을 건강하고 안전하게 보호할 수 없을 것이다. 지옥은 우주의 공동묘지와 같다. 그곳은 죄와 허물을, 죽은 자들을 그리스도 안에서 예수 믿고 구원받아 살아난 성도들에게서 분리시켜 놓는 곳이다. 하지만 이 모든 것은 하나님의 사랑을 거절한 죄 때문에 분리되어 지옥에 들어가는 것이다.

만일 우리가 하나님의 사랑을 거절한다면 우리에게 재앙이 내리고 두려움이 임할 때 하나님은 우리를 비웃을 것이다. 성경은 이 점을 분명하게 말씀한다. "너희가 재앙을 만날 때에 내가 웃을 것이며 너희에게 두려움이 임할 때에 내가 비웃으리라 너희의 두려움이 광풍 같이 임하겠고 너희의 재앙이 폭풍 같이 이르겠고 너희에게 근심과 슬픔이 임하리니 그 때에 너희가 나를 부르리라 그래도 내가 대답하지 아니하겠고 부지런히 나를 찾으리라 그래도 나를 만나지 못하리니 대저 너희가 지식을 미워하며 여호와 경외하기를 즐거워하지 아니하며 나의 교훈을 받지 아니하고 나의 모든 책망을 업신여겼음이니라 그러므로 자기 행위의 열매를 먹으며 자기 꾀에 배부르리라"(잠 1:26-31) 참으로 하나님은 사랑의 하나님이시다. 그분이 참고 기다리시는 동안만 거절할 수 있다. 그러나 사랑으로 말씀하실 때 믿지 않으면 심판의 엄중한 꾸중을 들어야 한다. 하나님의 사랑을 거절한 사람은 나중에 아무리 부르짖고 구원을 요청해도, 하나님은 대답하시지 않고 만나 주시지 않으신다. 결국 하나님을 부인했기 때문에 그 대가로 저주를 받는 것이다.

최후의 심판이 있다.

예수님은 구원의 선물을 거부한 사람들이 궁극적으로 받는 최후의 심판을 설명하시기 위해 비유를 들어 말씀하셨다. "예수께서 그들 앞에 또 비유를 들어 이르시되 천국은 좋은 씨를 제 밭에 뿌린 사람과 같으니 사람들이 잘 때에 그 원수가 와서 곡식 가운데 가라지를 덧뿌리고 갔더니 싹이 나고 결실할 때에 가라지도 보이거늘 집 주인의 종들이 와서 말하되 주여 밭에 좋은 씨를 뿌리지 아니하였나이까 그런데 가라지가 어디서 생겼나이까 주인이 이르되 원수가 이렇게 하였구나 종들이 말하되 그러면 우리가 가서 이것을 뽑기를 원하시나이까 주인이 이르되 가만 두라 가라지를 뽑다가 곡식까지 뽑을까 염려하노라 둘 다 추수 때까지 함께 자라게 두라 추수 때에 내가 추수꾼들에게 말하기를 가라지는 먼저 거두어 불사르게 단으로 묶고 곡식은 모아 내 곳간에 넣으라 하리라"(마 13:24-30)

이 비유는 밭에 좋은 씨를 뿌리는 비유이며 씨를 뿌리는 자가 잠든 동안 그의 적이 몰래 들어와 잡초를 뿌리고 갔다. 좋은 씨가 싹 트고 자라는 동안 잡초도 함께 자라게 된다. 이것을 발견한 종들은 잡초를 뽑아 버려야 한다고 주인에게 말한다. 그러나 주인은 이렇게 말한다. "주인이 이르되 가만 두라 가라지를 뽑다가 곡식까지 뽑을까 염려하노라 둘 다 추수 때까지 함께 자라게 두라 추수 때에 내가 추수꾼들에게 말하기를 가라지는 먼저 거두어 불사르게 단으로 묶고 곡식은 모아 내 곳간에 넣으라 하리라"(마 13:29-30) 예수님은 이 비유에 대해 설명하셨다. "대답하여 이르시되 좋은 씨를 뿌리는 이는 인자요 밭은 세상이요 좋은 씨는 천국의 아들들이요 가라지는 악한 자의 아들들이요 가라지를 뿌린 원수는 마귀요 추수 때는 세상 끝이요 추수꾼은 천사들이니 그런즉 가라지를 거두어 불에 사르는 것 같이 세상 끝에도 그러하리라 인자가 그 천사들을 보내리니 그들이 그 나라에서 모든 넘어지게 하는 것과 또 불법을 행하는 자들을 거두어 내어 풀무 불에 던져 넣으리니 거기서 울며 이를 갈게 되리라 그 때에 의인들은 자기 아버지 나라에서 해와 같이 빛나리라 귀 있는 자는 들으라"(마 13:37-43)

이 비유에 등장하는 밭은 세상이고, 좋은 씨는 천국의 아들들이고, 잡초는 믿지 않는 사람들이다. 잡초를 뿌린 자는 마귀 사탄이고, 추수 때는 세상이 끝나는 날이며, 추수하는 자들은 하나님의 천사들이다. 잡초는 거두어 불에 사르는 것같이 세상 끝에도 그러하다고 말한다(마 13:40). 예수님은 그들의 마지막을 분명하게 설명하셨다. "인자가 그 천사들을 보내리니 그들이 그 나라에서 모든 넘어지게 하는 것과 또 불법을 행하는 자들을 거두어 내어 풀무 불에 던져 넣으리니 거기서 울며 이를 갈게 되리라" (마 13:41-42) 시기적으로 이 최후의 심판은 마지막 끝에 있다. 사탄과 적그리스도와 거짓 선지자가 이미 지옥 불 못에 던져진 후에 있다. 예수님이 최후의 심판을 담당하신다. 그분은 죄가 전혀 없는 분이기 때문에 공의로 심판을 하신다. 예수님은 자신이 심판자라는 사실을 말씀하신다. "아버지께서 아무도 심판하지 아니하시고 심판을 다 아들에게 맡기셨으니" (요 5:22) 그분은 무엇으로 심판을 하시는가? 사도 요한은 예수 믿지 않고 죽은 자들이, 자신의 행위가 기록된 책들에 따라서 심판을 당한다고 말하고 있다. "또 내가 보니 죽은 자들이 큰 자나 작은 자나 그 보좌 앞에 서 있는데 책들이 펴 있고 또 다른 책이 펴졌으니 곧 생명책이라 죽은 자들이 자기 행위를 따라 책들에 기록된 대로 심판을 받으니" (계 20:12) 하나님은 믿지 않는 자들의 모든 행위를 책에 기록하셨다. 이 얼마나 단호한 말씀인가? "하나님은 모든 행위와 모든 은밀한 일을 선악 간에 심판하시리라" (전 12:14) 이 심판의 때에 인간의 모든 행위가 기록된 책들이 펼쳐지게 된다. 믿지 않고 죽은 자들은 마치 영화를 보듯이 자기의 모든 행위를 보게 될 것이다. 세상의 법정에서도 범행의 증거로 카메라로 찍은 사진이 제출되고, 녹음기로 녹음한 테이프가 제출되고, 비디오카메라로 찍은 테이프가 제출되기도 한다. 끝까지 범행을 부인하다가 제출된 비디오의 테이프를 보고 자신의 범행이 드러나서 죄에 대한 대가를 치르는 경우도 있다. 그 심판의 때에 예수 믿지 않은 사람들이 행했던 모든 은밀한 죄들이 드러나게 될 것이다. 아버지는 자기 아내와 가족들 모르게 행한 악한 일들이 드러날 것이다. 아내는 자기 남편 모르게 지었던 모든 죄들이 드러날 것이다. 아들은 자기 부모와 친구들 모르게 지었던 죄들이 드러날 것이다. 자기 자신도 잊고 있었던 모든 죄들이 드러나게 될 것이다. 자신이 지은 죄가 너무나 많기 때문에 자신도 놀라서 심판주 되시는 예수님께 아무런 말도 하지 못할 것이다. 이때에는 믿지 않는 자들의 행동으로 지은 죄들만 드러나는 것이 아니고 말로 지은 죄들과 마음의 잘못된 모든 생각들과 뜻이 드러날 것이다.

세상의 법정에서 고소하는 검사를 속인 죄도 변호하는 변호사를 속인 죄도 판결을 내리는 판사를 속인 죄도 다 드러날 것이다. 살인을 하고도 확실한 증거가 없어서 죄의 대가를 치르지 않은 살인자의 죄도 드러날 것이다. 부도덕한 아내가 남편 모르게 호텔에서 간음한 죄들도 드러날 것이다. 어떤 죄라도 예수님의 불꽃같은 눈을 속일 수는 없다. 예수님은 이 점을 분명하게 경고하신다. "내가 너희에게 이르노니 사람이 무슨 무익한 말을 하든지 심판 날에 이에 대하여 심문을 받으리니"(마 12:36) 최후의 심판의 결과는 무엇인가? 이 심판에 참여한 사람들은 단 한사람도 예외 없이 모두 다 지옥에 들어간다. 그러므로 인간은 구원을 받아야 한다. 우리는 지금까지 인간의 3가지 위험에 대해서 살펴보았다.

첫째, 인간은 죄 때문에 위험하다.

둘째, 인간의 죽음 때문에 위험하다.

셋째, 인간은 죽은 후에 심판을 받고 지옥에 들어가기 때문에 위험하다. 그러면 어떻게 이러한 위험에서 구원을 받을 수 있는가?

성경적인 구원이란 무엇인가?

결국 인간이 죄 때문에 위험하고, 죄의 결과로 죽기 때문에 위험하고, 죽은 다음에 죄에 대한 심판을 받고 지옥에 들어가기 때문에 위험하다면 결국 성경적인 구원이란 죄 문제를 해결하는 것이다. 인간의 3가지 위험에서 첫 번째 죄 문제만 해결하면 영생을 얻어 죽음의 문제도 해결되고, 죄의 대가로 들어가는 지옥에도 들어가지 않기 때문에 결국 구원이란 죄 문제를 해결하는 것이다. 그러므로 구원이란 예수님을 만나 그분을 통해서 죄 문제를 해결하고, 영생을 얻고, 의인이 되는 것이다. 그러면 어떻게 죄 문제를 해결할 수 있는가?

chapter 9
하나님의 요구

하나님께 긍휼을 구하라
구원의 소중함을 알라
복음의 진리를 거절하지 말라

9. 하나님의 요구

"천사들을 통하여 하신 말씀이 견고하게 되어 모든 범죄함과 순종하지 아니함이 공정한 보응을 받았거든 우리가 이같이 큰 구원을 등한히 여기면 어찌 그 보응을 피하리요 이 구원은 처음에 주로 말씀하신 바요 들은 자들이 우리에게 확증한 바니"(히 2:2-3)

사람이 구원을 받으려면 위대한 구원을 등한히 여기지 말아야 한다. 사람들이 복음을 듣고도 복음을 등한히 여기는 이유는 구원 문제에 집중하지 못하게 하는 방해요소가 있기 때문이다. 구원을 받으려면 구원 받는 일에 집중해야 한다. 구원 때문에 고민도 하고, 묵상도 하고, 생각도 해야 하는데, 그렇게 하지 못하는 경우가 많다. 설교를 들을 때에는 조금 관심이 있다가 예배당을 떠나고 나면 무관심해 진다. 그렇게 되면 구원이 자꾸 늦어지게 된다. 구원에 집중을 해야 구원 문제가 빨리 해결 될 수 있다. 그런가 하면 '나는 이미 믿고 있으니 다 됐다' 고 착각하는 것도 구원을 등한히 여기는 것이다. 구원받지 않고서 구원받았다고 착각하는 사람에게는 구원의 메시지가 아무리 들려져도 '나와는 상관이 없다.' 고 생각한다. 너무 바쁜 것도 구원을 등한히 여기는 것이다. 너무 바쁘게 되면 피곤해 지게 되고 그렇게 되면 자연히 구원은 뒷전이 되고 마는 것이다. 그 외에도 세상에서 노는 재미에 너무 빠져 있는 것도 구원을 등한히 여기는 것이다. 세상쾌락이나 세상에서 너무 즐기는 것도 모두 구원을 등한히 여기게 하는 요인이다. 사실 우리가 살아가는 동안 등한히 여겨도 별 문제가 되지 않는 경우도 있지만 진짜 중요한 구원 문제를 등한히 여기면 영원한 지옥 형벌을 받게 된다. 그러면 우리가 어떻게 해야 진정한 구원을 받을 수 있을까?

큰 죄인이라는 사실을 철저하게 깨달아야 한다.

자신이 죄인임을 인정하지 못하는 사람은 구원을 받을 수 없다. 예수님께서 죄인을 구원하려고 이 세상에 오셨기 때문이다. "예수께서 대답하여 이르시되 건강한 자에게는 의사가 쓸 데 없고 병든 자에게라야 쓸 데 있나니 내가 의인을 부르러 온 것이 아니요 죄인을 불러 회개시키러 왔노라"(눅 5:31-32) 아무리 좋은 의사가 있어도 병들지 않은 사람에게는 쓸데없는 것처럼 구원하시는 예수 그리스도가 계시지만 자신이 죄인 됨을 인정하지 않는다면 예수님은 그 사람을 구원하실 수 없다. 그분은 죄인을 구원하려고 오신 분이기 때문이다.

죄인으로서 하나님께 긍휼을 구해야 한다.

죄인은 하나님 앞에 바른 자세를 취해야 구원을 받는다. 하나님께서 긍휼히 여기는 사람은 자신이 죄인임을 깨닫고 긍휼을 기다리는 자세로 하나님께 나아오는 사람이다. 그 사람은 죄를 용서를 받고 의롭다는 인정을 받는다. 반면에 자신은 죄인이 아니라는 사람은 용서를 받을 수 없다. "두 사람이 기도하러 성전에 올라가니 하나는 바리새인이요 하나는 세리라 바리새인은 서서 따로 기도하여 이르되 하나님이여 나는 다른 사람들 곧 토색, 불의, 간음을 하는 자들과 같지 아니하고 이 세리와도 같지 아니함을 감사하나이다 나는 이레에 두 번씩 금식하고 또 소득의 십일조를 드리나이다 하고 세리는 멀리 서서 감히 눈을 들어 하늘을 쳐다보지도 못하고 다만 가슴을 치며 이르되 하나님이여 불쌍히 여기소서 나는 죄인이로소이다 하였느니라 내가 너희에게 이르노니 이에 저 바리새인이 아니고 이 사람이 의롭다 하심을 받고 그의 집으로 내려갔느니라 무릇 자기를 높이는 자는 낮아지고 자기를 낮추는 자는 높아지리라 하시니라"(눅 18:10-14) 두 사람이 하나님께 기도하려고 성전에 올라갔다. 한 사람은 용서를 받고 또 한 사람은 용서를 받지 못했다. 이 두 사람의 차이가 무엇인가? 바리새인은 자기가 잘한 것을 자랑삼아 기도했고, 세리는 자신이 죄인임을 잘 알고 있었기 때문에 하나님께 긍휼을 구하고 있다. 세리가 취한 자세가 있다.

첫째, 세리는 자신이 죄인임을 시인하는 태도로서 고개를 숙였다. 마치 법정의 판사 앞에서 긍휼을 기다리는 죄인처럼 하늘을 우러러보지 못하고 고개를 숙였다. 그러므로 고개를 숙이지 못하는 사람은 목이 곧은 교만하고 마음이 완고한 사람이다. 우리가 구원을 받으려면 이러한 자세가 필요한 것이다.

둘째, 세리는 자신의 잘못을 시인하며 다만 가슴을 쳤다. 우리 표현에 의하면 '내가 잘못했습니다. 내가 죽일 놈입니다'라는 반성의 자세다.

셋째, 세리는 긍휼을 기다리는 자세로 "하나님이여 불쌍히 여기옵소서"라고 요청했다. 그러한 자세가 죄를 용서받을 수 있는 자세다. 그리고 세리는 "나는 죄인이로소이다"라고 죄를 고백했다. 이때 세리에게 하나님의 긍휼이 임하여 세리는 의롭다 하심을 받고 집에 내려갔다. 우리에게도 이러한 자세가 필요한 것이다.

구원의 소중함을 알아야 한다.

"너희는 그 은혜에 의하여 믿음으로 말미암아 구원을 받았으니 이것은 너희에게서 난 것이 아니요 하나님의 선물이라 행위에서 난

것이 아니니 이는 누구든지 자랑하지 못하게 함이라"(엡 2:8-9)

사람들이 지금까지 죄의 문제를 해결하려고 많은 노력을 해왔지만 사실 우리가 죄에서 벗어나기 위해 지불해야 될 값은 사실 아무것도 없다. 죄를 용서받는 것은 하나님의 은혜와 선물로 받는다. 선물은 공짜로 그저 받는 것이지만 공짜에는 두 종류가 있다. 싼게 비지떡이라는 말과 같이 가치가 없어서 공짜로 주는 것과 이와는 정반대로 너무 비싸서 값으로는 계산할 수 없기 때문에 공짜로 주는 것이다. 우리가 결혼할 때 아내나 남편을 돈을 주고 사는가? 우리가 매순간 마시는 공기는 얼마를 주고 사는가? 우리는 5분 숨을 안 쉬어도 죽을 만큼 공기는 값비싼 것이지만 아무 대가를 지불하지 않고 거저 얻는다. 이와 같이 구원도 너무 귀한 것이기 때문에 값으로는 매길 수 없어 하나님께서 그저 주시는 선물이다(장두만, 2001).

구원은 하나님이 하시는 사역이다. 하나님은 깨지고 망가진 인생을 건지시고 구원하신다. 천하고 보잘 것 없는 우리 안에 세상에서 가장 귀한 보배를 담으셨다. 우리가 구원을 받으면 우리의 영혼은 영광스러운 하나님의 형상으로 회복된다. 주님은 영원히 찬양받기에 합당하신 분이며, 모든 이름 위에 뛰어나신 살아 계신 하나님이시다. 지금도 온 땅을 다스리며 주재하시는 생명의 주인이자 통치자이시다. 하늘과 땅에 있는 모든 것이 무릎 꿇고 경배하기에 합당한 분이시다. 그런 분이 복음을 값없이 주셨다. 이 말은 그저 '공짜'로 나눠 준다는 뜻이 아니다. 사실 우리는 그러한 은혜를 받을 자격이 없으며 도움을 받을 가치도 없기 때문에 그런 우리에게 부어지는 복이기 때문에 도저히 값을 치르거나 매길 수 없다는 의미다. 그래서 '은혜를 받았다'는 말은 몹시 감동한 나머지 눈물을 흘리거나 흥분했음을 의미하지 않는다. 눈곱만큼의 자격도 없는 사람에게 하나님의 어마어마한 호의와 선물이 일방적으로 주어졌다는 의미다. 그 은혜로 말미암아 우리는 십자가 복음의 신비를 만나고 경험하게 되었다(김용의, 2010).

늘 우리 삶을 괴롭히는 죄의 문제에서 벗어나게 해준다는 기독교의 은혜로운 메시지는 많은 사람에게 위로와 감동을 준다. 아무런 노력 없이도 천국행 티켓을 얻을 수 있다는 메시지는 한없는 은혜가 되지만 부정적인 결과를 초래하기도 하는 것이다. 오늘날 기독교는 편하고 든든한 일종의 보험 같은 것으로 변질되었다. 죄 문제만 해결해 주고 삶은 자기가 살고 싶은 대로 살도록 내버려 둬 달라는 것이다. 그러나 우리가 가장 먼저 회복해야 할 가치는 예수 그리스도의 '십자가'다. 하나님은 독생자를 십자가에 매달아 죽일 수밖에 없을 만큼 우리를 '이처럼' 사랑하셨고, 살려 내기 원하셨다. 어마어마한 은혜로 값없이 구원을 베풀어 주셨다. 여기서 값없다는 것은 '싸구려'라는 말이 아니라 값을 매길 수 없을 정도로 귀하다는 말이다. 우리의 이성으로 이해하거나 믿을 수 있는 차원을 넘어선다는 말이다(십자가의 완전한 복음을 설명하는 글에서). 그러므로 우리는 구원의 소중함을 알아야 한다.

복음의 진리를 거절하지 말아야 한다.

"우리가 진리를 아는 지식을 받은 후 짐짓 죄를 범한즉 다시 속죄하는 제사가 없고 오직 무서운 마음으로 심판을 기다리는 것과 대적하는 자를 태울 맹렬한 불만 있으리라 모세의 법을 폐한 자도 두세 증인으로 말미암아 불쌍히 여김을 받지 못하고 죽었거든 하물며 하나님의 아들을 짓밟고 자기를 거룩하게 한 언약의 피를 부정한 것으로 여기고 은혜의 성령을 욕되게 하는 자가 당연히 받을 형벌은 얼마나 더 무겁겠느냐 너희는 생각하라 원수 갚는 것이 내게 있으니 내가 갚으리라 하시고 또 다시 주께서 그의 백성을 심판하리라 말씀하신 것을 우리가 아노니 살아 계신 하나님의 손에 빠져 들어가는 것이 무서울진저"(히 10:26-31) 우리가 진리를 아는 지식을 받은 후에 죄를 범하는 것은 예수 그리스도의 복음을 듣고도 고의적으로 거절하는 죄이다. 우리가 짓는 모든 죄는 다 용서받을 수 있지만 절대로 용서받을 수 없는 죄가 있다. 이 죄는 복음의 진리를 거절하고 예수를 믿지 않는 죄이다. 복음의 진리를 듣고도 그것을 마음으로부터 받아들이지 않으면 다시 속죄할 수가 없다. 용서받을 수 없다는 말이다. 이것이 왜 그렇게 무서운 죄가 되는가? 하나님께서 당신의 아들의 목숨까지 내놓고 우리를 사랑하시는데 그 사랑을 거절하였기 때문에 다른 모든 것은 다 용서받아도 이것만은 다시 속죄할 수가 없고, 용서받을 수 없다. 어떤 사람이 복음을 거절한다면 그 사람은 참으로 무서운 죄를 짓고 있는 것이다. 그는 살아 계신 하나님의 손에 빠져 들어가는 것이 얼마나 무서운가를 알아야 한다. 그것은 하나님께 영원한 심판을 당하는 것이다. 이 심판이 한번 내려지면 다시 돌이킬 수 없고 회복하거나 복구할 수도 없기 때문이다. 영원한 지옥 형벌에 들어가는 것이다.

영적인 갈망이 있어야 한다.

"명절 끝날 곧 큰 날에 예수께서 서서 외쳐 이르시되 누구든지 목마르거든 내게로 와서 마시라 나를 믿는 자는 성경에 이름과 같이 그 배에서 생수의 강이 흘러나오리라 하시니 이는 그를 믿는 자들이 받을 성령을 가리켜 말씀하신 것이라"(요 7:37-39)

첫째, 어떤 사람이 생명수를 마실 수 있는가? 갈증이 있는 사람이다. 목마른 사람에는 두 종류가 있다. 영적으로 목마른 사람과 육체적으로 목마른 사람이다. 육체적으로 목이 마른 것은 쉽게 감지할 수 있다. 그러나 영적으로 목마른 것은 금세 알 수가 없다. 영적으로 목마른 것은 어떻게 알 수 있는가? 우리의 마음 상태가 어떠할 때 갈증을 느낀다고 할 수 있는가? 정말 갈급해서 구원받기 직전에 와 있는 사람은 밥맛도 달아나고, 잠도 달아나고, 일도 의미가 없어지는 경우가 많다. 남편이나 아내에게조차도 관심이 없어지기도 하고, 일에 의욕이 없어지기도 하고, 죽음에 대한 강한 공포가 있는 경우가 많다. 그러나 이런 상태는 사람마다 동일한 것이 아니다. 그러나 어떤 사람이 구원 문제에 굉장히 갈급해 있으면 이와 유사한 상태가 될 가능성이 많다.

둘째, 누가 구원의 생명수를 마실 수 있는가? "성령과 신부가 말씀하시기를 오라 하시는도다 듣는 자도 오라 할 것이요 목마른 자도 올 것이요 또 원하는 자는 값없이 생명수를 받으라 하시더라"(계 22:17) 원하는 자가 마실 수 있다. 생명수를 마시는 데에는 돈이 필요한 것도 아니고, 고도의 지성이 필요한 것도 아니고, 높은 수준의 학문이 필요한 것도 아니다. 참으로 원하는 마음만 있으면 누구나 마실 수 있다.

셋째, 누가 구원의 응답을 받을 수 있는가? "구하라 그리하면 너희에게 주실 것이요 찾으라 그리하면 찾아낼 것이요 문을 두드리라 그리하면 너희에게 열릴 것이니 구하는 이마다 받을 것이요 찾는 이는 찾아낼 것이요 두드리는 이에게는 열릴 것이니라"(마 7:7-

8) 구하고 찾고 두드리는 사람이다. 이 본문은 수사법으로 말하면, 점층법을 사용하고 있다. 구하는 것은 마음 상태를 나타내고, 찾는 것은 행동적인 면을 나타내고, 두드리는 것은 격렬한 행동을 표현하고 있다. 또한 이 본문은 현재시제다. 한번 구해보고, 한번 찾아보고, 끝내는 것이 아니다. 응답이 될 때까지 계속해서 간절히 기도해야 한다는 것을 볼 수 있다. 반드시 긴 시간 동안 기도하라는 의미는 아니다. 그만큼 구원을 원해야 한다는 것이다.

넷째, 우리가 구원을 받으려면 좁은 문으로 들어가려는 결단이 있어야 한다. "좁은 문으로 들어가라 멸망으로 인도하는 문은 크고 그 길이 넓어 그리로 들어가는 자가 많고 생명으로 인도하는 문은 좁고 길이 협착하여 찾는 자가 적음이라"(마 7:13-14) 세상에는 길이 많다. 서울에서 부산가는 길은 기차, 비행기, 자동차, 심지어는 걸어서 갈 수도 있다. 그러나 한국에서 미국에 가는 방법은 비행기나 배로 갈 수 있다. 달나라로 가는 방법은 우주 로켓을 타고 가는 한 가지 방법밖에 없다. 하지만 영적인 세계에는 오직 두 개 밖에 없다. 넓은 길과 좁은 길이다. 많은 사람들이 넓은 길로 가고 있다. 그러나 다수가 가는 길이라고 반드시 진리는 아니다. "어떤 길은 사람이 보기에 바르나 필경은 사망의 길이니라"(잠 14:12) 많은 사람이 넓은 길로 가니까 그 길이 옳은 길인 줄로 착각하지 말아야 한다. 우리가 넓은 길로 가기 위해서는 특별히 노력할 것도 애쓸 것도 없다. 태어날 때 그 모습 그대로 살아가면 자동적으로 이 넓은 길로 가는 것이다. 그러나 결과는 멸망을 당할 수밖에 없다. 그러므로 우리는 좁은 길로 가야 한다. 좁은 길은 많은 사람이 가는 길이 아니고, 인기 없고, 쓸쓸한 길이지만 그 길은 생명의 길로 인도하는 하나님이 예비해 놓으신 유일한 길이다.

chapter 10
죄 문제 해결하는 법

죄의 값의 지불
속량을 통한 해결
중보자를 통한 해결
보혈을 통한 해결

10. 죄 문제를 해결하는 법

　죄를 해결하는 두 가지 방법이 있다고 생각해 보자. 첫째는 과정이요, 둘째는 단번에 해결하는 것이다. 첫 번째 과정은 인간이 태어나서 죽을 때까지 죄를 해결하기 위해서 노력하는 것이다. 만일 인간의 죄 문제를 해결하는 이 두 가지 방법이 있다면 당신은 어떤 방법을 선택하겠는가? 많은 사람들은 단번에 인간의 죄를 해결하는 방법이 없을 것이라고 생각하고 과정을 선택한다. 하지만 여기서 과정은 인간이 자신의 죄 문제를 해결하는 것이요, 단번에 해결하는 것은 하나님께서 인간의 죄 문제를 해결해 주시는 것이다. 하지만 인간이 죄인이기 때문에 자신의 힘으로 아무리 노력을 해도 자신의 죄의 문제를 해결할 수 없다. 그러므로 첫 번째 방법 과정으로는 인간의 죄 문제를 해결할 수 없다. 먼저 구약에서는 죄를 이렇게 해결했는가? 레위기를 읽어보면 구약에서 죄를 해결하는 방법이 소개되어 있다.

　첫째, 한 사람이 죄를 범한다.

　둘째, 그 사람이 죄를 범한 사실을 깨닫는다.

　셋째, 그 사람이 자신의 죄를 해결하기 위해 예물인 희생양을 가지고 온다. 넷째, 그 사람이 자신의 죄가 희생양에게 전가되도록 그 희생의 머리에 안수한다. 다섯째, 제사장이 그 사람을 위해 양을 잡아 속죄 제사를 하나님께 드린다.

　여섯째, 그 사람이 자신의 죄를 용서를 받는다.

　이것이 레위기에 등장하는 인간이 죄를 해결하는 방법이었다. "만일 평민의 한 사람이 여호와의 계명 중 하나라도 부지중에 범하여 허물이 있었는데 그가 범한 죄를 누가 그에게 깨우쳐 주면 그는 흠 없는 암염소를 끌고 와서 그 범한 죄로 말미암아 그것을 예물로 삼아 그 속죄제물의 머리에 안수하고 그 제물을 번제물을 잡는 곳에서 잡을 것이요 제사장은 손가락으로 그 피를 찍어 번제단 뿔들에 바르고 그 피 전부를 제단 밑에 쏟고 그 모든 기름을 화목제물의 기름을 떼어낸 것 같이 떼어내 제단 위에서 불살라 여호와께 향기롭게 할지니 제사장이 그를 위하여 속죄한즉 그가 사함을 받으리라" (레 4:27-31) 구약의 죄를 해결하는 방법은 일시적인 과정에 불과했다. 왜냐하면 단번에 죄의 문제를 해결할 수 없기에 사람들이 죄를 범할 때마다 그 죄를 해결하기 위해서 계속해서 속죄 제사를 드려야 했기 때문이다. 하지만 신약에서 죄를 해결하는 방법은 단번에 죄를 해결한다. 사실 구약의 죄의 문제를 해결하는 방법은 그림자요, 모형이었다. 신약에 와서 단번에 죄의 문제를 해결하는 것을 미리 보여준 모형이었다.

예수님이 단번에, 순간에 우리의 죄를 다 해결하셨다.

지혜의 하나님은 인간의 죄 문제를 예수님을 통해서 단번에 해결하셨다. 죄 문제에 대한 유일한 해결책은 죄 없는 분이 하나님 앞에서 인간을 대신해서 죽어야 했다. 죄 없는 분이 인간의 정죄와 심판과 죽음을 대신 담당해야 한다. 하지만 이 세상에 죄 없는 사람이 있을까? 이 지구상에는 죄 없는 사람은 없다. 성경은 모든 사람이 다 죄인이라고 선언했다. 가능성은 단 하나밖에 없다. 자기 자신의 몸에 온 인류의 죄를 다 짊어지실 만한 능력이 있는 분은 온 우주 안에 하나님의 아들 예수님 외에는 아무도 없었다. 하나님의 아들만이 무한하신 중보자로서 모든 사람을 대신해서 단번에 죽을 수가 있다. 그분이 죄의 문제를 단번에 해결하기 위해 이 세상에 오셨다. 다음 구절의 강조 속으로 들어가 보자. "미쁘다 모든 사람이 받을 만한 이 말이여 그리스도 예수께서 죄인을 구원하시려고 세상에 임하셨다 하였도다 죄인 중에 내가 괴수니라"(딤전 1:15) 예수님은 죄인인 우리를 구원하시기 위해서 오셨다. 여기서 사도 바울이 사용한 '미쁘다'는 말은 '믿음직하다, 아름답다, 확실하다, 신빙성 있다'는 뜻이다. 그러면 어떤 말이 그렇게 믿음직하고, 확실하고, 신빙성 있을까? '예수님이 죄인을 구원하시려고 세상에 임하셨다'는 말이다. 이 말씀이 왜 그렇게 믿음직스러울까? 이 말씀의 반대개념을 생각해보자. 만약 예수님이 하늘나라에서 이 땅에 오셔서 잘난 사람과 부자와 착한 일을 많이 한 사람과 외모가 잘 생긴 사람과 키가 큰 사람과 건강한 사람 등 어떤 조건을 갖춘 사람들만 데려가기 위해서 오셨다면 누가 과연 천국에 갈 수 있겠는가? 그러나 '예수님은 죄인들을 구원하기 위해서 세상에 임하셨으니' 그 말이 그렇게 믿음직스럽고 확실하게 느껴진다.

그러므로 우리의 죄의 문제는 예수님을 통해서 해결할 수 있다. 이사야는 이 점을 명확하게 말한다. "우리는 다 양 같아서 그릇 행하여 각기 제 길로 갔거늘 여호와께서는 우리 모두의 죄악을 그에게 담당시키셨도다"(사 53:6) 하나님은 우리의 죄를 예수님에게 담당하게 하시므로 우리의 죄를 단번에 해결하셨다. 예수님이 십자가에 죽으심으로 하나님의 공의와 사랑이 완전히 충족되었다. 죄는 반드시 벌해야 하지만 하나님은 자신의 아들을 보내서 우리가 받아 마땅한 사망의 형벌을 우리 대신 받게 하셨다. 예수님은 십자가 위에서 이렇게 외치셨다. "제구시쯤에 예수께서 크게 소리 질러 이르시되 엘리 엘리 라마 사박다니 하시니 이는 곧 나의 하나님, 나의 하나님, 어찌하여 나를 버리셨나이까 하는 뜻이라"(마 27:46) 그분이 우리를 위해 자신의 아버지로부터 버림을 당하시고 끊어지셨다. 따라서 우리의 죄에 대한 형벌은 모두 예수님이 받으셨다. 그러므로 우리는 예수님이 이 땅에 오신 이유를 알아야 한다.

첫째, 예수님은 죄를 없이하려고 오셨다. 사도 요한의 말에 귀 기울여보라. "그가 우리 죄를 없애려고 나타나신 것을 너희가 아나니 그에게는 죄가 없느니라"(요일 3:5) 누가 과연 우리의 죄를 해결하시기 위해서 적합한 분일까? 죄가 없어야 한다. 그런데 우리 예수님은 죄가 없는 분이다. 그분은 이 세상에서 죄 없는 생애를 사셨기 때문이다. 하지만 그분은 죄를 짓도록 시험은 받으셨다. 성경은 이 점을 명확하게 말한다. "우리에게 있는 대제사장은 우리의 연약함을 동정하지 못하실 이가 아니요 모든 일에 우리와 똑같이 시험을 받으신 이로되 죄는 없으시니라"(히 4:15) 예수님의 반대자들도 예수님에게서 죄를 찾지 못했기 때문에 예수님은 당당하게 그들에게 도전하셨다. "너희 중에 누가 나를 죄로 책잡겠느냐 내가 진리를 말하는데도 어찌하여 나를 믿지 아니하느냐"(요 8:46) 따라서 죄가 없으신 예수님이 우리의 죄를 없이하려고 오셨다.

둘째, 예수님은 하나님의 뜻을 행하러 오셨다. 하나님의 뜻은 과연 무엇인가? 인간이 자기 노력으로 해결하지 못하는 죄의 문제를 단번에 해결하는 것이 하나님의 뜻이다. 다음 구절에 담긴 하나님의 메시지에 귀 기울려보자. "이에 내가 말하기를 하나님이여 보시옵소서 두루마리 책에 나를 가리켜 기록된 것과 같이 하나님의 뜻을 행하러 왔나이다 하셨느니라, 그 후에 말씀하시기를 보시옵소서 내가 하나님의 뜻을 행하러 왔나이다 하셨으니 그 첫째 것을 폐하심은 둘째 것을 세우려 하심이라 이 뜻을 따라 예수 그리스도의 몸을 단번에 드리심으로 말미암아 우리가 거룩함을 얻었노라"(히 10:7, 9-10) 여기서 히브리서 기자는 예수님이 하나님의 뜻을 행하기 위해서 오셨다고 소개한다. 하나님의 뜻은 예수님이 온 인류의 죄를 십자가 사건을 통하여 단번에 해결하시는 것이다. 그분은 하나님의 뜻대로 십자가에서 단번에 죽으심으로 말미암아 우리의 죄의 값을 다 지불하셨기 때문에 우리는 거룩함을 얻었고, 죄의 문제는 이제 끝났다. 죄의 문제가 이미 끝났기 때문에 그분은 이제 쉬고 계신다. 마치 하나님이 창세기 1장에서 6일 동안 창조사역을 마치시고 7일째 되는 날에 쉬신 것처럼 예수님도 구속사역을 끝마치셨기 때문에 하늘나라 우편보좌에서 쉬고 계신다. 성경은 이 점을 명확하게 말한다. "오직 그리스도는 죄를 위하여 한 영원한 제사를 드리시고 하나님 우편에 앉으사"(히 10:12) 여기서 '앉아 계신다'는 표현이 바로 '쉰다'는 표현이다. 또한 여기 '한 영원한 제사'는 한 번에 끝내버리는 영원한 제사를 지칭한다.

2008 베이징 올림픽 야구경기

2008년 베이징 올림픽에서 가장 감동적인 경기는 한국 팀의 야구 결승 경기였다. 이 경기에서 한국 대표 팀이 승리했고 금메달을 목에 걸었다. 하지만 2008년 이후에 올림픽 경기 종목에서 야구 종목이 빠지게 되면서, 2008년 베이징 올림픽의 야구 경기가 마지막 경기가 되었다. 한국 대표 팀은 이러한 마지막 경기에서 쿠바와 겨루어 승리하여 영원히 역사에 기록 되었다. 그런데 마지막 결승전을 쿠바와 싸우면서 9회 말까지의 경기가 무승부였다고 가정해 보자. 두 팀은 이제 연장전에 들어간다. 연장전에서는 1점을 먼저 내는 팀이 이긴다. 1점을 가장 쉽게 내는 방법은 굿바이 홈런, 끝내기 홈런을 치는 것이다. 이제 경기에서 상대방이 먼저 공격을 했지만 다행스럽게도 점수를 내지 못했다. 이제 공수가 바꾸어 한국 팀이 공격할 차례이다. 그런데 한국 팀의 대타자가 나와서 단번에 홈런을 쳐서 경기가 끝나고 한국 팀은 우승을 하여 금메달을 따게 되었다. 이 얼마나 감격스러운 일인가?

이것은 가상의 이야기지만 마찬가지로 예수님은 하나님께서 보낸 대타자로서 죄의 문제에 대한 끝내기 홈런을 치러 오신 분이다. 단번에 인류의 죄의 문제를 해결하기 위해서 대타자로 하늘나라에서 오셨다. 성경은 이 점을 명확하게 말한다. "그 후에 말씀하시기를 보시옵소서 내가 하나님의 뜻을 행하러 왔나이다 하셨으니 그 첫째 것을 폐하심은 둘째 것을 세우려 하심이라 이 뜻을 따라 예수 그리스도의 몸을 단번에 드리심으로 말미암아 우리가 거룩함을 얻었노라"(히 10:9-10) 예수님은 타석에서 온 인류의 죄악이라는 공을 동쪽 끝에서 서쪽 끝으로 영원히 보이지 않도록 쳐서 보내 버렸다. 이제 우리의 죄의 문제는 처리되었다. 우리는 죄를 용서 받기 위하여 다른 일을 할 필요가 없게 되었다. 단지 예수님이 우리의 죄의 값을 이미 지불하신 사실을 진실한 마음으로 믿고 받아 드리면 된다. 이것이 성경의 선언이다. "동이 서에서 먼 것 같이 우리의 죄과를 우리에게서 멀리 옮기셨으며"(시 103:12)

구약에서는 인간의 죄를 용서받기 위해서 아무리 제사를 많이 드려도 그 제사를 통해서는 완전하게 죄의 문제를 끝내지 못하기 때문에 성소 안에서 앉을 수가 없다. 그래서 제사를 지내는 성소 안에는 절대로 의자가 없는데 죄의 문제를 끝낼 수 없기 때문이다. 하지만 예수님은 죄의 문제를 단번에 해결하시고 끝냈기 때문에 앉아 쉬고 계신다. 그래서 히브리서 10장 11절과 10장 12절을 비교해보면 재미있는 사실을 발견할 수 있다. 먼저 11절을 읽어보자, "제사장마다 매일 서서 섬기며 자주 같은 제사를 드리되 이 제사는 언제나 죄를 없게 하지 못하거니와"(히 10:11) 여기 11절은 매일 제사를 드리고, 자주 제사를 드리고, 제사 드리는 사람은 서 있다. 그러나 결국 이 제사는 죄를 완벽하게 해결하지 못한다. 그러나 12절을 다르다. "오직 그리스도는 죄를 위하여 한 영원한 제사를 드리시고 하나님 우편에 앉으사"(히 10:12) 여기서 예수님은 죄 문제를 단번에 끝내버리는 영원한 제사를 드리시고, 하나님 우편에 앉아 쉬고 계신다. "그가 거룩하게 된 자들을 한 번의 제사로 영원히 온전하게 하셨느니라"(히 10:14) 이제 예수님은 자신의 한 제물로 죄의 문제를 영원히 온전하게 다 해결하셨다. 이제 완전하게 끝났기 때문에 다시는 제사를 드릴 필요도 없다. 이 얼마나 놀라운 선언인가? "이것들을 사하셨은 즉 다시 죄를 위하여 제사 드릴 것이 없느니라"(히 10:18)

셋째, 예수님은 마귀의 일을 멸하려 오셨다. "죄를 짓는 자는 마귀에게 속하나니 마귀는 처음부터 범죄함이라 하나님의 아들이 나타나신 것은 마귀의 일을 멸하려 하심이라"(요일 3:8) 여기서 '마귀의 일'은 우리를 속여서 죄를 범하게 만들고, 복음을 믿지 못하게 만들어서 결국 지옥으로 우리를 데려가는 것이다. 성경은 이 점을 명확하게 말씀한다. "만일 우리의 복음이 가리었으면 망하는 자들에게 가리어진 것이라 그 중에 이 세상의 신이 믿지 아니하는 자들의 마음을 혼미하게 하여 그리스도의 영광의 복음의 광채가 비치지 못하게 함이니 그리스도는 하나님의 형상이니라"(고후 4:3-4) 이 말씀에서 '혼미'란 어리둥절하여 복음을 알아보지 못하게 하는 것이다. 예수님은 이러한 마귀의 일을 멸하고 우리를 천국으로 데려가기 위해서 오셨다.

넷째, 예수님은 잃은 자를 찾아 구원하기 위해서 오셨다. 예수님은 잃어버린 영혼인 삭개오를 구원하시고 분명하게 말씀하셨다. "인자가 온 것은 잃어버린 자를 찾아 구원하려 함이니라"(눅 19:10) 모든 사람이 잃어버린 존재라는 의미가 무엇일까? 모든 인간은 하나님의 창조사역을 통하여 이 세상에 존재하게 되었기 때문에 하나님은 모든 인류의 아버지이시다. 성경에 보면 족보이야기가 나오는데 누가복음은 그 족보의 끝이 하나님에게까지 올라간다. 누가복음 3장 23-38절에 나오는 족보이야기를 보라. "그 위는 에노스요 그 위는 셋이요 그 위는 아담이요 그 위는 하나님이시니라"(눅 3:38) 결국 하나님이 존재하시지 않았다면 인류는 이 세상에 존재할 수 없었다. 어떻게 보면 하나님 아버지는 모든 인류를 낳아준 아버지가 되신다. 하지만 이 세상의 모든 사람들은 하나님 아버지를 몰라보고 하나님의 품을 떠나 자기 맘대로 살고 있기 때문에 잃어버린 존재가 된 것이다. 예수님은 잃어버린 인간들을 찾아 구원하시기 위해서 이 세상에 오셨다. 이제 우리의 죄의 문제는 예수님께서 다 해결하셨기 때문에 우리는 이것을 단지 믿음으로 받아드리면 된다.

죄의 값은 다 지불되었다.

예수께서 숨을 거두시기 직전에 '다 이루었다'고 외치셨다. "예수께서 신 포도주를 받으신 후에 이르시되 다 이루었다 하시고 머리를 숙이니 영혼이 떠나가시니라"(요 19:30) 그분이 십자가 위에서 죽어 가시면서 외치셨던 그 한 마디는 참으로 의미 있는 선포였다. 그분은 이 한 마디를 통해서 유한한 인간으로서는 거의 이해할 수 없는 큰 성취를 이루셨다. 십자가에 못 박혀 죽으심으로써, 자신의 피와 물을 다 쏟으시고 희생하심으로써 그분은 온 인류의 모든 죄의 값을 다 지불하셨다. 예수께서는 이 세상의 모든 죄를 위해서 돌아가셨다. 그분은 아담으로부터 시작하여 앞으로 태어날 인류의 마지막 사람까지 모든 사람의 모든 죄의 값을 다 지불하셨다. '다 이루었다'는 외침은 패배의 울부짖음 '나는 망했다'가 아니라 승리의 외침 '나는 완성했다'는 외침이다. 예수께서 이 외침을 통해서 인간의 구원을 위한 하나님의 영원하신 계획이 인간의 시간 역사 속에서 영원히 실행되었다는 것을 선포하셨다. 그분의 죽으심을 통해서 당신의 죄는 하나님의 등 뒤로 던져졌다. 당신의 죄는 깊은 바다에 매장되었다. 당신의 모든 죄는 동쪽 끝에서 서쪽 끝으로 멀리 옮겨졌다. 당신의 죄는 빽빽한 구름의 사라짐같이 다 사라져 버렸다. 그분은 당신의 죄라는 엄청난 빚을 단번에 청산하셨다.

우리는 1998년 IMF시대를 만났을 때, 빚을 지는 것이 얼마나 심각한 일인가를 절감할 수 있었다. 금 모으기 운동도 조금이나마 외채를 갚기 위해서였다. 나라 적으로 빚을 지는 외채도 심각하지만 개인이 엄청난 빚을 지고 파산하는 경우가 허다했다. 많은 사람들은 빚을 갚기 위해서 큰 범죄를 저지르는 경우도 있었다. 한나리 양 유괴범도 원인은 카드빚이라고 하며, 새마을 금고 강도도 카드 빚 때문에 강도로 돌변한 것이었다. 아주 적은 빚이라도 사체업자들은 그 빚을 받아내기 위해서 사람들을 괴롭혀서 겨우 몇 백만 원의 빚을 지고 그것을 갚지 못해 자살을 하는 경우도 있었다. 또한 빚

보증을 섰다가 낭패를 보는 경우도 많았다. 법원에 개인 파산을 신청한 한 여자는 평생 벌어도 갚을 수 없는 엄청난 액수의 빚을 졌기 때문에 파산신청을 했던 것이다. 이와 같은 빚 때문에 자살한 사람들이 한 두 사람이 아니었다.

그런데 빚을 탕감 받을 기쁜 소식을 한 번 생각해 보자. 어떤 여자가 엄청난 빚을 지고 있었다. 그녀는 평생을 벌어도 갚을 수 없는 엄청난 빚을 지고 있었다. 그러나 다행스럽게도 그러한 여자를 사랑하는 한 남자가 있었다. 그 남자는 자신이 사랑하는 그녀가 빚 때문에 고통을 당하는 것을 알게 되었다. 그 남자는 그녀를 진실로 사랑하기 때문에 순수한 동기로 빚을 갚아 주었다. 그리고 청혼을 한다. 그 여인은 그 청혼을 받아 드리고 빚을 갚아 준 사실을 기쁜 마음으로 받아 드리기만 하면 된다. 마찬가지로 예수께서 우리를 사랑하시기 때문에 우리가 일평생 노력을 해도 갚을 수 없는 엄청난 죄의 빚을 십자가 위에서 단번에 대신 갚아 주셨다. 성경은 이 점을 분명하게 말씀한다. "그리스도께서도 단번에 죄를 위하여 죽으사 의인으로서 불의한 자를 대신하셨으니 이는 우리를 하나님 앞으로 인도하려 하심이라 육체로는 죽임을 당하시고 영으로는 살리심을 받으셨으니"(벧전 3:18) 예수께서 우리를 사랑하셔서 우리의 모든 죄의 빚을 대신 갚아 주셨다. 그분이 우리를 사랑하셔서 우리의 모든 죄의 빚을 갚아 주셨기 때문에 이제 우리는 그 사실을 진심으로 믿기만 하면 죄의 대가로 지옥에 들어갈 이유가 없다. 우리의 죄의 값이 이미 지불된 것이 사실이며 진리다. 예수님이 우리의 모든 죄의 빚을 지불하시기 위해서 십자가에서 피 흘려 죽으시고 다시 살아난 사실을 진심으로 믿으면 우리도 모든 죄에서 해방될 수 있다.

이것을 육하원칙에 따라 정리하면 다음과 같다.
- 누가 : 예수께서
- 언제 : 약 2,000년 전에
- 어디서 : 갈보리 언덕 십자가 위에서
- 무엇을 : 우리의 모든 죄의 값을
- 무엇으로 : 예수의 피로
- 어떻게 : 단번에 다 지불하셨다
- 얼마만큼 : 우리의 과거, 현재, 미래의 모든 죄를
- 왜 : 우리를 거룩하게 하여 하늘나라에 들어가게 하려고

예수께서 우리가 지금까지 지은 죄만 지불하신 것이 아니라 과거, 현재, 미래의 모든 죄의 값을 단번에 다 지불하셨다. 그러나 그 사실을 믿지 않으면 아무런 소용이 없다. 오직 믿기만 하면 우리가 더 이상 죄인이 아니라 오히려 의인으로 인정해 주신다. 하나님의 자녀로 인정해 주신다. 그 조건은 믿음과 회개이다. 당신이 하늘나라에 들어가는 것은 당신이 죄를 얼마나 많이 지었느냐, 아니면 죄를 짓지 않았느냐에 달려 있는 것이 아니라 예수님이 당신을 대신해서 죄의 값을 다 지불하셨다는 사실을 믿고, 회개하고, 이 기쁜 소식을 진정으로 받아 드렸느냐, 거부했느냐에 달려 있다. 성경은 명확하게 말씀한다. "그를 믿는 자는 심판을 받지 아니하는 것이요 믿지 아니하는 자는 하나님의 독생자의 이름을 믿지 아니하므로 벌써 심판을 받은 것이니라" (요 3:18) 결국 믿음은 곧 하늘나라요, 불신은 지옥이다. 하나님은 다른 것을 보시는 것이 아니라 당신의 믿음을 보시기 때문에 믿음과 불신의 결과는 이처럼 엄청난 차이가 있다.

속량을 통하여 죄 문제를 해결한다.

우리가 구원을 받으려면 속량이 무엇인지 반드시 알아야 한다. 우리의 죄의 문제를 해결하고 의인이 되는 비결이 무엇인가? 예수 안에 있는 속량이 바로 비결이다. 예수 안에 있는 속량을 통해서 의롭다 하심을 얻기 때문이다. 사도 바울은 로마서에서 의인되는 비결을 소개하면서 속량이라는 용어를 사용하고 있다. "그리스도 예수 안에 있는 속량으로 말미암아 하나님의 은혜로 값 없이 의롭다 하심을 얻은 자 되었느니라"(롬 3:24) 예수께서 우리의 모든 죄를 해결하시기 위해서 자신의 목숨을 희생 제물로 주심으로 우리를 속량하셨다. 속량이란 대가를 지불하심으로써 얻는 자유이다. 속량이란 단어 속에는 매매의 개념이 내포되어 있다. 이 단어는 노예시장에서 노예 매매와 관련하여 종종 사용되었다. 예수님은 매매의 대가로 자신의 피를 지불하셨다. 따라서 구원받은 우리는 더 이상 죄와 마귀 사탄의 속박 아래서 노예로 살지 않는다. 예수님의 무죄하신 생애는 그분이 죄를 담당하실 만한 충분한 자격이 있으신 분임을 보여주신다. 그분은 하나님의 손상된 의의 요구를 만족시키기 위해 죽으셨다. 그분은 죄인의 위치에서 죽으셨다. 구약에서의 속량은 피를 통한 하나님의 속죄 방법을 강조한다. 신약에서는 그 속량이 미치는 영향이나 결과를 강조한다. 속량의 몇 가지 정의를 살펴보라.

속량은 손해를 입힌 대가로서의 배상이다. 속량은 구원 얻을 만한 가치 없는 죄인들을 다시 하나님의 가족으로 흠 없고 점 없이 완전하게 받아드려지게 하기 위해서 하나님의 독생자 예수께서 죽음과 피를 흘려주신 것이다. 속량은 하나님과 사람사이를 갈라놓았던 죄에 대한 보상으로 그리스도의 고난과 죽음과 피 흘림이다. 속량은 우리가 마귀와 죄에 얽매여 지옥에 들어갈 운명에 처해 있는데 그리스도께서 자신의 죽음과 피를 흘려주셔서 우리를 해방시켜서 자유를 주신 것이다.

"우리는 그리스도 안에서 그의 은혜의 풍성함을 따라 그의 피로 말미암아 속량 곧 죄 사함을 받았느니라, 또 충성된 증인으로 죽은 자들 가운데에서 먼저 나시고 땅의 임금들의 머리가 되신 예수 그리스도로 말미암아 은혜와 평강이 너희에게 있기를 원하노라 우리를 사랑하사 그의 피로 우리 죄에서 우리를 해방하시고"(엡 1:7, 계 1:5) 요한계시록은 인봉한 책이 나오는데 그 인을 떼기에 합당한 예수님을 소개하신다. "그들이 새 노래를 불러 이르되 두루마리를 가지시고 그 인봉을 떼기에 합당하시도다 일찍이 죽임을 당하사 각 족속과 방언과 백성과 나라 가운데에서 사람들을 피로 사서 하나님께 드리시고"(계 5:9) 속량이란 예수께서 우리의 죄값을 지불하고 마귀 사탄에게서 우리를 해방시킨 것이다. 우리가 죄에서 속량된 것은 은이나 금 같은 어떤 물질적인 것으로 속량된 것이 아니다. 바로 그리스도의 귀중한 보혈이 값으로 치러졌다. 성경은 이 점을 분명하게 말한다. "너희가 알거니와 너희 조상이 물려 준 헛된 행실에서 대속함을 받은 것은 은이나 금 같이 없어질 것으로 된 것이 아니요 오직 흠 없고 점 없는 어린 양 같은 그리스도의 보배로운 피로 된 것이니라"(벧전 1:18-19) 우리는 마귀의 수중에서 속량을 받은 것뿐만 아니라, 율법의 수중에서도 속량을 받았다. 예수님의 죽음은 우리를 율법으로부터 해방시켜 주는 힘이 있다. 율법은 우리를 정죄한다. 그러나 그리스도는 율법의 모든 요구를 채워 주셨다. 지상의 모든 금, 은, 보석으로 할 수 없는 것을 예수님의 죽으심으로 속량해 주셨다.

범죄한 사람과 거룩한 하나님과의 사이에 교제를 회복하기 위해서는 희생이 요구된다. 이 희생은 하나님에 의해 지정되어야 한다. 아담이 하나님과의 교제를 회복하기 위해서는 아담과 하와의 죄를 가리기 위하여 제물이 필요했다. 이러한 희생제물이 신약에서는 하나님의 어린양이신 예수님이셨다. 이 희생양이 우리를 위한 구원의 옷과 의의 옷을 입혀주기 위하여 죽음을 당하셨다.

이 외에 다른 희생은 필요 없다. 하나님은 모든 사람을 위한 희생제물로서 예수님의 죽음만으로 충분히 만족하셨기 때문이다. 예수님의 죽음은 하나님 아버지의 의로우신 요구를 만족시키셨다. 오직 무죄한 희생만이 그의 의로우신 요구를 만족시킬 수 있었다. 예수님은 자신의 피를 통하여 자신 안에서 거룩하신 하나님이 죄인을 만나실 수 있도록 약속된 장소를 제공하셨다. 예수님은 자신의 죽음으로 말미암아 죄인을 하나님과 화목 시켰다. 화목이란 그리스도의 죽음으로 말미암아 우리가 다시 영적인 자유를 찾은 것이다. 예수님만이 당신의 유일한 구원자가 되신다. 이제 예수 안에 있는 속량을 통해서 당신도 구원을 받을 수 있다.

중보자를 통하여 죄 문제를 해결한다.

예수님은 우리의 중보자로서 우리를 구원하신다. 그분은 여러 면에서 모든 사람과 다르셨다. 그분은 무한하신 하나님이신 동시에 참된 인간이셨다(요 1:1, 14). 그분은 육적인 아버지가 없었기 때문에 요셉은 수양아버지로서 그를 낳지 않고 기르기만 했다. 따라서 어머니 마리아는 요셉과 결혼하기 전에 성령으로 예수님을 잉태하였다. 예수님은 인류역사에 있어 처녀의 몸에서 나신 유일한 분이셨다. 그분은 성령님을 그의 아버지로 삼고 처녀 어머니를 그의 어머니로 삼아 이 세상에 태어나셨다. 그분은 무한하신 하나님이신 동시에 참된 인간이셨다. 그분은 우리와 하나님 사이에 중보자가 되시기 위해서 무한하신 하나님의 몸을 입고 인간의 모습으로 이 땅에 오셨다. 그분만이 하나님과 사람을 이어 주실 수 있는 유일한 중보자가 되신다. 중보자는 양쪽 모두를 잘 알아야 한다. 그분은 하나님께로부터 나셨기 때문에 한 손을 위로 펼쳐서 거룩한 하나님을 잡으신다. 그분은 여자에게서 나셨기 때문에 다른 한 손을 아래로 벌려 버림받은 죄 많은 사람들을 잡으신다.

그분만이 홀로 죄 많은 사람들을 거룩하신 하나님 아버지께로 인도하신다. 그분은 이 점을 분명하게 말씀하셨다. "예수께서 이르시되 내가 곧 길이요 진리요 생명이니 나로 말미암지 않고는 아버지께로 올 자가 없느니라"(요 14:6) 예수님은 태초에 말씀으로 계셨다(요 1:1). 그 말씀이신 하나님이 육신이 되어 우리 가운데 거하셨다(요 1:14). 그분은 완전하신 하나님이고 동시에 참된 인간이셨다. 그분은 육체를 가진 어머니에게서 태어나셨다. 그분은 한 가정에서 성장하셨고, 젊은 시절을 작은 마을에서 목수로 보내셨다. 그분은 30세에 가르치는 일을 시작하여 집과 소유도 없이 이스라엘의 성과 촌을 두루 다니시며 가르치셨다. 그분은 몇몇 친구들을 불러 모으셨는데, 그 중에는 어부들과 세금 걷는 이들도 있었다. 그분은 3년 동안 돌아다니시면서 병을 고치시고, 가르치시며, 사람들의 궁핍한 것을 채워주셨다. 그분은 산에서 조용히 혼자 계시면서 자신의 아버지께 기도하시기를 좋아하셨다. 그분은 집에서 사람들과 함께 지내며 대화하는 것을 즐기셨다. 그분은 다양한 사람들과 친하게 지내셨다. 지식이 많은 바리새인부터 사회에서 멸시받는 도둑과 윤락녀들에 이르기까지 모든 사람들과 가까이 지내셨다. 그분은 배고프고 목마른 것이 무엇인지 아셨다. 먹지 않으면 주리셨고(마 4:2), 육체적으로 오래 걸으셔서 피곤하셨으며(요 4:6), 하루를 고되게 일하시고는 주무셨다(막 4:38). 슬픔을 보면 인간으로서 눈물을 흘리셨으며(요 11:35), 성장과정을 거치셨고(눅 2:52), 출생지와 호적까지 있었다(마 2:1).

예수님은 하나님이셨다. 그분은 문둥병자를 만져주셨고, 모든 종류의 병을 고쳐주셨다. 때로는 많은 증인들이 보는 가운데서 죽은 사람을 다시 살리셨다. 그분은 귀신에게 귀신들린 사람에게서 나가라고 명령하여 귀신들린 사람에게 평안과 온전함을 되찾아 주셨다. 그분은 다른 사람을 섬기고 돕는 삶을 사셨다. 그분에게는 허물이 하나도 없으셨다. 그분은 사람들에게 실수하여 사과한 일이 전혀 없으셨다. 자신의 이익 추구나 시기, 불친절함도 없으셨다. 그분은 수시로 순수한 사랑을 보여주셨다. 그분이 화를 내신 일이 있었던 것은 사실이지만, 그 화는 정당하고 완전한 절제 가운데 이루어졌다. 그분이 화를 내신 것은 하나님의 집이 기도하는 집이 되기는커녕 착취와 탐욕의 집으로 사용되었기 때문이다. 그분을 심문했던 로마 총독 빌라도마저도 그분에게서 죄를 찾을 수 없었다.

예수님은 우리의 중보자로서 우리의 죄 값을 치르시고 우리를 죄와 저주에서 해방시키셨다. "우리가 아직 죄인 되었을 때에 그리스도께서 우리를 위하여 죽으심으로 하나님께서 우리에 대한 자기의 사랑을 확증하셨느니라" (롬 5:8) 우리가 의인으로서 하나님을 위하여 많은 일을 할 때, 그분이 돌아가신 것이 아니라 우리가 아직 죄인 되었을 때에 그분이 우리의 죄 값을 치르셨다. 이 얼마나 순수한 사랑이며 무조건적인 사랑인가? 우리가 하나님 앞에 부족하고 허물투성이고, 하나님 앞에 원수 되었을 때(롬 5:10)에 그분이 우리의 중보자로서 우리를 위해 죽으심으로 하나님은 우리에 대한 사랑을 확증하셨다. 베드로는 이 점을 명확하게 말한다. "그리스도께서도 단번에 죄를 위하여 죽으사 의인으로서 불의한 자를 대신하셨으니 이는 우리를 하나님 앞으로 인도하려 하심이라 육체로는 죽임을 당하시고 영으로는 살리심을 받으셨으니"(벧전 3:18) 죄가 없는 분이 의롭지 못한 우리를 대신하셨다. 우리를 대신해서 십자가에 죽으셨으니 이것이 진정한 사랑이 아닌가?

예수님은 우리의 중보자로서 구원의 길이 되신다(요 14:6). 우리는 길 되시는 그분을 통해서 하나님께 나아갈 수 있다. 그 길은 휘장 가운데로 열어 놓으신 새롭고 산 길(히 10:20)이다. 예수님은 우리 죄를 위하여 죽으시고 운명하시자 성전 안에 있던 휘장이 위로부터 아래까지 찢어졌다. 그 결과 우리는 우리의 중보자를 통해서 하나님 앞에 당당하게 나갈 수 있게 되었다. 그 휘장이 바로 예수님의 육체였다. 예수님의 육체가 우리 죄 때문에 찢겨져 우리가 하나님께 나갈 수 있는 새로운 길, 살아있는 길이 열렸다.

예수님이 우리 죄를 위하여 죽으신 것이 성경의 핵심이요 하나님의 계획이다. 성경은 이 점을 명확하게 말한다. "내가 받은 것을 먼저 너희에게 전하였노니 이는 성경대로 그리스도께서 우리 죄를 위하여 죽으시고 장사 지낸 바 되셨다가 성경대로 사흘 만에 다시 살아나사"(고전 15:3-4) 예수님은 자신이 우리의 죄를 용서할 수 있다고 선언하셨다. 한 중풍병자를 향하여 그분은 모든 사람이 보는 가운데서 "네 죄사함을 받았느니라"(마 9:2)고 선포하셨다. 그분은 오직 하나님이 하실 수 있는 일을 자신이 할 수 있다고 공공연하게 주장하셨다. 그분은 자신을 통해서만 하나님께 갈 수 있다고 분명하게 말씀하셨다. "나로 말미암지 않고는 아버지께로 올 자가 없느니라"(요 14:6) 그분은 자신에게 오는 모든 자에게 평안을 주시겠다고 약속하셨다. "평안을 너희에게 끼치노니 곧 나의 평안을 너희에게 주노라 내가 너희에게 주는 것은 세상이 주는 것과 같지 아니하니라 너희는 마음에 근심하지도 말고 두려워하지도 말라"(요 14:27) 우리의 중보자 되시는 그분을 아는 것은 하나님을 아는 것이다. 그분을 보는 것은 하나님을 보는 것이다. 그분을 믿는 것은 하나님을 믿는 것이다. 그분을 미워하는 것은 하나님을 미워하는 것이다. 그분을 공경하는 것은 하나님을 공경하는 것이다. 이 엄청난 말들은 반드시 진실이다. 그렇지 않다면 예수께서는 거짓말쟁이나 사기꾼 또는 미치광이가 되신다. 그러나 그의 완벽한 삶과 놀라운 가르침은 그가 지상에서 살았던 사람들 가운데 가장 경이로운 존재임을 증거하고 있다. 그러므로 당신도 중보자 되시는 예수님을 통해서 구원을 받을 수 있다.

보혈을 통하여 죄 문제를 해결한다.

예수님이 우리의 죄를 대속하시기 위해서 자신의 피를 흘려주셨다. 성경은 피 흘림의 책이다. 성경에서 처음 등장하는 피 흘림의 사건은 창세기 3장 21절이다. 인간이 죄를 범한 후 자신의 수치를 가리기 위해서 무화과나무 잎으로 치마를 만들어 입었지만 소용이 없었다. 다음 구절에 담긴 하나님의 사랑을 보라. "여호와 하나님이 아담과 그의 아내를 위하여 가죽옷을 지어 입히시니라" 하나님이 가죽으로 옷을 만들어 입혀주셨는데 이 짐승의 가죽은 그 짐승을 죽여 피를 흘려야만 얻을 수 있었다.

　창세기 4장에서도 하나님은 아벨의 피 있는 제사는 받아주셨고, 가인의 제사는 받아주시지 않으셨다. 노아가 드린 제사에도 피가 있었다. 창세기 22장에서 아브라함이 드린 제사에도 피가 있었다. 출애굽기 12장에서 하나님이 이스라엘 백성들을 애굽에서 구원하실 때에도 피가 있었다. "너희는 이스라엘 온 회중에게 말하여 이르라 이 달 열흘에 너희 각자가 어린 양을 잡을지니 각 가족대로 그 식구를 위하여 어린 양을 취하되"(출 12:3) 레위기에 나타난 제사인 번제와 화목제와 속죄제와 속건제에도 모두 피가 있었다. 이 피의 역사는 계속 이어져 예수님이 우리 죄를 대속하시기 위해서 십자가에 달려 피를 흘리신 갈보리 언덕까지 이어진다. 그래서 요한계시록은 상당히 분명하게 선포한다. "또 충성된 증인으로 죽은 자들 가운데에서 먼저 나시고 땅의 임금들의 머리가 되신 예수 그리스도로 말미암아 은혜와 평강이 너희에게 있기를 원하노라 우리를 사랑하사 그의 피로 우리 죄에서 우리를 해방하시고"(계 1:5) 하나님은 이 피를 통하여 인간의 죄를 속하시겠다고 인간과 언약을 맺으셨다. 예수님이 언약을 성취하시기 위해서 피를 흘려주셨다. 예수님은 분명하게 말씀하셨다. "이것은 죄 사함을 얻게 하려고 많은 사람을 위하여 흘리는 바 나의 피 곧 언약의 피니라"(마 26:28) 예수님이 말씀하신대로 우리를 위해서 물과 피를 다 흘리셨다. "그 중 한 군인이 창으로 옆구리를 찌르니 곧 피와 물이 나오더라, 염소와 송아지의 피로 하지 아니하고 오직 자기의 피로 영원한 속죄를 이루사 단번에 성소에 들어가셨느니라"(요 19:34, 히 9:12)

　그분은 이 말씀대로 단번에 속량을 이루어주셨다. '단번에'라는 의미는 '영원토록 단 한번'이라는 뜻이다. 예수님이 자기 피로 영원토록 단 한번에 속량을 이루어 주셨기 때문에 우리도 단번에 죄의 용서함을 받는다. 단 한번에 구원을 얻는다. 히브리서의 기자는 구약의 짐승의 피도 어느 정도 효력이 있어 정결하게 하고 거룩하게 했는데, 예수의 피가 성도들의 죄를 깨끗하게 해서 거룩한 하나님을 섬기지 못하게 하겠느냐고 반문한다. "염소와 황소의 피와 및 암송아지의 재를 부정한 자에게 뿌려 그 육체를 정결하게 하여 거룩하게 하거든 하물며 영원하신 성령으로 말미암아 흠 없는 자기를 하나님께 드린 그리스도의 피가 어찌 너희 양심을 죽은 행실에서 깨끗하게 하고 살아 계신 하나님을 섬기게 하지 못하겠느냐"(히 9:13-14) 우리는 짐승의 피가 아닌 예수님의 피로 우리의 죄를 용서받는다. 예수님의 피는 우리를 하나님께로 더 가까이 나아가게 한다. 성경은 이 점을 명확하게 말씀한다. "이제는 전에 멀리 있던 너희가 그리스도 예수 안에서 그리스도의 피로 가까워졌느니라"(엡 2:13) 우리가 구원받기 전에 그리스도밖에 있었고, 이스라엘 나라 밖의 사람이며, 약속들의 언약들에 대하여 외인이요, 세상에서 소망도 없고 하나님도 없는 자들로 있을 때에, 예수님이 십자가에서 보혈의 피를 흘려주셔서 우리가 하나님께 가까이 나아갈 수 있게 되었다.

 예수님의 보혈은 우리를 모든 죄에서 깨끗하게 하실 수 있다. 성경은 분명하게 말한다. "그가 빛 가운데 계신 것 같이 우리도 빛 가운데 행하면 우리가 서로 사귐이 있고 그 아들 예수의 피가 우리를 모든 죄에서 깨끗하게 하실 것이요"(요일 1:7) 여기에서 핵심은 '모든'이라는 말이다. 우리의 죄의 일부가 아니고 모든 죄가 용서된다. 당신이 말한 거짓말이나 지금까지 범했던 모든 더럽고 추잡한 행위, 당신의 위선이나 탐욕적인 생각이 모두 예수님의 죽음에 의해서 깨끗하게 되었다. 예수님이 귀한 보혈을 흘려주신 결과로 우리는 의롭게 되었다. 성경은 분명하게 말씀한다. "그러면 이제 우리가 그의 피로 말미암아 의롭다 하심을 받았으니 더욱 그로 말미암아 진노하심에서 구원을 받을 것이니"(롬 5:9) 예수님의 피는 하나님 앞에서 인간의 위치를 변화시켰다. 죄책감과 정죄로부터 해방감과 죄사함을 통한 변화이다. 우리는 예수의 피로 죄사함을 받았다. 성경은 분명하게 말씀한다. "우리는 그리스도 안에서 그의 은혜의 풍성함을 따라 그의 피로 말미암아 속량 곧 죄사함을 받았느니라"(엡 1:7) 이 말씀에서 '곧'이라는 말은 앞과 뒤가 같다는 뜻이다. 즉 속량이 바로 죄사함이다. 예수님의 속량으로 죄사함을 받았다. 하나님께 용서함 받은 우리는 복역 기간을 치르고 풀려 나왔으나 시민으로서 누리는 권리를 박탈당한 죄수와는 다르다. 예수님의 피로 말미암아 죄사함 받은 우리는 완전한 시민권을 되찾았다.

예수님의 손과 발로부터 죄를 깨끗하게 하는 피가 흘러내렸다. 그분의 온몸도 피로 물들었다. 가시관 쓰신 이마에도 피가 흘러나왔다. 바로 그 피가 하나님과 화목할 수 있는 유일한 소망이 되는 보혈이다. 성경은 분명하게 말씀한다. "그의 십자가의 피로 화평을 이루사 만물 곧 땅에 있는 것들이나 하늘에 있는 것들이 그로 말미암아 자기와 화목하게 되기를 기뻐하심이라"(골 1:20) 세계는 예수님의 십자가에서 평화를 발견하기 전에는 결코 평화를 발견하지 못한다. 우리가 십자가 밑에 나아가 믿음으로 그분을 만나기 전에는, 하나님과의 평화도, 양심의 평화도, 마음의 평화도, 영혼의 평화도 누릴 수 없기 때문에 예수의 피 이 얼마나 놀라운 보혈인가?

chapter
11
구약과 신약의 차이점

구약의 방법과 신약의 방법의 대조

11. 구약과 신약의 차이점

신약시대에 예수님이 오셔서 우리의 죄 문제를 다 해결해 주셨기 때문에 이제 구약의 죄를 해결하는 제사제도는 폐지되었다. 구약의 율법은 온전하지 못하여 폐지되었다. 구약에서 죄를 처리하는 방법은 온전하지 못한 방법이다. 하나님은 무익한 구약의 방법은 폐지하셨다. 성경은 이 점을 명확하게 선포한다. "전에 있던 계명은 연약하고 무익하므로 폐하고 (율법은 아무 것도 온전하게 못할지라) 이에 더 좋은 소망이 생기니 이것으로 우리가 하나님께 가까이 가느니라"(히 7:18-19) 구약의 죄를 해결하는 방법은 하늘의 있는 것의 모형과 그림자에 불과했다. "그들이 섬기는 것은 하늘에 있는 것의 모형과 그림자라 모세가 장막을 지으려 할 때에 지시하심을 얻음과 같으니 이르시되 삼가 모든 것을 산에서 네게 보이던 본을 따라 지으라 하셨느니라"(히 8:5) 구약의 제사제도는 현재까지의 비유에 불과하며, 잘못된 방법이기 때문에 개혁할 때까지만 존재한다. 성경은 이 점을 명확하게 말씀한다. "이 장막은 현재까지의 비유니 이에 따라 드리는 예물과 제사는 섬기는 자를 그 양심상 온전하게 할 수 없나니 이런 것은 먹고 마시는 것과 여러 가지 씻는 것과 함께 육체의 예법일 뿐이며 개혁할 때까지 맡겨 둔 것이니라"(히 9:9-10)

구약의 방법은 언제든지 죄의 문제를 온전히 해결할 수 없다. 성경은 이 점을 명확하게 선포한다. "율법은 장차 올 좋은 일의 그림자일 뿐이요 참 형상이 아니므로 해마다 늘 드리는 같은 제사로는 나아오는 자들을 언제나 온전하게 할 수 없느니라"(히 10:1) 만약 구약의 죄를 해결하는 방법이 온전하였고, 흠이 없었다면 예수님의 십자가를 통한 죄해결 방법을 요구할 필요가 없었을 것이다. 구약의 죄를 해결하는 방법이 온전하였다면 단번에 정결케 되어 이미 구약에서 드리던 제사제도는 그쳤을 것이다. 성경은 이 점을 분명하게 말씀한다. "저 첫 언약이 무흠하였더라면 둘째 것을 요구할 일이 없었으려니와, 그렇지 아니하면 섬기는 자들이 단번에 정결하게 되어 다시 죄를 깨닫는 일이 없으리니 어찌 제사 드리는 일을 그치지 아니하였으리요"(히 8:7, 10:2) 구약의 죄를 해결하는 방법은 온전하지 못하여 하나님께서 원하시지 않고, 기뻐하지 않으셨다. "이는 황소와 염소의 피가 능히 죄를 없이 하지 못함이라 그러므로 주께서 세상에 임하실 때에 이르시되 하나님이 제사와 예물을 원하지 아니하시고 오직 나를 위하여 한 몸을 예비하셨도다 번제와 속죄제는 기뻐하지 아니하시나니, 위에 말씀하시기를 주께서는 제사와 예물과 번제와 속죄제는 원하지도 아니하고 기뻐하지도 아니하신다 하셨고 (이는 다 율법을 따라 드리는 것이라)"(히 10:4-6, 8)

당신은 신약의 죄를 해결하는 방법으로 당신의 죄의 문제를 해결해야 한다. 예수님이 어떻게 우리의 죄의 문제를 해결하셨는지 구약과 비교해서 생각해 보자.

첫째, 예수님이 죄를 용서하는 대제사장으로 오셨다. 성경은 이 점을 분명하게 말한다. "그리스도께서는 장래 좋은 일의 대제사장으로 오사 손으로 짓지 아니한 것 곧 이 창조에 속하지 아니한 더 크고 온전한 장막으로 말미암아"(히 9:11) 그분은 참 좋은 일을 하실 대제사장으로 오셨다.

둘째, 예수님이 멜기세덱의 반차를 따라 오신 대제사장이시다. 그분은 레위 지파에서 나온 불완전한 제사장이 아니셨다. 레위 계통의 제사장들은 온전한 죄사함을 얻게 할 수 없다. 따라서 그분은 아론의 반차를 좇는 제사장이 아니라 멜기세덱의 반차를 좇는 별다른 제사장이셨다. 성경은 이 점을 분명하게 말씀한다. "레위 계통의 제사 직분으로 말미암아 온전함을 얻을 수 있었으면 (백성이 그 아래에서 율법을 받았으니) 어찌하여 아론의 반차를 따르지 않고 멜기세덱의 반차를 따르는 다른 한 제사장을 세울 필요가 있느냐"(히 7:11) 멜기세덱은 누구일까? 멜기세덱은 창세기 14장 17-24절에 등장한다. 그분은 아브라함을 축복해 주셨고, 아브라함은 그에게 십일조를 드렸다. 그분은 의의 왕이요 평강의 왕이요 아비도 없고 어미도 없고 족보도 없고 시작한 날도 없고 생명의 끝도 없는 하나님의 아들과 방불하여 항상 있는 제사장이셨다(히 7:1-3). 예수님은 멜기세덱과 같은 별다른 제사장이셨다. 성경은 분명하게 말씀한다. "멜기세덱과 같은 별다른 한 제사장이 일어난 것을 보니 더욱 분명하도다"(히 7:15) 그분은 멜기세덱의 반차를 좇는 영원한 제사장이셨다. "그리로 앞서 가신 예수께서 멜기세덱의 반차를 따라 영원히 대제사장이 되어 우리를 위하여 들어 가셨느니라, 증언하기를 네가 영원히 멜기세덱의 반차를 따르는 제사장이라 하였도다"(히 6:20, 7:17)

셋째, 예수님은 단 한 명밖에 없는 제사장이시기 때문에 그분의 직분은 영원히 갈리지 않는다. 구약에서 레위 지파에 속한 제사장들이 그 수효가 많은 이유는 그들은 영원히 존재할 수 없기 때문이다. 성경의 선포는 명확하다. "제사장 된 그들의 수효가 많은 것은 죽음으로 말미암아 항상 있지 못함이로되 예수는 영원히 계시므로 그 제사장 직분도 갈리지 아니하느니라"(히 7:23-24) 하지만 예수님은 영원히 존재하시는 하나님이시니 제사장 직분도 영원히 갈리지 아니하신다.

넷째, 예수님은 자기 자신을 위하여 제사를 드리지 않으시는 이유는 그분은 죄가 없는 분이기 때문이다. 구약의 레위 지파 제사장들은 먼저 자기를 위하여 제사를 드리고, 그 다음 백성들을 위하여 제사를 드려야 했다. 성경은 명확하게 말한다. "그는 저 대제사장들이 먼저 자기 죄를 위하고 다음에 백성의 죄를 위하여 날마다 제사 드리는 것과 같이 할 필요가 없으니 이는 그가 단번에 자기를 드려 이루셨음이라"(히 7:27)

다섯째, 예수님은 우리에게 합당하신 대제사장으로서 자기를 힘입어 하나님께 나아가는 사람들을 온전히 구원하신다. "그러므로 자기를 힘입어 하나님께 나아가는 자들을 온전히 구원하실 수 있으니 이는 그가 항상 살아 계셔서 그들을 위하여 간구하심이라 이러한 대제사장은 우리에게 합당하니 거룩하고 악이 없고 더러움이 없고 죄인에게서 떠나 계시고 하늘보다 높이 되신 이라"(히 7:25-26)

구약의 방법과 신약의 방법의 대조

첫째로 직무 수행자를 살펴보면 – 구약은 육체적 혈통에 근거한 레위 지파를 따라 된 제사장의 직분이다. 신약은 악이 없고 더러움이 없는 예수님이 제사장이시다. "이러한 대제사장은 우리에게 합당하니 거룩하고 악이 없고 더러움이 없고 죄인에게서 떠나 계시고 하늘보다 높이 되신 이라"(히 7:26)

둘째로 장소를 살펴보면 – 구약은 하늘 성소의 모형과 그림자인 장막이다. "그리스도께서는 참 것의 그림자인 손으로 만든 성소에 들어가지 아니하시고 바로 그 하늘에 들어가사 이제 우리를 위하여 하나님 앞에 나타나시고"(히 9:24) 신약은 사람의 손으로 짓지 아니한 완전한 하늘의 성소이다. "그리스도께서는 장래 좋은 일의 대제사장으로 오사 손으로 짓지 아니한 것 곧 이 창조에 속하지 아니한 더 크고 온전한 장막으로 말미암아"(히 9:11)

셋째로 제물을 살펴보면 – 구약은 염소와 송아지 피, 대리적인 피, 무수한 제물들이다. "염소와 송아지의 피로 하지 아니하고 오직 자기의 피로 영원한 속죄를 이루사 단번에 성소에 들어가셨느니라 염소와 황소의 피와 및 암송아지의 재를 부정한 자에게 뿌려 그 육체를 정결하게 하여 거룩하게 하거든"(히 9:12-13) 하지만 신약은 예수님의 피(히 9:12), 예수님의 한 몸, 예수님의 한 제물이다. "그러므로 주께서 세상에 임하실 때에 이르시되 하나님이 제사와 예물을 원하지 아니하시고 오직 나를 위하여 한 몸을 예비하셨도다. 그가 거룩하게 된 자들을 한 번의 제사로 영원히 온전하게 하셨느니라"(히 10:5, 14)

넷째로 횟수를 살펴보면 – 구약은 수많은 제사, 자주 드리는 제사, 같은 제사가 반복되고, 매일 드리는 제사다. "대제사장이 해마다 다른 것의 피로써 성소에 들어가는 것 같이 자주 자기를 드리려고 아니하실지니, 제사장마다 매일 서서 섬기며 자주 같은 제사를 드리되 이 제사는 언제나 죄를 없게 하지 못하거니와"(히 9:25, 10:11) 하지만 신약은 단번에 끝내버리는 제사다. "그리하면 그가 세상을 창조한 때부터 자주 고난을 받았어야 할 것이로되 이제 자기를 단번에 제물로 드려 죄를 없이 하시려고 세상 끝에 나타나셨느니라, 오직 그리스도는 죄를 위하여 한 영원한 제사를 드리시고 하나님 우편에 앉으사"(히 9:26, 10:12)

다섯째로 자세를 살펴보면 – 구약은 제사가 끝나지 않았기 때문에 성막 안에는 의자가 없어서 서 있다. "제사장마다 매일 서서 섬기며 자주 같은 제사를 드리되 이 제사는 언제나 죄를 없게 하지 못하거니와"(히 10:11) 하지만 신약의 예수님은 한 영원한 제사를 드리시고 하늘 보좌 우편에서 앉아 쉬고 계신다. "오직 그리스도는 죄를 위하여 한 영원한 제사를 드리시고 하나님 우편에 앉으사"(히 10:12)

여섯째로 결과를 살펴보면 – 구약의 죄를 해결하는 방법은 모든 죄를 단번에 해결할 수 없어서 폐지하였다. "제사장마다 매일 서서 섬기며 자주 같은 제사를 드리되 이 제사는 언제나 죄를 없게 하지 못하거니와, 율법은 장차 올 좋은 일의 그림자일 뿐이요 참 형상이 아니므로 해마다 늘 드리는 같은 제사로는 나아오는 자들을 언제나 온전하게 할 수 없느니라 그렇지 아니하면 섬기는 자들이 단번에 정결하게 되어 다시 죄를 깨닫는 일이 없으리니 어찌 제사 드리는 일을 그치지 아니하였으리요"(히 10:11, 1-2) 하지만 신약의 예수님의 방법은 우리의 모든 죄를 해결하고 거룩함을 얻어 영원히 온전케 되었다. 그 결과 우리는 다시는 제사를 드릴 필요가 없다. "이 뜻을 따라 예수 그리스도의 몸을 단번에 드리심으로 말미암아 우리가 거룩함을 얻었노라, 그가 거룩하게 된 자들을 한 번의 제사로 영원히 온전하게 하셨느니라, 이것들을 사하셨은즉 다시 죄를 위하여 제사 드릴 것이 없느니라"(히 10:10, 14, 18)

이제 당신에게도 하나님께 나아갈 새로운 길과 살아있는 길이 열렸다. 예수님이 운명하시자 하나님께 나아갈 수 있도록 휘장이 위로부터 아래로 찢어져 새로운 길을 만드셨다. "그러므로 형제들아 우리가 예수의 피를 힘입어 성소에 들어갈 담력을 얻었나니 그 길은 우리를 위하여 휘장 가운데로 열어 놓으신 새로운 살 길이요 휘장은 곧 그의 육체니라, 이에 성소 휘장이 위로부터 아래까지 찢어져 둘이 되니라, 예수께서 다시 크게 소리 지르시고 영혼이 떠나시니라 이에 성소 휘장이 위로부터 아래까지 찢어져 둘이 되고 땅이 진동하며 바위가 터지고" (히 10:19-20, 막 15:38, 마 27:50-51) 이제 당신도 구원의 길로 나아가 구원을 체험할 수 있게 되었다.

chapter

12
은혜와 믿음을 통한 구원

일상생활의 믿음

구원을 얻는 참 믿음

약속의 말씀 믿음

개인적인 믿음

12. 은혜와 믿음을 통한 구원

우리가 어떻게 구원을 받을 수 있는가? 사도 바울은 하나님의 은혜에 의하여 믿음으로 말미암아 구원에 이르게 된다고 밝히고 있다. "너희는 그 은혜에 의하여 믿음으로 말미암아 구원을 받았으니 이것은 너희에게서 난 것이 아니요 하나님의 선물이라 행위에서 난 것이 아니니 이는 누구든지 자랑하지 못하게 함이라"(엡 2:8-9) 그러면 하나님의 은혜와 믿음 중에 무엇이 먼저인가? 물론 이것은 따로따로 이루어지는 것이 아니라 동시에 이루어지는 경우도 있지만 그래도 굳이 우선순위를 따지자면 하나님의 은혜가 먼저다. 하나님의 은혜를 배제하고 인간의 선택과 믿음만을 강조할 때 진정한 구원은 이루어지지 않는다. 그러면 하나님의 은혜는 무엇일까? 성령 하나님께서 역사하셔서 우리의 죄를 깨닫게 하시고, 예수님께서 우리를 죄로부터 구원해 주시는 구주시라는 것을 깨닫게 하시고, 그 사실을 믿게 하시는 것이다. 그러므로 우리가 하나님을 믿는 것도 하나님의 선물이다. 그러므로 우리는 우리가 우리의 죄를 회개하고 예수 그리스도를 믿어야 하지만 또한 우리는 하나님께서 우리에게 죄를 깨닫게 하시고 예수님을 구주로 계시해 주셔야 회개와 믿음이 가능하다. 그러므로 켄트 필폿은 자신의 저서 "진실로 회심했는가"에서 이 부분에 대해서 이렇게 정리했다. "구원은 하나님께서 우리에게, 우리를 위해 이루시는 것이다. 하나님이 우리를 새롭게 낳으신다. 우리의 입장에서 보면, 우리가 선택을 한 것 같지만, 실제로 구원은 전적으로 하나님의 일이다. 구원이 오직 인간의 결단이나 선택의 문제라고 보는 것은 구원의 은혜를 오해하는 것이고, 그것을 잘못 전하는 것이다"(P. 8)

당신이 구원을 받으려면 참된 믿음을 분별해야 한다. 그렇다면 믿음을 어떻게 분별하는가? 먼저 믿음이라는 뜻부터 살펴보자. 믿음이라는 뜻은 다양하다. 믿음은 신실하다. 신뢰하다. 의지하다. 충성하다. 진실하다. 의존한다. 맡긴다. 받아드리다. 순종한다는 뜻이다. 그런데 이 믿음은 기독교와 아무런 관련이 없는 일상생활의 믿음도 있다.

일상생활의 믿음이 있다.

존 맥아더는 「구원이란 무엇인가」에서 일상생활의 믿음에 대해 이야기한다(P. 57-58).

"우리는 수도꼭지가 안전하다고 믿고 그 곳에서 나오는 물을 마신다. 브레이크가 잘 작동할 것이라고 믿으며 고속도로에서 자동차를 운전한다. 믿음으로 의사의 메스와 치과 의사의 천공기에 복종한다. 잡화상에 필름을 맡길 때는 사진이 제 때에 나올 것이라고 믿는다. 우리는 정부 지도자들이 기본적으로 청렴할 것이라고 믿는다. 이런 종류의 믿음의 능력은 인간의 본성이 본래 갖고 있는 것이다. 그러나 자연적인 믿음이 의지하는 대상은 반드시 신뢰할 만하지 않다. 사실 물은 오염될 수 있다. 브레이크도 작동이 안 될 수 있다. 의사가 실수를 할 수도 있다. 잡화상이 사진을 제 때에 인화하지 못할 수도 있다. 대통령이 공약 가운데 몇 가지를 이행하지 않을 지도 모른다. 자연적인 믿음은 육체적 감각에 의존한다. 우리는 자신이나 다른 사람들이 보고 듣고 맛보고 느낄 수 있는 것만 믿으려는 경향이 있다. 물과 브레이크, 의사, 잡화상, 대통령을 신뢰할 때 우리는 우리의 감각과 인간적인 경험을 통해 이런 것들이 일반적으로 확신할 만한 가치가 있다고 여기기 때문에 신뢰한다."

우리는 일상적인 생활에서 어떤 대상에게 의뢰하는 경우가 있다. 우리는 건축회사에 건물을 짓는 일을 의뢰할 수 있다. 내가 아무리 돈을 많이 가지고 있어도 나 혼자서는 집을 지을 수 없다. 그래서 우리는 나라에서 인정하는 건축업 면허를 가지고 있는 건축회사에게 건물 짓는 일을 의뢰한다. 만약 믿을 수 없다면 집 짓는 일을 의뢰하지 않는다. 우리는 변호사에게 어떤 사건을 의뢰한다. 내가 억울한 일을 당했지만 나 혼자의 힘으로 재판에서 승소할 수 없기 때문에 국가에서 인정하는 변호사에게 일을 처리해 달라고 의뢰한다. 여기서도 믿을 수 없다면 사건을 의뢰하지 않는다. 우리는 의사에게도 병의 치료를 의뢰한다. 내가 큰 병에 걸렸을 때, 나의 병을 어느 병원에서 잘 고치는지 알아보고, 어느 의사가 내 병에 대한 전문가인지 알아보고, 그 의사에게 나의 병을 고쳐 달라고 의뢰한다. 수술을 할 때 전적으로 의뢰한다는 표시로서 수술을 허락한다는 서명을 하고, 환자로서 마취 주사를 맞는다. 마취주사를 맞는다는 것은 전적으로 의사에게 맡기겠다는 뜻이다. 만약 마취가 되지 않아서 환자가 의사에게 '이렇게 해달라, 저렇게 해달라'고 참견한다면 의사는 제대로 수술을 할 수 없을 것이다. 마취 주사를 맞고 온전히 의사에게 의탁하고 의뢰할 때 의사는 수술에 성공하여 병을 치료하게 된다. 이러한 일상생활의 믿음은 나의 구원과는 아무런 관계가 없는 믿음이다.

구원을 얻는 참된 믿음이 있다.

밀라드 에릭슨은 그의 저서 「구원론」에서 믿음의 의미를 이야기한다(P. 168-171).

"믿음이란 그리스도의 약속들과 사역을 붙잡는 것이다. 믿음이란 복음의 핵심에 위치한다. 왜냐하면 그것은 우리가 하나님의 은혜를 받을 수 있도록 하는 매개물이라고 할 수 있기 때문이다. 히브리어는 믿음의 개념을 동사 형태로 표현한다. 아마도 그것은 바로 히브리인들이 믿음을 사람이 소유하는 것으로 이해하기보다는 사람이 행하는 그 무엇으로 여겼던 이유일 것이다. 그것은 소유하는 것이 아니라 행동하는 것이다. 그래서 믿음의 동사는 '아만'이다. 이 '아만'은 '라맥'이라는 전치사와 함께 사용되면 그것은 어떤 사람이나 대상을 확신 있게 의뢰하는 사상을 나타내며, 전치사 '베드'와 사용될 때는 한 증인에 대하여 동의하는 것을 뜻한다. 이 단어가 뜻하는 것은 긍정적으로 말해서 묶는 것 혹은 의지한다는 뜻으로 하나님의 약속의 말씀에 마음을 묶는 것, 또 하나님의 능력과 신실성을 의지하는 것이다. 신약에서는 믿음을 표현해 주는 하나의 중요한 단어가 있다. '피스투오'라는 동사와 그와 같은 어원을 가진 명사 '피스티스'가 있다. 이 단어는 두 개의 기본적인 의미를 갖고 있다. 첫째, 어떤 사람이 말한 내용을 믿는 것, 특히 종교적인 내용의 진술을 진리로 받아드리는 것을 뜻한다. 둘째, 이것은 단순한 신념의 개념과는 달리 인격적인 신뢰를 뜻한다. "저에 대하여 모든 선지자도 증거하되 저를 믿는 사람들이 다 그 이름을 힘입어 죄 사함을 받는다 하였느니라"(행 10:43). 사도 요한은 예수의 이름을 믿는 것에 대해서 말한다. "영접하는 자 곧 그 이름을 믿는 자들에게는 하나님의 자녀가 되는 권세를 주셨으니"(요 1:12) 예수님의 이름을 믿는다는 것은 그를 인격적으로 신뢰함을 뜻하게 되는 것이다. 지금까지의 내용들을 고려해 볼 때, 우리는 구원을 위해 필요한 믿음의 유형은 사실에 동의하는 요소와 인간을 신뢰하는 두 가지 요소가 모두 관련되어 있음을 알 수 있다."

구원에 이르는 참된 믿음을 몇 가지로 정리할 수 있다.

첫째, 구원을 위해서 그리스도만 전인격적으로 신뢰하는 믿음이다. 이 믿음은 구원을 위한 신뢰의 대상을 나에게서 그리스도께로 옮기는 믿음이다. 내가 선한 행위로 천국에 갈 수 없기 때문에 예수님이 나를 천국으로 인도하실 수 있는 분으로 인정하고 그분만을 신뢰하고 의뢰하는 것이다. 우리가 스스로 우리의 죄의 문제를 해결할 수 없기 때문에 이 구원 문제를 전적으로 예수님께 의뢰하는 것이다.

둘째, 믿음이란 올바른 대상을 믿는다. 믿음의 시작은 단순히 하나님이 계시다는 것을 믿는 것이다. "믿음이 없이는 하나님을 기쁘시게 하지 못하나니 하나님께 나아가는 자는 반드시 그가 계신 것과 또한 그가 자기를 찾는 자들에게 상 주시는 이심을 믿어야 할지니라"(히 11:6) 참된 믿음을 가지고 하나님께 나아가는 자는 반드시 하나님이 계시다는 것을 믿어야 한다. 그러나 하나님이 계시다는 것을 믿는 것만으로는 부족하다. 하나님이 계시다는 것을 믿는다면 이제는 하나님을 찾아야 한다. "너희는 여호와를 만날 만한 때에 찾으라 가까이 계실 때에 그를 부르라"(사 55:6). 우리가 하나님을 간절히 찾고 부를 때 하나님께서 만나 주시고 우리를 살려 주시겠다고 약속하셨다. "너희가 전심으로 나를 찾고 찾으면 나를 만나리라, 여호와께서 이스라엘 족속에게 이르시기를 너희는 나를 찾으라 그리하면 살리라"(렘 29:13, 암 5:4)

셋째, 믿음이란 예수 그리스도를 구세주와 삶의 주인으로 받아드린다. 성경에서는 받아드리는 것을 영접이라고 한다. 우리가 예수 그리스도를 영접할 때 하나님의 자녀가 되고 오직 하나님께로서 거듭난 자가 된다. "영접하는 자 곧 그 이름을 믿는 자들에게는 하나님의 자녀가 되는 권세를 주셨으니 이는 혈통으로나 육정으로나 사람의 뜻으로 나지 아니하고 오직 하나님께로서 난 자들이니라"(요 1:12-13) 구체적으로 어떻게 예수 그리스도를 영접하는지는 뒤에서 다루게 된다.

하나님의 약속의 말씀을 그대로 믿는다.

넷째, 믿음이란 하나님의 말씀과 하나님의 약속을 확신하는 것이다. 존 맥아더는 그의 책 「구원이란 무엇인가」에서 참된 믿음을 이렇게 소개한다. "믿음은 하나님의 약속을 현재시제로 바꾸어 놓는다. 다른 말로 하면 참된 믿음은 하나님의 말씀을 절대적으로 받아들인다. 믿음은 그 약속을 하신 분에 대한 초자연적인 확신, 의존이다. 믿음은 모호하고 부정확한 미래에 일어날 지도 모를, 무언가에 대한 불확실한 소망이 아니다. 믿음은 지금 이곳에 바라는 것들에 대한 확신을 가져오는 절대적인 신뢰다. 믿음은 모호하거나 불확실한 것이 아니라 구체적이고 명확한 확신이다. 믿음은 미래의 실제성에 대한 현재의 확신이다. 믿음은 단순히 복음의 진리와 그리스도의 신뢰성에 대한 초자연적인 확신이다. 이 확실한 믿음은 분명 하나님이 우리 안에서 행하시는 역사다."(P. 55-57). 사도 바울은 믿음이 오는 경로를 소개한다. "그러므로 믿음은 들음에서 나며 들음은 그리스도의 말씀으로 말미암았느니라"(롬 10:17) 구원을 얻는 믿음은 그리스도의 말씀을 듣는 것으로 시작된다. 아무리 공자의 말씀이 훌륭하다 하더라도 그것을 들어서는 믿음이 생기지 않는다. 믿음은 오직 하나님의 말씀을 통해서만 가능하다. 말씀에서 나온 것이 아니면 믿음이 아니다. 그러나 어떤 사람들은 하나님의 말씀이 아닌 다른 잘못된 믿음의 대상들을 의뢰한다. 인간의 신념이 그 대상이다. 우리는 신념과 올바른 믿음을 구분할 수 있어야 한다. 인간의 신념은 인간이 바라는 희망이다. 그 희망은 인간이 바랄 뿐이지 이루어지지 않을 수도 있다. 그러나 올바른 믿음은 반드시 이루어지는 소망이다. 그 결과를 하나님이 책임지고 보장하신다. 우리가 분명히 예수 그리스도를 믿으면 천국이 보장된다. 천국이 확실하게 이루어진다. 그러므로 올바른 믿음의 대상은 하나님과 그분의 기록된 말씀이다. 하나님의 말씀은 우리를 향한 약속의 말씀이다. 우리는 성경을 구약과 신약으로 분류한다. 여기서 구약은 이스라엘 백성들에게 주신 옛 약속이고 신약은 모든 믿는 자들에게 주신 새로운 약속이다. 믿음이란 하나님의 약속을 믿고 신뢰하는 것이다.

믿음이란 무엇인가? 하나님께서 약속하신 말씀은 반드시 그대로 이루어진다고 믿는 것이다. 누가 약속했는가? 약속하신 대상이 중요하다. 하나님이 약속하셨으니 하나님이 약속하신 것은 반드시 그대로 이루어진다고 믿고 받아들이는 것이다. 사도 바울은 믿음이 무엇인지 명확하게 말한다. "그러므로 여러분이여 안심하라 나는 내게 말씀하신 그대로 되리라고 하나님을 믿노라"(행 27:25) 물론 이 말씀은 사도 바울이 죄수로 잡혀서 로마로 호송되다가 '유라굴로'라는 태풍을 만나 여러 날 동안 해와 별이 보이지 않고 구출될 가능성이 전혀 없는 바다 가운데서 말한 내용이다. "얼마 안 되어 섬 가운데로부터 유라굴로라는 광풍이 크게 일어나니 배가 밀려 바람을 맞추어 갈 수 없어 가는 대로 두고 쫓겨가다가 가우다라는 작은 섬 아래로 지나 간신히 거루를 잡아 끌어 올리고 줄을 가지고 선체를 둘러 감고 스르디스에 걸릴까 두려워하여 연장을 내리고 그냥 쫓겨가더니 우리가 풍랑으로 심히 애쓰다가 이튿날 사공들이 짐을 바다에 풀어 버리고 사흘째 되는 날에 배의 기구를 그들의 손으로 내버리니라 여러 날 동안 해도 별도 보이지 아니하고 큰 풍랑이 그대로 있으매 구원의 여망마저 없어졌더라"(행 27:14-20) 하지만 하나님이 바울에게 나타나서 비록 배는 파선되지만 배 안에 있는 생명은 바울을 포함하여 모든 사람이 죽지 않는다고 약속하셨다. 바울은 하나님이 말씀하신 것을 그대로 믿었다. 이 얼마나 분명한 말씀인가? 하나님은 바울에게 분명하게 말씀하셨고, 바울은 분명하게 믿음으로 반응했다. "내가 너희를 권하노니 이제는 안심하라 너희 중 아무도 생명에는 아무런 손상이 없겠고 오직 배뿐이리라 내가 속한 바 곧 내가 섬기는 하나님의 사자가 어제 밤에 내 곁에 서서 말하되 바울아 두려워하지 말라 네가 가이사 앞에 서야 하겠고 또 하나님께서 너와 함께 항해하는 자를 다 네게 주셨다 하였으니 그러므로 여러분이여 안심하라 나는 내게 말씀하신 그대로 되리라고 하나님을 믿노라"(행 27:22-25)

예수님을 개인적으로 믿는다.

다섯째, 구원을 얻는 참된 믿음은 개인적인 믿음이다. 사도 바울은 하나님께서 바울 자신에게 말씀하신 그대로 되리라고 믿었다. "나는 내게 말씀하신 그대로 되리라고" 이것이 바울의 믿음이었다. 그러므로 당신에게도 하나님께서 분명하게 말씀하신 내용이 있어야 한다. 만약에 하나님이 당신에게 말씀해 주신 내용이 없다면 믿을 수 없다. 하나님은 성경을 통해서 당신에게 명확하게 말씀하셨다. "모든 인간은 죄인이다. 그 죄 때문에 지옥에 들어간다. 하나님이 당신을 사랑하셔서 예수 그리스도를 통하여 당신의 모든 죄의 값을 이미 다 지불하셨다. 그러므로 누구든지 그 사실을 믿고 회개하고 예수 그리스도를 영접하면 하나님의 자녀가 되어 언제 죽어도 하늘나라에 당당하게 들어갈 수 있다."

이것이 성경에서 당신에게 말씀하시는 약속의 말씀이다. 만약 당신이 어떤 사람의 인격을 믿지 못한다면 그 사람이 하는 약속도 믿지 못할 것이다. 당신은 하나님의 인격을 믿을 수 있는가? 당신이 하나님의 인격을 믿을 수 있다면 그분이 하신 약속의 말씀도 믿을 수 있다. 하나님은 약속을 어기는 인간이 아니시다. 하나님은 약속하신 것을 반드시 이행하신다. 성경은 약속의 책이다. 성경은 우리가 믿기만 하면 죄가 하나도 없는 의인으로 거듭날 수 있다고 약속한다. 우리가 구원을 받을 수 있다고 약속한다. 이 얼마나 확실한 말씀인가? "하나님은 사람이 아니시니 거짓말을 하지 않으시고 인생이 아니시니 후회가 없으시도다 어찌 그 말씀하신 바를 행하지 않으시며 하신 말씀을 실행하지 않으시랴" (민 23:19)

chapter 13
생명 얻는 회개를 통한 구원

죄를 시인하는 것
돌이키는 것
죄를 포기하는 것
지성과 감정과 의지를 동원한 회개
생명얻는 회개와 성화를 위한 회개

13. 생명 얻는 회개를 통한 구원

　우리가 구원받을 수 있는 기쁜 소식을 들었을 때 우리는 어떻게 반응해야 하는가? 예수님이 우리의 모든 죄를 십자가를 통해서 단번에 다 해결하셨다는 사실을 진정으로 믿는다면 우리는 우리의 죄를 회개해야 한다. 회개란 불신의 죄로부터 돌아서는 것이다. 하나님이 이렇게 나의 모든 죄의 값을 다 지불해 놓으셨는데 그 사실을 깨닫지 못해서 믿지 않고 내 마음대로 살았던 죄들로부터 돌이키는 것이다. 예수님이 이 세상에 오셔서 공적인 사역을 시작하실 때 제일 먼저 이렇게 말씀하셨다. "이 때부터 예수께서 비로소 전파하여 이르시되 회개하라 천국이 가까이 왔느니라 하시더라"(마 4:17) 예수님은 우리를 회개시키러 오셨다. 성경은 이 점을 분명하게 말씀한다. "내가 의인을 부르러 온 것이 아니요 죄인을 불러 회개시키러 왔노라"(눅 5:32) 예수님은 동정과 사랑의 마음을 가지고 오셨지만, 그분은 즉시 인간의 죄를 지적하셨다. 예수님은 사람들이 죄인 됨을 인정하고 그 악한 길에서 돌이키라고 요구하셨다. 예수님은 자기가 인간에게 사랑과 은혜와 자비를 베풀기 전에 회개가 선행해야 한다고 말씀하셨다. 그분은 죄를 간과하시지 않으셨다. 그분은 자기비판을 요구하셨고 완전히 180도 전향할 것을 요구하셨다.

　회개는 하나님의 은혜를 받을 수 있도록 문을 여는 것과 같다. 마태복음 3장 1절부터 3절에서 요한은 광야에서 회개하라고 선포했다. 예수님의 제자들이 전한 내용도 회개하라는 말씀이다. "제자들이 나가서 회개하라 전파하고"(막 6:12). 예수님이 세상을 떠나실 때 마지막으로 "죄사함을 얻게 하는 회개를 전파하라"고 명령하셨다. "또 그의 이름으로 죄 사함을 받게 하는 회개가 예루살렘에서 시작하여 모든 족속에게 전파될 것이 기록되었으니 너희는 이 모든 일의 증인이라"(눅 24:47-48) 예수님이 세상을 떠나신 후에 오순절 날 성령이 임하고, 제자들이 사역을 시작할 때에 제자들 중 수제자였던 베드로는 '회개하라'고 강하게 선포했다(행 2:38, 3:19). 신약에서 예수님 다음으로 사역을 많이 했던 사도 바울은 밀레도에서 에베소 지역의 사역자들에게 자신의 사역을 소개할 때 자신이 일평생 동안 이 '회개'를 전파했다고 간증했다. "바울이 밀레도에서 사람을 에베소로 보내어 교회 장로들을 청하니 오매 그들에게 말하되 아시아에 들어온 첫날부터 지금까지 내가 항상 여러분 가운데서 어떻게 행하였는지를 여러분도 아는 바니 곧 모든 겸손과 눈물이며 유대인의 간계로 말미암아 당한 시험을 참고 주를 섬긴 것과 유익한 것은 무엇이든지 공중 앞에서나 각 집에서나 거리낌이 없이 여러분에게 전하여 가르치고 유대인과 헬라인들에게 하나님께 대한 회개와 우리 주 예수 그리스도께 대한 믿음을 증언한 것이라 보라 이제 나는 성령에 매여 예루살렘으로 가는데 거기서 무슨 일을 당할는지 알지 못하노라"(행 20:17-22) 그는 아그립바 왕에게 자신은 이 '회개'를 전하다가 잡혀왔다고 말한다. "아그립바 왕이여 그러므로 하늘에서 보이신 것을 내가 거스르지 아니하고 먼저 다메섹과 예루살렘에 있는 사람과 유대 온 땅과 이방인에게까지 회개하고 하나님께로 돌아와서 회개에 합당한 일을 하라 전하므로 유대인들이 성전에서 나를 잡아 죽이고자 하였으나 하나님의 도우심을 받아 내가 오늘까지 서서 높고 낮은 사람 앞에서 증언하는 것은 선지자들과 모세가 반드시 되리라고 말한 것밖에 없으니"(행 26:19-22)

요나는 니느웨 사람들이 회개할 때까지 니느웨에서 회개의 말씀을 전파했다. 하나님은 에스겔을 통해서 회개를 호소했다. "주 여호와의 말씀이니라 이스라엘 족속아 내가 너희 각 사람이 행한 대로 심판할지라 너희는 돌이켜 회개하고 모든 죄에서 떠날지어다 그리한즉 그것이 너희에게 죄악의 걸림돌이 되지 아니하리라"(겔 18:30)

회개는 믿음과 가장 가까운 친구이다

회개가 없는 믿음이 존재하지 않는 이유는 회개와 믿음은 항상 함께 일하기 때문이다. 회개란 불신자가 하나님께 돌아서는 것이요, 믿음이란 그리스도에게로 향하여 나아가게 한다. 회개와 믿음은 하나님의 동일한 사건의 긍정적인 면과 부정적인 면이다. 회개는 믿음이 없이는 불완전하여 이루어질 수 없다. 우리가 그리스도를 믿을 때 우리는 우리의 죄를 깨닫게 되며 회개하게 된다. 사도 바울은 하나님께 대한 회개와 예수님께 대한 믿음을 전하였다. 예수께서는 회개하지 않으면 망하게 된다고 경고하셨다. "너희에게 이르노니 아니라 너희도 만일 회개하지 아니하면 다 이와 같이 망하리라"(눅 13:3)

밀라드 에릭슨은 그의 저서 「구원론」에서 회개의 의미를 이렇게 소개한다(P. 163-167).

"회개를 표현해 주는 두 개의 히브리어 단어가 있다. 하나는 '나함'인데 이것은 '헐떡이다 한숨짓다 신음하다'의 의미를 나타내는 하나의 의성어이다. 이것은 후에 '애통하다 혹은 슬퍼하다'라는 뜻을 갖게 되었다. 흥미로운 것은 이 단어가 회개한다는 뜻으로 사용되는 곳에서 그 동사의 주어는 대개 인간이 아니라 하나님이라는 것이다. 주요한 실례를 창세기 6장 6절에서 찾아 볼 수 있다. '땅위에 사람 지으셨음을 한탄하사 마음에 근심하시고' 인간이 해야 하는 참된 회개의 형태는 '슙'이라는 단어에 의해서 좀 더 일반적으로 나타난다. 이것은 주님께로 돌아오라고 이스라엘에게 외치는 선지자들의 부름 속에서 광범위하게 사용되고 있다. 이것은 죄를 버리고 하나님과의 교제 속으로 돌아가야 할 필요성을 강조한다. '내 이름으로 일컫는 내 백성이 그들의 악한 길에서 떠나 스스로 낮추고 기도하여 내 얼굴을 찾으면 내가 하늘에서 듣고 그들의 죄를 사하고 그들의 땅을 고칠지라'(대하 7:14) 신약에서는 회개에 대하여 사용되는 두 개의 주요한 용어들이 있다. 첫째, '메타멜로마이'는 구약의 '나함'과 같이 회개의 감정적인 요소를 강조하여 '후회하는 것'을 뜻한다. 잘못된 일을 행한 것에 대해 후회하는 마음을 가리킨다. 예수님께서는 두 아들의 비유에서 그 단어를 사용하신다. 첫째 아들에게 아버지가 포도원에 가서 일하라고 명령했을 때 그는 '대답하여 이르되 아버지 가겠나이다 하더니 가지 아니하고'(마 21:29) 둘째 아들에게 말하니 '둘째 아들에게 가서 또 그와 같이 말하니 대답하여 이르되 싫소이다 하였다가 그 후에 뉘우치고 갔으니'(마 21:30)고 했다. 예수께서는 그가 말씀하고 있는 대상들인 대제사장들과 바리새인들을 첫째 아들로 비유했고 회개하는 죄인들을 둘째 아들로 비유하신 것이다. 회개를 나타내는 다른 중요한 신약의 용어는 '메타노에오'인데 그것은 문자 그대로 '어떤 것에 대하여 다르게 생각하거나 마음의 변화가 일어남'을 뜻한다. 요한의 설교의 특징이 바로 그 단어로 요약된다. '회개하라 천국이 가까이 왔느니라 하였으니'(마 3:2)

그것은 초대교회의 설교에 있어서도 핵심적인 단어였다. 오순절에 베드로는 무리들에게 다음과 같이 촉구했다. '베드로가 이르되 너희가 회개하여 각각 예수 그리스도의 이름으로 세례를 받고 죄 사함을 받으라 그리하면 성령의 선물을 받으리니' (행 2:38) 우리가 이 회개의 내용들을 고찰해 볼 때 그것이 구원에 필요한 전제조건으로서의 중요한 요소인 사실을 간과할 수 없게 된다. 회개가 강조되는 여러 가지의 다양한 문맥들과 구절들을 보면 회개란 선택적인 것이 아니며 필수 불가결한 요소임을 분명히 알 수 있다. 여러 가지 다른 문화적 배경 속에 있는 사람들 모두가 회개하도록 촉구되었다는 사실은 그것이 몇몇 특별한 지역의 상황에 있는 사람들만을 위하여 의도된 소식이 아님을 깨닫게 한다. 그보다 회개란 기독교 복음의 핵심적 내용이다. 우리가 회개의 바른 성질을 이해하는 것은 중요한 일이다. 회개란 자신의 죄에 대해 거룩한 통회의 마음을 갖고 그것으로부터 돌아설 결심을 하는 것이다. 참된 회개란 하나님께 대하여 죄를 지어 그분에게 끼친 상처를 인하여 자신의 죄를 슬퍼하게 됨이다. 그런데 그 슬픔은 그 죄를 버리려는 진실한 소원이 동반되는 슬픔이다. 예수님을 그냥 믿고 은혜의 선물을 그냥 받아들이는 것만으로는 충분하지 않다. 그 인간의 내부에서의 참된 변화가 있어야만 한다는 것이다. 만일 깊이 있는 회개가 이루어지지 않으면 정말로 죄의 권세로부터 구원받은 사실에 대한 깨달음도 없게 될 것이다. 참된 헌신과 깊이 있는 믿음도 마찬가지로 결여될 수 있다."

회개한다는 뜻은 "돌아서다. 버리다. 포기하다. 고백하다."는 뜻이다. 죄인들은 모두가 멸망으로 인도하는 넓은 길로 나아간다. 그들은 하나님으로부터 더욱더 멀리 떠나고 있다. 그래서 하나님은 죄인들이 구원받아 당신께 오도록 부르고 계신다. 사람들은 교만과 패역 가운데 더욱더 죄 가운데로 깊이 빠져들고 있다. 하나님은 죄인이 죄를 미워하고 영생을 위해 하나님께 나아오기를 원하신다. 하나님은 사람들에게 회개하라고 명령하신다. "알지 못하던 시대에는 하나님이 간과하셨거니와 이제는 어디든지 사람에게 다 명하사 회개하라 하셨으니"(행 17:30) 회개해야 하는 이유는 분명하다. "이는 정하신 사람으로 하여금 천하를 공의로 심판할 날을 작정하시고 이에 그를 죽은 자 가운데서 다시 살리신 것으로 모든 사람에게 믿을 만한 증거를 주셨음이니라 하니라"(행 17:31) 솔로몬은 이렇게 충고하고 있다. "자기의 죄를 숨기는 자는 형통하지 못하나 죄를 자복하고 버리는 자는 불쌍히 여김을 받으리라"(잠 28:13)

회개란 죄를 시인하는 것이다.

회개란 예수님이 십자가의 속량 사건을 통해서 나의 모든 죄를 단번에 다 해결하시고 용서해 놓으셨지만 그 사실을 깨닫지 못해서 믿지 않았던 불신의 죄를 시인하고 용서를 비는 것이다. 구원을 위한 회개는 불신의 죄로부터 돌이킨다. 하나님이 나를 창조해 주셨는데, 예수님이 나의 죄 때문에 십자가에 돌아가셨는데 그것을 믿지 않는 것이 얼마나 큰 죄인가? 그 사실을 깨닫지 못해 믿지 않고 내 마음대로 살아왔던 죄들을 시인하고 용서를 구하는 것이다. 만일 어떤 사람이 지옥에 들어간다면 그는 죄를 너무 많이 지어서 지옥에 가는 것이 아니라 예수께서 자신의 죄를 다 해결해 주셨다는 사실을 믿지 않고 회개하지 않았기 때문에 지옥에 들어간다. 회개가 너무나 중요하기 때문에 성경은 회개하는 장면을 소개한다.

"세리는 멀리 서서 감히 눈을 들어 하늘을 쳐다보지도 못하고 다만 가슴을 치며 이르되 하나님이여 불쌍히 여기소서 나는 죄인이로소이다 하였느니라, 내가 이르기를 내 허물을 여호와께 자복하리라 하고 주께 내 죄를 아뢰고 내 죄악을 숨기지 아니하였더니 곧 주께서 내 죄악을 사하셨나이다, 하나님이여 주의 인자를 따라 내게 은혜를 베푸시며 주의 많은 긍휼을 따라 내 죄악을 지워 주소서, 하나님께서 구하시는 제사는 상한 심령이라 하나님이여 상하고 통회하는 마음을 주께서 멸시하지 아니하시리이다"(눅 18:13, 시 32:5, 51:1, 17) 이처럼 회개는 자기의 죄를 시인하고 용서를 구하는 것이다.

회개란 돌이키는 것이다.

"너는 그들에게 말하라 주 여호와의 말씀이니라 나의 삶을 두고 맹세하노니 나는 악인이 죽는 것을 기뻐하지 아니하고 악인이 그의 길에서 돌이켜 떠나 사는 것을 기뻐하노라 이스라엘 족속아 돌이키고 돌이키라 너희 악한 길에서 떠나라 어찌 죽고자 하느냐 하셨다 하라"(겔 33:11)

회개란 새로운 방향으로 뛰어드는 것이며 변화되는 것이다. 참된 변화는 마음에서부터 비롯된다. 변화에는 세 가지가 있다. 첫째는 사고의 패턴이 변한다. 마음이 변하니까 가치관이 변하고 생각이 달라진다. 둘째는 언어의 표현이 달라지고 말이 깨끗해진다. 셋째는 행동이 달라진다. 회개는 힘이 있는 말이며 행동의 언어다. 회개는 한 사람 안에서 완전한 혁명을 일으킨다. 성경에서 우리에게 죄를 회개하라고 요구할 때, 그것은 우리가 죄에서 돌아설 것을, 즉 죄로부터 정반대 방향으로 걸어가는 것을 요구하는 것이다.

회개란 죄를 포기하는 것이다.

회개는 생활 가운데서 나를 포기하고 죄를 포기하는 것이다. 욥은 이렇게 회개했다. "그러므로 내가 스스로 거두어들이고 티끌과 재 가운데에서 회개하나이다"(욥 42:6) 회개란 죄를 즐기지 않고 버리는 것이다. 우리가 죄를 좋아하고 품으면 하나님께서 싫어하시기 때문이다. "내가 나의 마음에 죄악을 품었더라면 주께서 듣지 아니하시리라"(시 66:18) 죄를 좋아하고 죄를 즐기는 삶은 회개하지 않는 증거가 된다. 따라서 죄를 회개한 사람은 죄를 포기하고 버린다.

회개란 태도의 변화다.

회개는 사람과 하나님에 대하여 태도를 바꾸게 된다. 우리가 구원받기 전에는 하나님을 섬기지 않고, 하나님께 감사치도 않고, 예배를 드리지도 않았었다. 성경은 이 점을 분명하게 말씀한다. "하나님을 알되 하나님을 영화롭게도 아니하며 감사하지도 아니하고 오히려 그 생각이 허망하여지며 미련한 마음이 어두워졌나니 스스로 지혜 있다 하나 어리석게 되어 썩어지지 아니하는 하나님의 영광을 썩어질 사람과 새와 짐승과 기어다니는 동물 모양의 우상으로 바꾸었느니라. 그 때에 너희는 그리스도 밖에 있었고 이스라엘 나라 밖의 사람이라 약속의 언약들에 대하여는 외인이요 세상에서 소망이 없고 하나님도 없는 자이더니"(롬 1:21-23, 엡 2:12) 하지만 진정으로 회개하면 이제는 하나님을 예배하고 섬기며 하나님께 영광을 돌린다. 회개란 자기중심의 원리를 버리고 예수님과 그분의 뜻을 내 인생의 중심으로 삼고, 목표로 삼는 것이다. 예수 믿고 회개한 사람은 예수님을 구주로 삼는 것이며, 왕으로 삼는 것이며, 남편으로 모시고 살기로 마음 고쳐먹고 인생의 방향을 근본적으로 바꾸게 된다. 회개는 자동차 도로 표지의 유턴 표시처럼 한 방향으로 가던 사람이 그 길이 잘못되었음을 알고 뒤로 돌아설 뿐 아니라 정확하게 반대 방향으로 가게 된다. 인간이 처음에 하나님의 얼굴을 외면하고 태어났다가 참으로 회개할 때 하나님을 향해 올바로 돌아서게 된다. 하나님 없이 자기 인생의 주인이 되어 자기 마음대로 살아 왔던 사람이 자신의 삶이 잘못되었음을 알고 이제 하나님 뜻대로 예수님을 인생의 주인으로 모시고 살겠다고 결단하는 것이다.

지성과 감정과 의지를 동원한 회개이다.

우리가 회개하려면 죄에 대한 깨달음이 있어야 한다. 이사야는 자신의 죄를 깨달았을 때 분명하게 고백했다. "그 때에 내가 말하되 화로다 나여 망하게 되었도다 나는 입술이 부정한 사람이요 나는 입술이 부정한 백성 중에 거주하면서 만군의 여호와이신 왕을 뵈었음이로다 하였더라"(사 6:5) 욥은 자기가 죄인이라는 것을 깨달았을 때 분명하게 고백했다. "나는 나를 원망한다"(욥 42:6) 베드로는 자신의 죄를 깨달았을 때 분명하게 고백했다. "나는 죄인이로소이다"(눅 5:8) 바울은 자신이 죄인 됨을 생각하고 자신을 분명하게 고백했다. "나는 죄인의 괴수니라"(딤전 1:15) 이러한 깨달음을 주시는 분은 성령님이다. 하나님의 뜻대로 하는 회개는 감정이 포함된다. 바울은 하나님의 뜻대로 하는 근심이 바로 성경적인 회개라고 소개한다. "하나님의 뜻대로 하는 근심은 후회할 것이 없는 구원에 이르게 하는 회개를 이루는 것이요 세상 근심은 사망을 이루는 것이니라"(고후 7:10) 회개는 의지를 포함한다. 참된 회개는 의지에 와서 결판이 난다. 회개에는 죄를 포기하려는 각오가 있어야 한다. 자신에 대한 태도, 죄에 대한 태도, 하나님에 대한 태도를 바꾸려는 각오와 결단이 필요하며 자신의 의지와 성격과 목적을 바꾸려는 각오가 있어야 한다.

회개하는 이유가 있다.

우리가 회개해야 하는 이유는 회개가 구원의 방법이기 때문이다. 따라서 성경은 회개를 "구원에 이르게 하는 회개"(고후 7:10)로 소개한다. 회개는 하나님이 모든 사람에게 바라시는 소원이다. "주의 약속은 어떤 이들이 더디다고 생각하는 것 같이 더딘 것이 아니라 오직 주께서는 너희를 대하여 오래 참으사 아무도 멸망하지 아니하고 다 회개하기에 이르기를 원하시느니라"(벧후 3:9) 우리는 진정으로 회개해야 영생을 얻게 된다. "그들이 이 말을 듣고 잠잠하여 하나님께 영광을 돌려 이르되 그러면 하나님께서 이방인에게도 생명 얻는 회개를 주셨도다 하니라"(행 11:18) 우리가 진심으로 회개해야 죄 사함을 받을 수 있다. "이스라엘에게 회개함과 죄 사함을 주시려고 그를 오른손으로 높이사 임금과 구주로 삼으셨느니라"(행 5:31) 우리가 진심으로 회개해야 기쁨이 온다. "그러므로 너희가 회개하고 돌이켜 너희 죄 없이 함을 받으라 이같이 하면 새롭게 되는 날이 주 앞으로부터 이를 것이요"(행 3:19) 하나님이 모든 인간에게 어디서든지 회개하라고 명령하셨다. "알지 못하던 시대에는 하나님이 간과하셨거니와 이제는 어디든지 사람에게 다 명하사 회개하라 하셨으니"(행 17:30) 그러므로 우리는 회개해야 한다.

회개하는 방법이 있다.

우리는 어떻게 참된 회개를 실행할 수 있을까? 회개는 즉각적으로 해야 하기 때문에 회개는 갑자기 결심하는 순간에 온다. 그때 회개하도록 하나님이 힘을 주신다. 회개는 삶의 중도에서 인생의 경로를 바꾸기로 결정하는 것이다. 회개에는 지, 정, 의가 포함되어 있다. 죄에 대한 바른 인식이 있어야 한다. 하나님 없이 내 마음대로 살던 삶이 얼마나 잘못된 삶인가를 알고 자신이 죄인임을 안타까워하는 것이다. 의지의 표현으로 돌아서는 것처럼 회개는 의지에 와서 결판이 난다.

누가복음 15장에서 집을 나간 탕자도 그저 앉아서 죄에 대한 가책을 느끼고 후회만 하는 것이 아니라 일어나서 돌아와 자신의 아버지께 자기가 지은 죄를 입으로 고백했다. 탕자는 피동적으로 죄에 대하여 주저주저한 것이 아니라 돼지 떼에 둘러 싸여 그저 있던 자리에 앉아 있지 않고 일어나서 길을 떠났다. 탕자는 정확하게 반대 방향으로 발길을 돌려 아버지를 찾았으며 그 앞에서 자신을 낮추었다. 성경은 탕자가 아버지에게 돌아오기 전에 아버지께 어떻게 말할 것인지 미리 생각했다고 전한다. "이에 스스로 돌이켜 이르되 내 아버지에게는 양식이 풍족한 품꾼이 얼마나 많은가 나는 여기서 주려 죽는구나 내가 일어나 아버지께 가서 이르기를 아버지 내가 하늘과 아버지께 죄를 지었사오니 지금부터는 아버지의 아들이라 일컬음을 감당하지 못하겠나이다 나를 품꾼의 하나로 보소서 하리라 하고 이에 일어나서 아버지께로 돌아가니라 아직도 거리가 먼데 아버지가 그를 보고 측은히 여겨 달려가 목을 안고 입을 맞추니"(눅 15:17-20)

탕자는 분명히 돌아와서 죄를 입으로 고백한다. "아들이 이르되 아버지 내가 하늘과 아버지께 죄를 지었사오니 지금부터는 아버지의 아들이라 일컬음을 감당하지 못하겠나이다 하니"(눅 15:21) 예수님은 이 잃은 양의 비유와 잃은 드라크마의 비유와 탕자의 비유를 통하여 회개의 중요성을 분명하게 설명하셨다.

생명 얻는 회개와 성화를 위한 회개의 구분

우리가 구원받기 위해서 죄를 얼마나 회개해야 할까? 지금까지 살아오면서 지은 죄들을 다 회개해야 할까? 지금까지 살아오면서 지은 죄가 생각나지 않아 다 회개하지 못하면 어떻게 하는가? 우리는 회개를 바르게 이해해야 한다. 따라서 회개는 생명을 얻는 회개와 성화를 위한 회개가 있다. 생명 얻는 회개는 어떻게 보면 일생에 있어서 구원받을 때 일회적으로 끝난다. 그러면 구원받은 성도는 그 이후에 짓는 죄를 어떻게 처리할까? 하나님의 자녀로서 아버지와 교제 회복을 위해서 자백한다(요일 1:9). 여기서 자백은 '동의하다'는 뜻으로 성도가 죄를 범할 때 성령께서 그것을 지적해 주시면 "예 맞습니다. 내가 그 죄를 범했습니다."라고 동의하며 시인하는 것이다. 이 자백 속에는 자신이 범한 죄에 대하여 슬퍼하며 그 죄를 버리는 것까지도 포함된다. 이것이 자백 속에 포함된 성화를 위한 회개다.

회개는 생명을 얻는 회개와 성화를 위한 회개 두 가지가 있다. 많은 사람들이 이 두 가지를 혼동하고 오해를 하지만 생명 얻는 회개는 구원받을 때 하는 단회적인 회개지만 성화를 위한 회개는 그리스도인의 삶 가운데 계속 되는 반복적인 회개다. 생명 얻는 회개는 불신의 죄로부터 돌아서는 것이요, 성화를 위한 회개는 자백한 죄를 버리는 것이다.

우리는 회개를 잘 정리해야 한다. 너무나 중요하기 때문이다. '회개하다'는 단어의 헬라어인 '메타노에오(Metanoeo)'는 신약 성경에서 전부 34회 사용되는데 많은 경우에 이 단어는 죄인이 예수 믿고 구원받을 때 하는 회개를 나타내기 위해 사용되었다(막 1:15; 행 2:38, 17:30, 26:20 등). 하지만 이 단어가 누가복음 17장 3-4절, 고린도후서 12장 21절, 요한계시록 2장 5-16절은 분명히 예수 믿고 구원받은 성도가 지은 죄를 회개할 때에 사용되고 있음을 볼 수 있다. 물론 요한일서 1장 9절에서는 구원받은 사람이 자기 죄를 회개하는 것을 가리켜 자백하는 것이라고 했다. 죄인이 구원받을 때 한번 회개하고 구원받은 사람이 죄를 지었을 때도 역시 성화를 위한 회개를 한다.

회개한 증거를 나타낸다.

우리가 진정으로 회개했다면 삶 속에 변화가 일어난다. 우리는 성경에서 진정으로 회개한 사람은 그가 하는 모든 일에 변화가 일어나는 것을 볼 수 있다. 성경에는 우리가 그리스도인이 된 후에 자기 마음대로 살아도 된다는 구절은 하나도 없다. 회개한 사람은 하나님과 분리된 삶으로부터, 하나님께 반항하는 삶으로부터 멀어진다. 이제는 예수 그리스도에 대한 믿음으로 그분을 전폭적으로 신뢰하고 확신하며 의존한다. 예수님께 순종하고 그분을 기쁘게 하고자 하는 순수한 마음이 없다면 정말 자신이 하나님의 자녀가 되었는지 의심할 필요가 있다.

예수님을 구주와 삶의 주인으로 영접한다.

"영접하는 자 곧 그 이름을 믿는 자들에게는 하나님의 자녀가 되는 권세를 주셨으니 이는 혈통으로나 육정으로나 사람의 뜻으로 나지 아니하고 오직 하나님께로부터 난 자들이니라"(요 1:12-13) 만일 당신이 예수 그리스도를 구주와 주인으로 받아들이지 않는다면 당신은 죄와 허물로 죽어 있다. 그 결과 당신이 이 세상을 떠난다면 그 즉시 불 가운데 떨어져 영원토록 고통을 당하게 된다. 하나님은 당신이 이 죽음에서 구원받을 수 있는 길을 예비해 놓으셨다. 그리고 당신에게 그것을 믿고 받아들이라고 말씀하신다. 하나님은 당신이 오늘 구원받기를 원하신다.

만일 당신이 하나님 앞에서 당신의 죄를 자복하고 용서를 구하며 예수 그리스도를 구주와 주인으로 영접하면 하나님은 당신의 마음속에 성령을 보내 주시고 당신이 하나님께 받아들여졌다는 사실과 당신의 모든 죄가 용서받았다는 사실을 확신시켜 주신다. 당신은 당신의 죄를 다른 어떤 사람에게도 고백할 필요가 없다. 당신이 하나님께 범죄하였고, 하나님만이 당신을 용서하실 수 있기 때문이다. 만일 당신이 예수 그리스도를 구주와 주인으로 신뢰하지 않는다면 당신은 이 세상을 떠나서 그분을 만나게 될 때 그분에게 이런 말을 듣게 될 것이다. "저주를 받은 자들아 나를 떠나 마귀와 그 사자들을 위하여 예비된 영영한 불에 들어가라 죄의 삯은 사망이요 하나님의 은사는 그리스도 예수 주 안에 있는 영생이니라"

이제 지금까지의 모든 말씀을 정리해보자. 성경적인 구원이란 무엇인가? 죄의 문제를 해결하고 죄의 용서함을 받고 예수 그리스도를 인격적으로 만나는 것이다. 인간은 자기 스스로 죄의 문제를 해결할 수 없다. 하지만 예수님께서 십자가에서 죽으심으로 당신의 모든 죄의 값을 단번에 다 지불하셨다. 당신이 그 사실을 전인격적으로 믿고 당신의 죄를 회개하고 예수 그리스도를 신뢰할 때 당신은 구원을 받을 수 있다.

이제 구원과 연관된 하나님의 말씀에 반응하는 순서를 생각해 보라. 창세기 2장에서 아담과 하와는 하나님의 말씀을 들었다. 하지만 그들은 하나님의 말씀을 믿지 않았기 때문에 바로 그것이 불신과 불순종의 죄가 되었던 것이다. 하지만 사도행전 27장에서 사도 바울도 하나님의 말씀을 분명히 들었다. 그리고 바울은 자신이 들은 하나님의 말씀을 절대적으로 믿고 받아들였다. "그러므로 여러분이여 안심하라 나는 내게 말씀하신 그대로 되리라고 하나님을 믿노라"(행 27:25) 사도 바울이 하나님의 말씀을 확실하게 믿었을 때 그 결과는 분명했다. "그 남은 사람들은 널조각 혹은 배 물건에 의지하여 나가게 하니 마침내 사람들이 다 상륙하여 구조되니라"(행 27:44) 믿음의 결과는 참으로 놀라웠다. 하나님의 약속대로 태풍 가운데서도 모든 사람이 죽지 않고 구원을 받았기 때문이다. 물론 여기서 말하는 구원은 죄의 문제를 해결하고 천국에 들어가는 구원이 아니라 자연 재해로부터 구조되는 일상적인 구원이었다. 이제 마지막으로 당신은 어떠한가? 당신도 이 책을 통해서 하나님의 복음의 말씀을 하나님을 통해서 들었을 것이다. 그러면 예수께서 당신의 모든 죄의 값을 지불하셨다는 하나님의 말씀을 믿음으로 받아들이겠는가?

예수 그리스도를 구주와 삶의 주인으로 영접한다.

그렇다면 예수 그리스도를 영접해야 한다. 이것은 당신의 인생에서 가장 중요한 선택이다. 당신은 인생에서 여러 가지 많은 것들을 선택해왔다. 친구들을 선택하고, 학업을 선택하고, 직업을 선택하고, 배우자를 선택했었다. 하지만 그 어떤 선택과도 비교할 수 없는 가장 중요한 선택이 예수 그리스도를 선택하는 것이다. 당신이 오늘 이 자리에서 예수님을 구주와 삶의 주인으로 모셔드리는 선택이야말로 가장 중요한 결정이다. 이 결정은 당신의 삶을 새로운 차원의 삶으로 인도해준다. 이 결정은 당신의 미래를 행복한 삶으로 바꾸어 준다. 당신이 이 선택을 실패한다면 당신은 인생에서 가장 큰 실패를 하는 것이다. 왜냐하면 당신은 천국과 영원한 생명을 잃어버리기 때문이다. 그러나 당신이 이것을 성공한다면 당신은 인생에서 가장 큰 성공을 거두는 것이다. 예수 그리스도를 구주와 삶의 주인으로 영접하는 것은 당신이 진실한 마음으로 영접할 때 이루어진다.

믿음이란 예수님을 영접하는 것이다. "영접하는 자 곧 그 이름을 믿는 자들에게는 하나님의 자녀가 되는 권세를 주셨으니"(요 1:12) 이 말씀을 보면 믿음이 바로 영접이라는 사실을 보여준다. 이 말씀에서 '곧'이라는 말은 앞과 뒤가 같다는 뜻이다. 영접하는 자가 믿는 자요, 믿는 자가 영접하는 자라는 사실을 보여준다. 당신이 예수 그리스도를 구주로 영접하는 것은 예수님만이 당신을 죄에서 구원하실 수 있는 분으로 인정하는 것이다. 그리고 삶의 주인으로 영접하는 것은 예수께서 당신의 모든 죄를 값없이 용서해 주신 것을 기쁜 마음으로 받아드리고, 그 동안 하나님 없이 살아온 삶을 회개하고 앞으로 주님 뜻대로 살기 위해서 예수 그리스도를 당신의 마음 왕좌에 모셔 드리는 것이다. 당신이 예수 그리스도를 마음 속에 영접할 때 당신의 죄를 대속하시고 부활하여 살아계시는 예수 그리스도를 실제로 만나는 것이다(계 3:20). 예수님을 당신의 삶의 주인으로 모시는 것이다. 당신이 죄로부터 돌이키는 분명한 회개가 있어야 한다. 그때 진정한 변화가 일어난다.

삶의 주인으로 모신다.

당신이 살아 계시고 참된 인격자이신 예수 그리스도를 영접하면 그분과 개별적으로 관계를 맺는 것이다. 그때 당신에게 놀라운 일이 일어난다. 예수 그리스도는 당신의 마음속에 들어가시면 그분이 주인이 되시겠다는 것을 요구하신다. 그분은 당신에게 완전한 복종을 요구하신다. 당신 삶의 전 영역에서 주인이 되기를 바라고 계신다. 당신의 가정생활과 사회생활과 직장생활, 당신의 모든 인간관계 가운데 그분이 당신의 주인이 되기를 바라신다. 물론 이 말은 예수께서 당신의 모든 것을 지배하시고 당신이 그분께 완전히 순종해야 구원을 받는 다는 것은 아니다. 단지 그렇게 살기 위해서 주인으로 모시는 것이다. 하나님은 예수 그리스도를 주와 그리스도가 되게 하셨다. "그런즉 이스라엘 온 집은 확실히 알지니 너희가 십자가에 못 박은 이 예수를 하나님이 주와 그리스도가 되게 하셨느니라 하니라"(행 2:36) 뿐만 아니라 당신이 예수 그리스도를 주로 시인해야 구원을 받을 수 있다. "네가 만일 네 입으로 예수를 주로 시인하며 또 하나님께서 그를 죽은 자 가운데서 살리신 것을 네 마음에 믿으면 구원을 받으리라 사람이 마음으로 믿어 의에 이르고 입으로 시인하여 구원에 이르느니라"(롬 10:9-10) 그러므로 당신은 기꺼이 예수님을 당신 삶의 주인과 인격의 주인으로 영접해야 한다. 나를 구원하시기 위해서 희생하신 예수 그리스도를 삶의 주인으로 일평생 섬기기 위해서 모시는 것이다. 물론 구원을 받자 그 즉시 주님께 순종하는 삶이 온전히 이루어지는 것은 아니다. 그러나 예수 그리스도께서 주가 되신 것은 그냥 얻어진 것이 아니다. 과연 어떤 대가를 지불하시고 그분이 주가 되셨는지 깊이 생각해야 한다. 바울은 예수께서 어떤 과정을 통해서 주가 되셨는지를 명확하게 소개한다.

"너희 안에 이 마음을 품으라 곧 그리스도 예수의 마음이니 그는 근본 하나님의 본체시나 하나님과 동등됨을 취할 것으로 여기지 아니하시고 오히려 자기를 비워 종의 형체를 가지사 사람들과 같이 되셨고 사람의 모양으로 나타나사 자기를 낮추시고 죽기까지 복종하셨으니 곧 십자가에 죽으심이라 이러므로 하나님이 그를 지극히 높여 모든 이름 위에 뛰어난 이름을 주사 하늘에 있는 자들과 땅에 있는 자들과 땅 아래에 있는 자들로 모든 무릎을 예수의 이름에 꿇게 하시고 모든 입으로 예수 그리스도를 주라 시인하여 하나님 아버지께 영광을 돌리게 하셨느니라"(빌 2:5-11)

이 말씀을 보면 예수께서 과거에 어떤 분이셨고, 어떤 일을 하셨으며, 그 결과 어떤 결과를 얻으셨는지를 명확하게 소개한다. 첫째, 예수께서는 하나님이셨다. 여기서 '그는 근본 하나님의 본체시나'로 소개된다. 그분은 하나님으로서 조금도 부족함이 없으신 분이셨다. 바울은 다른 곳에서 그분을 이렇게 소개한다. "그는 보이지 아니하는 하나님의 형상이시요 모든 피조물보다 먼저 나신 이시니 만물이 그에게서 창조되되 하늘과 땅에서 보이는 것들과 보이지 않는 것들과 혹은 왕권들이나 주권들이나 통치자들이나 권세들이나 만물이 다 그로 말미암고 그를 위하여 창조되었고 또한 그가 만물보다 먼저 계시고 만물이 그 안에 함께 섰느니라 그는 몸인 교회의 머리시라 그가 근본이시요 죽은 자들 가운데서 먼저 나신 이시니 이는 친히 만물의 으뜸이 되려 하심이요"(골1:15-18)

둘째, 예수께서 어떤 일을 하셨는지를 소개된다. 예수께서 하나님 아버지의 뜻에 복종하여 십자가에서 죽으셨다. 이 일이 가능하기 위해서 예수께서는 하나님과 동등 됨을 포기하시고 자신을 낮추시고 낮고 천한 인간의 몸을 입으시고 이 세상에 내려 오셨다. 예수께서 당신과 나를 위해 십자가에서 죽으셨기 때문에 당신과 나의 죄의 문제를 해결할 수 있다.

셋째, 예수께서는 어떤 결과를 얻으셨는가? 한 마디로 말하면 모든 사람의 주가 되셨다. 예수님께서 자신을 포기하시고 십자가에 죽으셨기 때문에 하나님 아버지께서 그분을 지극히 높이셨다. 이 세상에서 가장 뛰어난 이름을 주셨는데 그 이름이 바로 '주'라는 이름이다. 결국에는 모든 사람이 그분을 '주'라 시인하여 하나님 아버지께 영광을 돌리게 하셨다. 그러므로 당신은 예수님을 당신 삶의 주인으로 영접하는 것이다. 성경에서 예수님을 주인으로 모신 사람들은 그분을 주인으로 모신다는 의미가 무엇인지 알고 있었다. 왜냐하면 그 당시에는 노예 제도와 종의 제도가 있었고, 또한 그 시대에는 로마 제국의 황제인 가이사 외에는 주인으로 부를 수 없었기 때문이다. 가이사 외에 다른 사람을 주인으로 부르면 유대교에서 출교를 당하고 죽음까지도 당하였다.

요한복음 1장 12절에는 세 개의 동사가 나온다. "영접하는 자 곧 그 이름을 믿는 자들에게는 하나님의 자녀가 되는 권세를 주셨으니" 첫째는 '믿는다.'는 말인데, 이 말을 믿어야 할 어떤 사건이 있음을 보여준다. 우리는 십자가의 구속을 믿어야 한다. 둘째는 '영접한다.'는 말인데, 이 말은 영접할 대상이 있음을 보여준다. 바로 예수 그리스도를 구주와 주인으로 영접하는 것이다. 셋째는 '된다.'는 말인데, 이 말은 우리가 예수님을 영접할 때 하나님의 자녀가 되는 것이다. 참으로 당신은 예수께 의탁할 때만 완전해지고 충만해진다. 당신 생애의 중심부에 예수께서 계실 때만 당신은 비로소 바른 기능을 발휘할 수 있다.

당신은 예수님을 주인으로 모셔야 한다. '주'라는 의미의 헬라어 "쿠리오스"는 신약성경에서 600회 정도 기록되어 있다. 요한복음 20장 28절에서는 예수님의 열두 제자 중에 한 사람인 도마가 "나의 주"라고 고백했다. 그런데 성령의 역사가 없으면 예수님을 당신의 주로 고백할 수 없다. "그러므로 내가 너희에게 알리노니 하나님의 영으로 말하는 자는 누구든지 예수를 저주할 자라 하지 아니하고 또 성령으로 아니하고는 누구든지 예수를 주시라 할 수 없느니라"(고전 12:3).

당신이 예수님을 구주와 삶의 주인으로 인정하는 것은 그분을 당신의 전 생애, 당신의 전 소유, 당신의 전 행위, 당신의 의지할 대상, 당신의 시간의 절대적 주권자이심을 고백하는 것이다. "주여! 주여!" 하며 헛되이 염불 외우듯 하는 부름이 아니라 마음의 왕좌에 예수님을 주인으로 모시는 것이다.

전깃불을 켜는 스위치

당신이 예수 그리스도를 구주와 주인으로 영접하는 것은 전깃불을 켜는 스위치를 찾는 것과 같다. 혹시 당신은 전깃불을 켜기 위하여 스위치를 찾아 어두운 방을 더듬어 헤매 본 적이 있는가? 그 때 닥치는 대로 만져 보고, 그러다가 무엇이 얼굴에 부딪칠 수도 있다. 몇 발자국 움직이다가 휴지통을 발로 차기도 하고 가슴이 두근거리기도 한다. 그러다가 스위치를 발견하여 불을 켜면 비로소 안심할 것이다. 모든 것이 안전해진 것이다. 마찬가지로 당신이 예수 그리스도를 만나면 모든 것이 안전해진다.

예수 그리스도와 결혼한다.

당신이 예수 그리스도를 구주와 주인으로 영접하는 것은 당신이 예수 그리스도와 결혼하는 것과 같다. 남자와 여자가 결혼할 때 그들은 서로가 새로운 관계에 들어간다. 그들은 서로 새로운 책임을 갖게 된다. 이와 같이 당신이 예수 그리스도를 구주와 주인으로 영접할 때 그분께서도 당신을 받아들이신다. 그분은 풍족한 하나님으로서 당신을 받아들인다. 그분이 모든 것을 책임져 주신다. 그러나 당신도 그분을 영접했으면 그분에게 당신의 생활을 다스리시도록 맡겨야 한다.

영접이란 예수를 당신의 가장 중요한 곳에 받아들이는 것이다.

결혼도 서로의 상대가 지, 정, 의를 총동원하여 상대를 받아들이는 것이다.

첫째는 지의 영역에서 상대 배우자를 자세히 알아야 한다.

둘째는 정의 영역에서 상대를 사랑의 대상으로 느껴야 한다.

이 시점에서는 결혼이 아직 이루어지지 않았다. 어떤 사람들 중에는 연애를 아주 오래하다가 결혼한 사람도 있다. 이들의 경우 결혼하지 않았을 때에도 오래 사귀다 보니 상대를 잘 알고, 사랑을 느끼고, 선물도 주고받으며, 굳은 결혼약속을 하기도 한다. 그래도 이 시점은 아직 결혼한 것은 아니다.

셋째는 의지의 영역에서 의지의 결단을 통하여 결혼서약을 하고 상대를 받아들여야 한다. 신혼여행을 가서도 결혼서약을 통하여 확실하게 받아들였기 때문에 상대에게 자신의 몸을 서로가 허락하는 것이다. 이때 비로소 부부가 된 것이며 부부처럼 느껴질 것이다.

마찬가지로 예수님을 지, 정, 의를 통하여 그분을 삶의 주인으로 받아들이는 것이다. 당신의 마음 가운데는 가장 중요한 마음의 왕좌가 있다. 만일 그 왕좌에 당신 자신이 앉아 있다면, 그래서 삶의 모든 일을 당신 마음대로 한다면 당신은 그리스도인이 될 수 없다. 영접이란 죄라는 미친 여인과 살던 사람이 예수라는 의와 사랑과 진리와 하나님 자신인 분과 결혼하는 것과 같다.

지금 예수님을 영접할 수 있다.

영접하는 것을 가장 확실하게 보여주는 말씀은 요한계시록 3장 20절이다. "볼지어다 내가 문 밖에 서서 두드리노니 누구든지 내 음성을 듣고 문을 열면 내가 그에게로 들어가 그와 더불어 먹고 그는 나와 더불어 먹으리라"(계 3:20) 헐만 헌트의 '문밖에 서 계시는 그리스도'라는 그림을 본적이 있는가? 그 그림은 이 말씀의 의미를 깨닫고 헐만 헌트가 그린 그림이다. 그 그림을 보면 예수님이 먼저 문을 두드리고 계신다. "볼지어다 내가 문밖에 서서 두드리노니" 예수님께서 지금 당신의 마음 문을 두드리고 계신다. "누구든지 내 음성을 듣고" 당신은 예수님의 음성을 들었는가? 그러면 필자가 이 책을 통해서 당신에게 전해드린 복음이 당신을 구원하기 위한 하나님의 복음의 말씀이라고 확신하는가? 필자는 하나님의 복음의 말씀을 당신에게 대신 전해 준 우편배달부와 같다. 당신은 오늘 하나님의 복음의 말씀을 이 책을 통해서 들었다. "내 음성을 듣고 문을 열면 내가 그에게로 들어가" 당신이 문을 열면 예수님이 당신에게 들어가시겠다고 약속하고 계신다. 이제 당신은 이 순간에 예수님을 진심으로 영접하겠는가? 당신이 영접하기로 결단을 내렸다면 가장 좋은 선택을 하는 것이다. 당신이 예수님을 구주와 주인으로 마음속에 영접하기로 결단을 내렸다면 조용히 혼자만의 시간을 가질 수 있는 장소를 찾아 하나님 앞에 무릎을 꿇으라. 예수님을 영접하는 것은 예수 그리스도를 전인격적으로 믿고 받아드리는 것이다. 지성과 감성과 의지를 동원해서 예수님을 마음으로 믿는 것이다. 그러므로 진실한 마음으로 예수 그리스도를 영접하라.

"주 예수님, 저는 죄인입니다. 예수님께서 이미 나의 모든 죄를 십자가 위에서 단번에 다 용서하신 것을 믿습니다. 그러나 이 사실을 깨닫지 못하여 믿지 못하고 내 마음 대로 살아오면서 많은 죄를 지었습니다. 나의 모든 죄를 다 용서해 주십시오. 이제 예수님을 나의 삶의 구주와 주인으로, 나의 하나님으로 영접하오니 지금 내 마음속으로 들어오십시오. 내 마음속에서 내 삶을 다스려 주시고 앞으로는 주님 뜻대로 살게 도와주십시오. 예수님 이름으로 기도합니다. 아멘."

영접하는 것은 이렇게 예수님을 받아들이는 것과 같다.

"나는 참으로 성실하게 예수 그리스도를 믿고, 또 그렇게 하려고 합니다. 나는 예수 그리스도를 믿습니다. 나는 예수 그리스도께서 2천년 전에 십자가 위에서 나의 모든 죄의 빚을 이미 다 갚아주셨으며 그분을 믿는 나에게 값없이 영생을 주신다는 사실을 깨달았습니다. 그러므로 이제 나는 내 모든 의심을 다 떨쳐 버리겠습니다. 이제 더 이상 나의 감각적인 어떤 체험을 믿으려 하지 않겠습니다. 바로 이 순간 이곳에서 나는 그리스도께서 나를 위하여 이루신 일, 약속하신 그 약속을 믿겠습니다. 그리스도를 나의 구주와 주인으로 영접하고, 나의 모든 죄를 다 용서하시고 나를 구원하시고 내게 영생을 주시는 그의 말씀을 믿겠습니다. 예수님 이름으로 기도합니다."

"나는 길을 잃은 불쌍한 죄인입니다. 나는 예수께서 나 같은 불쌍한 죄인을 구원하시기 위하여 죽으신 것을 믿습니다. 그리스도께서 이미 나의 죄값을 지불하신 것을 믿고 받아 드립니다. 바로 이 순간 나의 모든 죄를 용서하실 것을 믿습니다. 내가 주님을 의뢰하고 그분을 나의 구주와 주인으로 영접합니다. 주님께 내 마음을 영원히 드립니다. 주님의 은혜로 그분이 나의 구주와 주인이 되심을 믿습니다. 이제 남은 일생을 예수 그리스도를 위한 생애로 살아갈 수 있도록 도와주십시오. 예수님 이름으로 기도합니다."

물론 영접기도만 하면 모든 사람이 구원을 받는 것은 아니다. 만일 복음을 이해하지 못하고 복음을 깨닫지 못하고 형식적으로 영접기도를 하면 그것이 당신을 구원으로 인도하는 것은 아니다. 그러므로 먼저 복음의 말씀을 온전히 이해하고 깨달아야 한다. 당신은 복음의 말씀을 깨달았는가? 당신은 복음을 깨달아야 한다. 당신은 복음으로 구원을 받기 때문이다. "내가 복음을 부끄러워하지 아니하노니 이 복음은 모든 믿는 자에게 구원을 주시는 하나님의 능력이

됨이라 먼저는 유대인에게요 그리고 헬라인에게로다"(롬 1:16) 복음 속에는 구원을 주시는 하나님의 능력이 들어 있다. 바울은 복음을 전하는 것을 부끄러워하지 않고 누구에게나 담대하게 전하였다.

바울은 고린도 교회 성도들에게 복음을 전하였다.

"형제들아 내가 너희에게 전한 복음을 너희에게 알게 하노니 이는 너희가 받은 것이요 또 그 가운데 선 것이라 너희가 만일 내가 전한 그 말을(복음의 말씀을) 굳게 지키고 헛되이 믿지 아니하였으면 그로 말미암아(복음으로 말미암아, 복음을 통해서) 구원을 받으리라 내가 받은 것을 먼저 너희에게 전하였노니 이는 성경대로 그리스도께서 우리 죄를 위하여 죽으시고"(고전 15:1-3) 우리는 여기서 구원 얻는 참된 믿음을 구별해야 한다. 장두만 박사는 「성침논단」의 논문에서 구원 얻는 참된 믿음이 무엇인지 설명했다(P. 22-23). "참된 믿음은 우리가 구원자이신 예수 그리스도를 전인격적으로 신뢰하는 것이다. '전인격적'이라는 것은 지, 정, 의 전체를 모두 포함하는 개념이다. 어떤 사람이 예수 그리스도를 전인격적으로 믿으면 구원받게 되고, 그렇게 되면 그의 삶에 전인격적인 변화가 생긴다. 예수를 진심으로 믿으면 예수 믿기 전과 예수 믿은 후가 분명히 구별된다는 말이다."

만일 당신이 지금 예수 그리스도를 지, 정, 의를 통해서 전인격적으로 영접하셨다면, 그리고 당신의 마음과 모든 고백이 진실이라면 당신은 예수님을 당신의 마음에 영접하였고 예수님은 당신 안에 들어오셨다. 예수님은 분명하게 말씀하셨다. "볼지어다 내가 문 밖에 서서 두드리노니 누구든지 내 음성을 듣고 문을 열면 내가 그에게로 들어가 그와 더불어 먹고 그는 나와 더불어 먹으리라"(계 3:20) 그분은 하나님이시다. 그분은 자신이 말씀하신 것을 반드시 지키신다. 느낌을 의존하지 말라. 하나님의 약속을 믿으라. 성경은 분명하게 말씀한다. "하나님은 사람이 아니시니 거짓말을 하지 않으시고 인생이 아니시니 후회가 없으시도다 어찌 그 말씀하신 바를 행하지 않으시며 하신 말씀을 실행하지 않으시랴"(민 23:19)

당신은 이제 그리스도와 연합되었다.

당신이 예수 그리스도를 마음에 영접하면 당신은 그분과 하나가 된다. 당신이 그리스도와 하나가 된 것은 가장 영광스러운 일이다. 감히 죄 많았던 인간이, 광대하시고 온 우주 만물을 창조하시고, 만왕의 왕이신 분과 하나가 되어 함께 살아간다는 것은 당신이 받은 큰 축복이다. 사실 당신은 구원받기 전에 그리스도 밖에 있었다. "그 때에 너희는 그리스도 밖에 있었고 이스라엘 나라 밖의 사람이라 약속의 언약들에 대하여는 외인이요 세상에서 소망이 없고 하나님도 없는 자이더니"(엡 2:12) 당신이 예수님을 믿고 구원받아서 그리스도 안에 들어오게 되었다. "너희는 하나님으로부터 나서 그리스도 예수 안에 있고 예수는 하나님으로부터 나와서 우리에게 지혜와 의로움과 거룩함과 구원함이 되셨으니"(고전 1:30) 당신은 이제 그리스도와 더불어 살아간다.

"볼지어다 내가 문 밖에 서서 두드리노니 누구든지 내 음성을 듣고 문을 열면 내가 그에게로 들어가 그와 더불어 먹고 그는 나와 더불어 먹으리라"(계 3:20) 예수님을 마음속에 영접하는 순간부터 당신은 예수님과 하나가 되어 예수님은 당신과 더불어, 당신은 예수님으로 더불어 살아간다. 그리스도와 믿는 자와의 연합을 말해 주는 성경구절들이 너무나 많이 있다. 누구든지 그리스도 안에 있으면 새로운 피조물이다. 하나님 아버지는 그리스도 안에서 하늘에 속한 모든 신령한 복을 주신다. 그리스도 안에서 우리에게 하나님의 은혜를 주셨다(고후 5:17, 엡 1:3-4, 고전 1:4-5). 예수 그리스도가 우리 안에 거하시는 것이 영광의 소망이요, 풍성한 삶의 비밀이다. "하나님이 그들로 하여금 이 비밀의 영광이 이방인 가운데 얼마나 풍성한지를 알게 하려 하심이라 이 비밀은 너희 안에 계신 그리스도시니 곧 영광의 소망이니라"(골 1:27) 바울은 "오직 내 안에 그리스도께서 사신 것이라"(갈 2:20)고 선포하고 있다. 이제 당신이 그리스도와 연합되었기 때문에 예수님이 주시는 모든 축복을 누릴 수 있다. 당신이 예수님 안에 들어가니 예수님에게 일어난 모든 일은 당신에게도 일어난 것이다. 예수님이 영원한 분이시기 때문에 당신도 영원히 오래 살 수 있다.

　예수님은 당신이 예수님과 하나로 연합되었다는 것을 포도나무 본체와 가지로 비유했다. "내 안에 거하라 나도 너희 안에 거하리라 가지가 포도나무에 붙어 있지 아니하면 스스로 열매를 맺을 수 없음 같이 너희도 내 안에 있지 아니하면 그러하리라 나는 포도나무요 너희는 가지라 그가 내 안에, 내가 그 안에 거하면 사람이 열매를 많이 맺나니 나를 떠나서는 너희가 아무 것도 할 수 없음이라"(요 15:4-5) 그리스도와의 연합은 법적인 특성을 가지고 있다. 이제 성부 하나님은 우리가 예수 그리스도와 하나로 보신다. 그분은 "예수는 의로우시지만 우리는 불의하다"고 말씀하시지 않으신다. 그분은 둘을 하나로 보시고 "그들은 의롭다"고 말씀하신다. 우리는 그리스도에게로 합병되었으며 그리스도는 또한 우리와 합병된 것이다. 서로의 모든 자산들은 이제 공동으로 소유하게 되었다. 그리스도와의 연합은 성령님에 의해서 이루어졌다. 바울은 로마서 8장 9절부터 11절에서 명확하게 말한다. "만일 너희 속에 하나님의 영이 거하시면 너희가 육신에 있지 아니하고 영에 있나니 누구든지 그리스도의 영이 없으면 그리스도의 사람이 아니라 또 그리스도께서 너희 안에 계시면 몸은 죄로 말미암아 죽은 것이나 영은 의로 말미암아 살아 있는 것이니라 예수를 죽은 자 가운데서 살리신 이의 영이 너희 안에 거하시면 그리스도 예수를 죽은 자 가운데서 살리신 이가 너희 안에 거하시는 그의 영으로 말미암아 너희 죽을 몸도 살리시리라"

당신은 하나님의 기업을 물려받는다.

"자녀이면 또한 상속자 곧 하나님의 상속자요 그리스도와 함께 한 상속자니 우리가 그와 함께 영광을 받기 위하여 고난도 함께 받아야 할 것이니라"(롬 8:17) 여기서 '상속자'란 대를 이어 상속을 받는 아들이다. 당신은 하나님의 아들로서 상속을 받는다. 당신은 아들로서 하나님 나라의 모든 기업과 축복을 상속받는다. 당신은 이 세상에서 제일 큰 회사의 기업보다 더 큰 하나님 나라의 기업을 물려받는다. "지금 내가 여러분을 주와 및 그 은혜의 말씀에 부탁하노니 그 말씀이 여러분을 능히 든든히 세우사 거룩하게 하심을 입은 모든 자 가운데 기업이 있게 하시리라"(행 20:32) 사도 바울의 간절한 기도 소리를 들어보라. 바울은 성도가 받은 기업이 얼마나 영광스럽고 얼마나 풍성한지를 알게 해 달라고 기도한다. "너희 마음의 눈을 밝히사 그의 부르심의 소망이 무엇이며 성도 안에서 그 기업의 영광의 풍성함이 무엇이며 그의 힘의 위력으로 역사하심을 따라 믿는 우리에게 베푸신 능력의 지극히 크심이 어떠한 것을 너희로 알게 하시기를 구하노라" (엡 1:18-19) 하나님은 믿음을 가진 당신에게 지극히 큰 축복을 베푸셨다. "이로 말미암아 그는 새 언약의 중보자시니 이는 첫 언약 때에 범한 죄에서 속량하려고 죽으사 부르심을 입은 자로 하여금 영원한 기업의 약속을 얻게 하려 하심이라" (히 9:15) 하나님은 당신을 거듭나게 하셨다. 그리고 살아 있는 소망을 주셨다. 썩지 않고 더럽지 않고 쇠하지 않는 기업을 당신에게 주시려고 하늘에 간직하고 계신다. "우리 주 예수 그리스도의 아버지 하나님을 찬송하리로다 그의 많으신 긍휼대로 예수 그리스도를 죽은 자 가운데서 부활하게 하심으로 말미암아 우리를 거듭나게 하사 산 소망이 있게 하시며 썩지 않고 더럽지 않고 쇠하지 아니하는 유업을 잇게 하시나니 곧 너희를 위하여 하늘에 간직하신 것이라" (벧전 1:3-4)

chapter 14
구원의 축복

칭의는 구원의 최고봉

성화는 믿음의 행함

영화는 구원의 완성

구원의 영원성

영생이란

풍성한 삶이란

양자됨의 축복

14. 구원의 축복

칭의는 구원의 최고봉이다.

칭의는 죄의 형벌로부터의 구원이다. 구원의 시제에서 이미 과거에 이루어진 구원이다. 칭의란 죄인이 예수 그리스도를 믿을 때에 하나님께서 그를 의롭다고 인정하시며 선언하시는 하나님의 은혜로운 선포이다. 하나의 과정이 아니라 이미 정해진 법이다. 그리스도를 믿는 즉시, 그리스도인은 하나님 앞에서 의인으로 서게 된다. 우리 자신의 노력이나 선행에 의한 것이 아니라 우리가 예수 그리스도를 믿을 때, 예수 그리스도의 공로로 우리를 의롭다고 하나님께서 선포하신다. 하나님은 우리를 보실 때, 십자가에서 완성된 그리스도의 의가 우리에게 덧입혀진 것으로 보신다. 우리는 오직 믿음으로 의롭다 하심을 얻기 때문에 하나님 앞에서 개인적인 공로를 주장하지 않는다.

칭의는 결코 변하지 않는다. 하나님께서 우리를 의롭다고 선포하셨기 때문에 죄 문제는 단번에 전부 해결되었다. 칭의는 죄의 문제를 영원히 해결해 놓은 것이다. 우리는 칭의 때문에 하나님 앞에 당당하게 서게 된다. 우리는 칭의 때문에 더 이상 죄인으로 취급당하지 않는다. 우리는 용서받은 죄인이 아니다. 하나님은 우리가 모든 죄를 용서 받았기 때문에 우리를 죄가 하나도 없는 의인으로 인정해 주신다. 즉 예수 그리스도를 믿는 사람을 의인이라고 법적으로 선포하시는 하나님의 은혜로우신 선언이 칭의이다. 칭의는 하나님의 법적인 선언이다. 칭의는 그리스도의 의를 믿는 자에게 전가시키는 하나의 법정에서의 선포이다. 이것은 법정의 판사가 피고인을 석방시킬 때 의롭다고 선언하는 것이다. 칭의는 그 성질상 선언적이며, 법정에서 의롭다고 판결을 받는 것과 같다.

"누가 능히 하나님께서 택하신 자들을 고발하리요 의롭다 하신 이는 하나님이시니 누가 정죄하리요 죽으실 뿐 아니라 다시 살아나신 이는 그리스도 예수시니 그는 하나님 우편에 계신 자요 우리를 위하여 간구하시는 자시니라"(롬 8:33-34) 칭의란 하나님이 법정에서 의롭다고 선언하는 하나님의 행위이다. 마치 재판관이 피고인을 풀어주는 것과 같은 행위이다.

우리는 하나님의 은혜로 값없이 의인이 되었다. "그리스도 예수 안에 있는 속량으로 말미암아 하나님의 은혜로 값 없이 의롭다 하심을 얻은 자 되었느니라"(롬 3:24) 하나님은 우리가 죄인이었지만 우리가 예수 그리스도를 믿을 때, 우리를 의인이라고 인정해 주신다. 사도 바울은 이 점을 분명하게 선포한다. "일을 아니할지라도 경건하지 아니한 자를 의롭다 하시는 이를 믿는 자에게는 그의 믿음을 의로 여기시나니 일한 것이 없이 하나님께 의로 여기심을 받는 사람의 복에 대하여 다윗이 말한 바 불법이 사함을 받고 죄가 가리어짐을 받는 사람들은 복이 있고 주께서 그 죄를 인정하지 아니하실 사람은 복이 있도다 함과 같으니라"(롬 4:5-8) 우리는 단지 믿음으로 의인이 되었다. 이는 사도들이 인정하는 내용이다. "그러므로 사람이 의롭다 하심을 얻는 것은 율법의 행위에 있지 않고 믿음으로 되는 줄 우리가 인정하노라, 일을 아니할지라도 경건하지 아니한 자를 의롭다 하시는 이를 믿는 자에게는 그의 믿음을 의로 여기시나니"(롬 3:28, 4:5) 우리는 예수 그리스도의 피로 이미 의인이 되었다. "그러면 이제 우리가 그의 피로 말미암아 의롭다 하심을 받았으니 더욱 그로 말미암아 진노하심에서 구원을 받을 것이니"(롬 5:9) 우리는 이제 절대로 정죄 당하지 않는다. 하나님께서 우리를 의롭다고 판결을 내렸기 때문이다. "누가 능히 하나님께서 택하신 자들을 고발하리요 의롭다 하신 이는 하나님이시니 누가 정죄하리요 죽으실 뿐 아니라 다시 살아나신 이는 그리스도 예수시니 그는 하나님 우편에 계신 자요 우리를 위하여 간구하시는 자시니라"(롬 8:33-34) 진정한 칭의는 성화로 인도한다. 칭의와 성화는 매우 밀접하게 관련되어 있다. 존 맥아더는 그의 책 「구원이란 무엇인가」에서 칭의와 성화의 연결을 설명하기 위해서 칼빈의 글을 인용한다(P. 135-136).

"그리스도는 의롭다 하시는 모든 인간을 성화시킨다. 칭의와 성화의 축복은 영원히 나눌 수 없는 연결로 결합되어 있다. 예수님은 그분의 지혜로 비추시는 자들을 구속하신다. 그리고 구속하시는 자들을 의롭다 하신다. 우리가 칭의와 성화를 구분하기는 하지만 둘 다 그리스도 안에서 구분함이 없이 함축되어 있다. 당신은 그리스도 안에서 칭의를 얻고 싶은가? 그렇다면 먼저 그리스도를 소유해야 한다. 그러나 그리스도의 성화에 동참하는 자가 되지 않고는 그리스도를 소유할 수 없다. 그리스도는 나눌 수 없기 때문이다. 그분은 칭의와 성화 둘 다를 베풀어 주신다. 다른 하나가 없이 어느 한 가지만 베풀어 주지는 않으신다. 따라서 우리에게 행위의 변화는 있지만 행위로 의롭다 하심을 얻는 것이 아님은 분명한 사실이다. 야고보는 참된 믿음으로 의롭다 하심을 얻은 자들이 믿음의 공허한 외형이 아닌 순종과 선한 행위로 자신이 의롭다 하심을 얻었음을 증명한다고 말하는 것이다. 한 마디로 말하면, 야고보는 칭의의 방식에 대해 논하는 것이 아니라 믿는 자들의 칭의가 작용하게 되어 있다고 말한다. 야고보는 선한 행위가 없는 자라면 아무도 의롭게 되었다고 여기지 말아야 한다고 주장한다." 칭의는 반드시 성화로 증거되어야 한다.

당신은 의롭다함을 얻었다.

"그리스도 예수 안에 있는 속량으로 말미암아 하나님의 은혜로 값 없이 의롭다 하심을 얻은 자 되었느니라"(롬 3:24) 의롭다함을 얻은 것은 하나님께서 의롭다고 칭해 주신 것이다. 그래서 '칭의'라고 부르며, 칭의의 반대는 정죄이다. 칭의는 하나님께서 주권적으로 역사 하시는 일로서 하나님께서 죄인을 의롭다고 선언하시는 것이다. 그때 정죄가 사라지고 죄책이 사라진다. "그러므로 이제 그리스도 예수 안에 있는 자에게는 결코 정죄함이 없나니"(롬 8:1) 당신이 의롭다 하심을 얻은 것은 예수님의 죽음에 근거해서 얻었다. "우리가 아직 죄인 되었을 때에 그리스도께서 우리를 위하여 죽으심으로 하나님께서 우리에 대한 자기의 사랑을 확증하셨느니라 그러면 이제 우리가 그의 피로 말미암아 의롭다 하심을 받았으니 더욱 그로 말미암아 진노하심에서 구원을 받을 것이니"(롬 5:8-9) 하나님이 당신을 사랑하시고, 예수님이 십자가를 통하여 피를 흘려주셨기 때문에 그 피 때문에 의롭다 함을 얻었다. 물론 당신이 믿었기 때문이다. 믿지 않았다면 의롭다 함을 얻을 수 없다.

"의로 여기심을 받을 우리도 위함이니 곧 예수 우리 주를 죽은 자 가운데서 살리신 이를 믿는 자니라 예수는 우리가 범죄한 것 때문에 내줌이 되고 또한 우리를 의롭다 하시기 위하여 살아나셨느니라"(롬 4:24-25) 당신을 의롭다고 하신 분은 하나님이시다. 어느 누구도 그것에 반대하거나, 그것을 무효화하거나, 다시 재판을 하자고 소송을 제기할 수 없다. 감히 정죄할 수도 없다. 당신은 완벽하게 의인이 되었다. "누가 능히 하나님께서 택하신 자들을 고발하리요 의롭다 하신 이는 하나님이시니 누가 정죄하리요 죽으실 뿐 아니라 다시 살아나신 이는 그리스도 예수시니 그는 하나님 우편에 계신 자요 우리를 위하여 간구하시는 자시니라" (롬 8:33-34) 하나님이 당신을 의인이라고 선언하였는데 누가 감히 하나님의 선언에 반대하겠는가? 당신을 하나님께서 하나님의 가족으로 받아들이셨는데 하나님이 택하신 당신을 누가 재판할 수 있겠는가? 하나님보다 능력이 많지 않고는 그 어느 누구도 당신을 건드릴 수 없다. 칭의는 당신의 상태와 관계있는 것이 아니고 당신의 위치와 관계가 있다. 당신은 하나님을 떠나서는 인정될 수 없다. 칭의는 하나님 앞에서의 당신의 위치를 가리키는 것이다. 그리스도를 떠나서 당신은 아무런 위치도 주장할 수 없다. 그리스도를 떠나 있을 때에는 당신은 죄인으로 정죄될 뿐이다. 그러나 예수님을 구세주로 모셔드릴 때 당신은 무죄로 풀려나 의롭다 하심을 얻게 되었다. 예수님이 친히 당신의 죄를 담당해 주셨기 때문이다.

성화는 믿음의 행함으로 나타난다.

성화란 죄의 세력으로부터의 구원이다. 구원의 시제에서 현재 구원을 이루어 나간다. 성화는 우리의 일상생활에서 죄를 물리치고 승리함으로 거룩한 삶을 살아가는 것이다. 성화란 죄로부터 분리된 삶을 살아가는 과정이다. 우리는 성화를 이루기 위해서 신앙생활을 한다. 이미 칭의의 구원을 받은 사람은 현재의 생활 속에서 성화의 구원을 이루어야 한다. 밀라드 에릭슨은 그의 저서 「구원론」에서 성화의 성격을 설명하고 있다(P. 219-222).

"성화란 믿는 자의 삶 속에서 그를 실제적으로 거룩하게 만드시는 하나님의 계속적인 역사이다. '거룩하게'가 의미하는 것은 하나님과 같은 성품을 실제로 지니게 됨을 뜻한다. 성화란 그 사람의 도덕적인 상태가 하나님 앞에서의 그의 법적 신분에 일치하는 수준까지로 끌어올려지는 과정이다. 이것은 믿는 자 속에 새 생명이 주어지고 심기어지는 때인 거듭날 때에 시작된 사역이 계속되는 과정이다. 특히 성화란 그리스도께서 이루신 구속사역을 믿는 자의 삶에 적용하시는 성령의 사역이라고 할 수 있다. 성화라는 단어는 두 가지 기본적인 의미가 있는데 첫째는 어느 특정의 물체들이나 사람 또는 장소들의 외형적인 특성으로서의 거룩이라는 개념이다. 이것은 일반적이거나 세속적인 일들로부터 구별되고 분리되어 특별한 목적이나 사용을 위해 바쳐진 상태를 말한다. 둘째는 도덕적인 선함과 영적으로 성숙함을 뜻한다. 이것은 믿는 자가 단지 외적으로 분리됨만을 의미하는 것이 아니라 믿는 자가 자신의 신분에 일치하는 삶을 살아감을 뜻한다. 그들은 순수하고 선한 삶을 살아야 하는 것이다. 우리의 신분은 거룩한 삶의 결과가 있어야만 한다. '그러므로 주 안에서 갇힌 내가 너희를 권하노니 너희가 부르심을 받은 일에 합당하게 행하여 모든 겸손과 온유로 하고 오래 참음으로 사랑 가운데서 서로 용납하고'(엡 4:1-2) 칭의란 한 순간에 완성되는 순간적인 사건인 반면에 성화란 그 완성을 위해서는 전 생애가 요구되는 하나의 과정적 사건인 것이다. 칭의란 하나의 법정적이고 선언적인 문제이나 성화란 그 사람의 상태와 성품이 실제적으로 변화되는 것이다."

김세윤 교수는 그의 저서 「구원이란 무엇인가」에서 성화의 필요성에 대해 이렇게 썼다(P. 103-104). "이 그리스도인의 성화가 구원의 현재입니다. 구원의 현재는 이미 과거에 구원을 받은 우리가(믿음으로 의인이 되고 새로운 피조물이 된 우리가) 현재에 의인으로서(하나님의 아들로서, 하나님의 피조물로서) 스스로를 재확인하는, 즉 이 세상의 가치를 따르지 않고 하나님 나라의 가치를 천명하고 고난을 받으며, 십자가에 죽은 '자기 주장하는 옛사람'이 실제로 죽어가는 과정입니다. 그와 동시에 부활로 새로워진 새 생명이 실재화 되어 가는 과정입니다. 그래서 그리스도의 거룩한 형상으로, 하나님의 형상으로 닮아가는 것이 구원의 현재입니다. 종말로 예수 그리스도가 다시 오실 때 이 성화의 과정 곧 십자가를 지고 옛사람이 죽어 가며 새로운 사람이 날로 새롭게 되어 가는 과정이 종결지어질 것입니다. 그때 우리가 예수님의 부활에 완전히 참예하게 되고(롬 6:6), 우리가 하나님의 아들이요 마지막 아담인 예수님의 영광된 형상으로 완전히 변화될 것입니다. 이것이 영화입니다. 이것이 구원의 미래입니다."

   성화는 구원받은 사람에게 필수적이다. 진정으로 구원받은 사람은 현재의 삶에서 행함으로 자신의 구원을 증명할 수 있어야 한다. 행함이 없는 믿음은 죽은 믿음이다. 성화는 칭의와 연결되어 있다. 존 맥아더는 그의 저서 「구원이란 무엇인가」에서 참된 칭의는 성화를 가져온다는 것을 증거하며, 도널드 그레이스 반하우스의 글을 인용한다(P. 170).

   "칭의가 성화는 아니지만 칭의는 성화를 낳도록 되어 있다. 거룩함은 그리스도인의 삶의 시금석이 되어야 한다. 그리스도가 자기 백성들을 죄에서 구원하기 위해 오셨다(마 1:21). 그들은 자신의 죄에 빠져 구원받지 못할 자들이었다. 그리고 죄 속에 묻혀 생을 마감할 자들이었다. 칭의와 성화는 몸과 머리처럼 불가분의 관계다. 어느 한 쪽이 없는 다른 쪽을 가질 수는 없다. 하나님은 삶의 새로움과 분리된 불필요한 의를 주지 않으신다. 칭의는 성화와 무관하게 일어나지만 칭의가 일어난 후에는 반드시 성화가 시작된다. "모든 사람으로 더불어 화평함과 거룩함을 좇으라 이것이 없이는 아무도 주를 보지 못하리라." (히 12:14). 거룩함은 칭의가 끝나는 곳에서 시작한다. 그리고 거룩함이 시작하지 않는다면 우리에게는 칭의가 결코 시작되었다고 여길 권리가 없다."

우리는 무엇으로 거짓 믿음과 참된 믿음을 구별할 수 있는가? 그것은 참된 믿음이 가져오는 믿음의 행함이다. 행함은 믿는 자의 삶 속에 반드시 나타난다. 행함이 없는 믿음은 죽은 믿음이다. 존 맥아더는 그의 저서「구원이란 무엇인가」에서 죽은 믿음에 대해 이야기한다(P. 229-230).

"야고보는 이제 가장 강력한 훈계를 한다. '아아 허탄한 사람아 행함이 없는 믿음이 헛것인 줄을 알고자 하느냐' (약 2:20) 야고보는 반대자를 '공허하고 결함이 있는' 이라는 뜻의 '허탄한 사람' 이라고 부른다. 그런 사람은 공허하다. 살아 있는 믿음이 없기 때문이다. 믿는다는 그의 주장은 거짓이다. 그의 믿음은 가짜다. 20절에 나오는 '믿음' 과 '행함' 모두 헬라어로는 정관사가 붙어 있다. 그래서 '그 행함이 없는 그 믿음' 이다. '헛것' 이라는 것은 알게로 '메마르고 생산을 하지 못하는' 이라는 뜻이다. 그 뜻은 구원에 대해 생산적이지 못하다는 것처럼 들린다. 죽은 정통성은 구원의 능력이 없다. 오히려 참되고 살아 있는 믿음을 방해하는 걸림돌이 될 수 있다. 그래서 야고보는 구원의 두 방식을 대조하고 있지 않다. 그는 두 종류의 믿음을 대조 시키고 있다. 구원의 믿음과 구원하지 못하는 믿음이 그것이다."

이제 믿음의 행함과 율법의 행위를 비교해보라. 야고보 사도는 믿음의 행함을 강조한다. "이로 보건대 사람이 행함으로 의롭다 하심을 받고 믿음으로만은 아니니라, 영혼 없는 몸이 죽은 것 같이 행함이 없는 믿음은 죽은 것이니라"(약 2:24, 26) 이 말씀을 보면 행함으로 의롭다함을 받고 믿음으로만 아니라고 말한다. 사도 바울이 로마서에서 강조한 것은 무엇인가? "그런즉 자랑할 데가 어디냐 있을 수가 없느니라 무슨 법으로냐 행위로냐 아니라 오직 믿음의 법으로니라 그러므로 사람이 의롭다 하심을 얻는 것은 율법의 행위에 있지 않고 믿음으로 되는 줄 우리가 인정하노라"(롬 3:27-28) 사도 바울은 여기서 사람이 의롭게 되는 것은 행위가 아니라 믿음으로 된다고 말한다. 어떻게 보면 야고보의 주장과 사도 바울의 주장이 서로 상치되는 것처럼 보인다. 한쪽은 행함을 강조하고 한쪽은 믿음을 강조한다. 당신은 이 말씀을 어떻게 이해하는가? 하나님의 말씀이 모순적인가? 이것을 해결하는 법은 간단하다. 율법의 행위와 믿음의 행함을 구분하면 해결된다. 사도 바울이 로마서에서 강조한 율법의 행위는 율법을 지켜서 구원받으려는 것을 말한다. 야고보가 강조한 믿음의 행함은 어떤 사람이 진정으로 구원을 받았기 때문에 진정한 믿음을 소유했다면 반드시 행함이 있어야함을 강조한 것이다. 반드시 참된 믿음이 있으면 행함이 오는 것이다. 따라서 만약 행함이 없다면 그것은 잘못된 거짓 믿음이다. 로마서 말씀도 맞고 야고보서 말씀도 맞다. 성경을 보라. 어디에도 율법의 행함이라는 말은 나오지 않는다. 반드시 율법의 행위로 기록되어 있다. 그러므로 율법의 행위로는 구원을 받을 수 없다고 바울이 썼다. "그런즉 자랑할 데가 어디냐 있을 수가 없느니라 무슨 법으로냐 행위로냐 아니라 오직 믿음의 법으로니라"(롬 3:27) 사도 바울이 인정한 것은 무엇인가? "그러므로 사람이 의롭다 하심을 얻는 것은 율법의 행위에 있지 않고 믿음으로 되는 줄 우리가 인정하노라"(롬 3:28) 야고보서 2장 21절부터 26절에 등장하는 두 인물은 진정한 믿음이 있었기 때문에 행동했던 사람들이다. 먼저 아브라함을 생각해 보라. 아브라함이 이삭을 제단에 드릴 때 보였던 행함은 자신이 이삭을 번제로 드려도 하나님이 다시 살려주실 것을 믿었기 때문에 믿음으로 이삭을 드렸다. 히브리서 기자는 이 사실을 명확하게 지적한다. "아브라함은 시험을 받을 때에 믿음으로 이삭을 드렸으니 그는 약속들을 받은 자로되 그 외아들을 드렸느니라 그에게 이미 말씀하시기를 네 자손이라 칭할 자는 이삭으로 말미암으리라 하셨으니 그가 하나님이 능히 이삭을 죽은 자 가운데서 다시 살리실 줄로 생각한지라 비유컨대 그를 죽은 자 가운데서 도로 받은 것이니라"(히 11:17-19) 여기 18절에서 "이미 말씀하시기를"이라는 뜻은 하나님께서 아브라함에게 이삭을 통하여 수많은 바다의 모래처럼, 하늘의 별들처럼 자손을 많게 해주신다고 약속하셨으니까 이삭을 번제로 드려도 하나님은 자신이 하신 말씀을 책임지기 위해서 다시 이삭을 살리실 것을 믿었기 때문에 이삭을 드릴 수 있었다. 여기 19절에서 "아브라함이 하나님이 능히 이삭을 죽은 자 가운데서 다시 살리실 줄로 생각한지라"는 말씀은 아브라함이 하나님이 다시 살리실 것을 믿었다는 것을 보여 준다. 아브라함의 행동은 진정한 믿음을 가지고 있었기 때문에 한 행동이었다.

이제 두 번째 인물 기생 라합을 생각해 보라. 그녀도 믿음이 있었기 때문에 한 행동이었다. 그녀는 오히려 율법의 행위로 보면 율법을 어긴 사람이다. 자기 나라 사람들이 다 죽으라고 정탐꾼을 숨겨주었고, 또 숨겨주지 않았다고 거짓말까지 했다. 그녀는 도덕적으로 옳지 않은 기생이었다. 그런데 성경은 그녀에게 행함으로 의롭다함을 받았다고 말한다. "또 이와 같이 기생 라합이 사자들을 접대하여 다른 길로 나가게 할 때에 행함으로 의롭다 하심을 받은 것이 아니냐"(약 2:25) 기생 라합은 하나님께서 이미 가나안 땅을 이스라엘 백성들에게 주셨다는 사실을 믿었기 때문에 한 행동이었다. 이것은 무엇을 말해주는가? 우리가 진정으로 구원을 받았고 하나님을 믿는 사람이라면 행함이 있어야 한다. 그러므로 행함이 없는 믿음은 짝퉁 구원이다. 그리고 행함은 우리의 생활에서 성화를 이루는 현재의 구원이다. 칭의의 구원을 받았다면 반드시 삶 가운데서 죄로부터 분리된 삶을 살아 성화를 이루어야 한다.

영화는 구원의 완성이다.

영화란 죄의 존재로부터의 구원이다. 구원의 시제에서 미래에 이루어지는 구원으로서 마지막 단계에 이루어지는 구원이다. 이것은 예수님이 재림하실 때 우리 몸이 예수님의 몸과 같이 영화롭게 부활할 때 이루어진다. 이 때 우리는 죄와 이별하게 되어 죄를 짓고 싶어도 죄를 지을 수 없게 된다. 우리의 구원이 영원히 완성되는 것이다. 우리는 영화로 우리의 구원을 완성하실 예수 그리스도를 기다리고 있다. 하늘에 계시는 예수 그리스도께서 오시면 그분이 우리의 낮은 몸을 영광스러운 몸으로 부활시켜 우리를 영화롭게 하신다. "그러나 우리의 시민권은 하늘에 있는지라 거기로부터 구원하는 자 곧 주 예수 그리스도를 기다리노니"(빌 3:20) 영화는 빌립보서 3장 20절에 언급된 영광과 연관이 있다. 영광의 히브리어 '

카보드'는 한 개인의 부와 화려함과 광채를 나타낸다. 이 단어가 하나님에 대하여 사용될 때 그것은 그분의 모든 본성의 위대하심을 말한다. 시편 기자는 하나님을 영광의 왕으로 소개한다. "문들아 너희 머리를 들지어다 영원한 문들아 들릴지어다 영광의 왕이 들어가시리로다 영광의 왕이 누구시냐 강하고 능한 여호와시요 전쟁에 능한 여호와시로다 문들아 너희 머리를 들지어다 영원한 문들아 들릴지어다 영광의 왕이 들어가시리로다 영광의 왕이 누구시냐 만군의 여호와께서 곧 영광의 왕이시로다" (시 24:7-10) 신약의 헬라어 '독싸'는 밝음, 광채, 위대함, 명예 등의 의미를 지니고 있다. 여기서 우리는 영광이 구약에서 성부 하나님께로 돌려졌듯이 신약에서는 예수 그리스도에게로 돌려졌음을 발견한다.

첫째, 예수님은 아버지의 영광으로 부활하셨고 영화롭게 되셨다. "그러므로 우리가 그의 죽으심과 합하여 세례를 받음으로 그와 함께 장사되었나니 이는 아버지의 영광으로 말미암아 그리스도를 죽은 자 가운데서 살리심과 같이 우리로 또한 새 생명 가운데서 행하게 하려 함이라, 아브라함과 이삭과 야곱의 하나님 곧 우리 조상의 하나님이 그의 종 예수를 영화롭게 하셨느니라 너희가 그를 넘겨 주고 빌라도가 놓아 주기로 결의한 것을 너희가 그 앞에서 거부하였으니" (롬 6:4, 행 3:13)

둘째, 예수님은 영광 가운데서 승천하셨다. "크도다 경건의 비밀이여, 그렇지 않다 하는 이 없도다 그는 육신으로 나타난 바 되시고 영으로 의롭다 하심을 받으시고 천사들에게 보이시고 만국에서 전파되시고 세상에서 믿은 바 되시고 영광 가운데서 올려지셨느니라" (딤전 3:16)

셋째, 예수님은 큰 영광 가운데 이 땅에 재림하신다. "그 때에 인자의 징조가 하늘에서 보이겠고 그 때에 땅의 모든 족속들이 통곡하며 그들이 인자가 구름을 타고 능력과 큰 영광으로 오는 것을 보리라. 인자가 자기 영광으로 모든 천사와 함께 올 때에 자기 영광의 보좌에 앉으리니"(마 24:30, 25:31) 이제 우리의 구원이 완성될 때 우리도 영광을 입고 영화롭게 된다. 시편 기자는 분명하게 선포한다. "주의 교훈으로 나를 인도하시고 후에는 영광으로 나를 영접하시리니"(시 73:24) 우리는 앞으로 나타날 영광을 바라보고 현재의 어려움을 참고 이긴다. "생각하건대 현재의 고난은 장차 우리에게 나타날 영광과 비교할 수 없도다. 우리가 잠시 받는 환난의 경한 것이 지극히 크고 영원한 영광의 중한 것을 우리에게 이루게 함이니"(롬 8:18, 고후 4:17) 사도 요한은 우리에게 세 가지 구원을 소개한다. "보라 아버지께서 어떠한 사랑을 우리에게 베푸사 하나님의 자녀라 일컬음을 받게 하셨는가, 우리가 그러하도다 그러므로 세상이 우리를 알지 못함은 그를 알지 못함이라 사랑하는 자들아 우리가 지금은 하나님의 자녀라 장래에 어떻게 될지는 아직 나타나지 아니하였으나 그가 나타나시면 우리가 그와 같을 줄을 아는 것은 그의 참모습 그대로 볼 것이기 때문이니 주를 향하여 이 소망을 가진 자마다 그의 깨끗하심과 같이 자기를 깨끗하게 하느니라"(요일 3:1-3)

첫째는 칭의의 구원을 소개한다. 하나님 아버지께서 사랑으로 우리를 하나님 자녀가 되게 하셨다. 우리가 지금은 하나님의 자녀이다. 이것이 바로 칭의의 구원이다.

둘째는 영화의 구원을 소개한다. 이 영화의 구원은 아직 나타나지 않았다. 요한은 이 영화를 '장래에 어떻게 될 것은 아직 나타나지 않았으나 그가 나타내심이 되면 우리가 그분처럼 동일하게 부활한다.'고 소개한다.

셋째는 3절에서 소개하는 성화의 구원이다. 영화의 구원의 소망을 가진 자들은 그리스도처럼 자신을 깨끗하게 해야 한다고 도전한다. 자신을 깨끗하게 하는 삶이 바로 성화를 이루는 것이다. 사도 바울은 영화를 장차 나타날 영광으로 소개한다. "생각하건대 현재의 고난은 장차 우리에게 나타날 영광과 비교할 수 없도다"(롬 8:18) 영화의 구원도 우리 하나님께서 이루어 주신다. "능히 너희를 보호하사 거침이 없게 하시고 너희로 그 영광 앞에 흠이 없이 기쁨으로 서게 하실 이"(유 1:24) 하나님께서 우리를 불러 주시고, 의롭게 해 주시고, 영화롭게 하신다. "우리가 알거니와 하나님을 사랑하는 자 곧 그의 뜻대로 부르심을 입은 자들에게는 모든 것이 합력하여 선을 이루느니라 하나님이 미리 아신 자들을 또한 그 아들의 형상을 본받게 하기 위하여 미리 정하셨으니 이는 그로 많은 형제 중에서 맏아들이 되게 하려 하심이니라 또 미리 정하신 그들을 또한 부르시고 부르신 그들을 또한 의롭다 하시고 의롭다 하신 그들을 또한 영화롭게 하셨느니라"(롬 8:28-30)

영화란 우리의 구원이 영원히 완성되어 예수님의 영광스러운 몸과 같은 몸으로 부활하여 새로운 환경에 들어가는 것이다. "또 내가 새 하늘과 새 땅을 보니 처음 하늘과 처음 땅이 없어졌고 바다도 다시 있지 않더라 또 내가 보매 거룩한 성 새 예루살렘이 하나님께로부터 하늘에서 내려오니 그 준비한 것이 신부가 남편을 위하여 단장한 것 같더라 내가 들으니 보좌에서 큰 음성이 나서 이르되 보라 하나님의 장막이 사람들과 함께 있으매 하나님이 그들과 함께 계시리니 그들은 하나님의 백성이 되고 하나님은 친히 그들과 함께 계셔서 모든 눈물을 그 눈에서 닦아 주시니 다시는 사망이 없고 애

통하는 것이나 곡하는 것이나 아픈 것이 다시 있지 아니하리니 처음 것들이 다 지나갔음이러라"(계 21:1-4) 우리가 거할 곳은 완벽한 환경으로 준비된다. 하나님의 영광이 임재하실 곳이기 때문에 그곳은 완벽한 곳이다. 이 땅에서 우리는 우리의 불완전함을 깨닫고 고통하거나 신음하는 때가 있었다. 그러나 우리는 분명한 영화의 소망을 가지고 있다. 이것은 더욱 좋은 것이 우리 앞에 놓여 있는 것이다. 우리는 하나님께서 우리에게 의도하셨던 모든 축복들이 성취된 존재들이 된다. 그 때 우리는 완성된 인간으로서 온전한 삶을 살게 되는 것이다. 이 얼마나 놀라운 구원의 완성인가?

구원의 영원성

우리가 받은 영생은 풍성한 삶으로 나타난다. "도둑이 오는 것은 도둑질하고 죽이고 멸망시키려는 것뿐이요 내가 온 것은 양으로 생명을 얻게 하고 더 풍성히 얻게 하려는 것이라 나는 선한 목자라 선한 목자는 양들을 위하여 목숨을 버리거니와"(요 10:10-11) 여기서 예수님은 양과 목자와의 관계를 먼저 설명하신다. 예수는 선한 목자이시다. 그분은 "나는 선한 목자라 선한 목자는 양들을 위하여 목숨을 버리거니와"(요 10:11)라고 말씀하셨다. 인간은 양에 비유된다. 인간을 양으로 비유하는 것은 양은 다른 동물과는 달리 목자 없이는 살아갈 수 없기 때문이다.

김남준 목사는 「기도 마스터」에서 인간을 양에 비유한 이유를 정확하게 썼다.

"그렇게 많은 동물 중에서 왜 하필이면 우리를 양에다 비유하셨는가? 이 세상의 모든 동물들은 자기를 보호할 수 있는 기본적인 기능을 가지고 있다. 사자에게는 날카로운 이빨과 발톱이 있고, 얼룩말은 날카로운 이빨은 없지만 부지런히 도망갈 수 있는 다리와 화나면 차버릴 수 있는 뒷발이 있다. 새는 날 수 있는 날개가 있고 카멜레온은 적으로부터 자신을 은폐할 수 있는 보호색을 만들어낼 수 있다. 또 스컹크는 악취를 내뿜어 자기를 보호하기도 한다. 그러나 양에게는 자기를 보호할 아무 장비도 없다. 뿔이 있다지만 사슴이라든지 염소처럼 한 번 받아서 상대를 크게 위협할 정도는 안 된다. 양의 입을 벌려 그의 이빨을 보라. 그것들은 마치 사람 치아와 흡사하며 또 초식을 위한 것이라서 씹기에는 좋지만, 고기 같은 것을 물어뜯을 수는 없게 되어 있는 그런 이빨이다. 다리는 짤막하고 살이 쪄서 빨리 도망가지도 못하고 물을 유난히 무서워해서 흐르는 물을 마시지도 못한다. 하나님께서 우리를 이런 동물에다 비유하시는 이유가 무엇인지 아는가? 우리는 '혼자서는 살 수 없도록' 만드신 피조물이기 때문이다. 하나님의 품안에서 그분과 관계를 가지고 여호와만을 즐거워하면서 살아가도록 만들어진 피조물이라는 말씀이다."

그러므로 양은 반드시 목자의 인도를 받아야 한다. 하지만 양은 자기 길을 고집하며 자기 마음대로 하려는 경향이 있다. 마찬가지로 우리 인간도 하나님을 떠나서는 살아갈 수 없는 존재이다. 하나님을 떠나서는 결코 참된 행복을 누릴 수 없다. 우리는 참된 목자 되시는 하나님 안에 있을 때에만 진정으로 행복한 삶을 살 수 있다. 우리가 하나님을 떠나서 살 수 있다고 생각하는 것은 죄이다. 요한복음 10장 10절에서 "무엇을 얻게 하고, 무엇을 얻게 하려는 것이라"는 말이 강조되는데 이것은 예수님이 이 땅에 오신 목적과 의도와 계획을 설명해 준다. 예수님은 이 세상에 왜 오셨는가? 그분은 우리에게 영원한 생명과 풍성한 삶을 이루어주기 위해서 오셨다. 영생을 통해서 이루어지는 풍성한 삶은 예수 그리스도와의 관계 속에서 살아갈 때 오는 삶의 질이다. 그분은 누구에게도 쉬운 삶을 약속하지는 않으셨다. 그러나 풍성한 삶을 약속하셨다.

이 새로운 질의 삶은 지금 시작하여 영원까지 계속된다. 그분을 통해 우리는 이 땅에서 풍성한 삶을 즐길 수 있을 뿐 아니라 그것이 끝없이 지속되리라는 확신을 가질 수 있다. 기독교는 지루하지 않다. 삶을 가장 풍성하게 사는 방법이다. 기독교는 거짓말이 아니라 유일한 진리이다. 기독교는 우리와 상관이 없는 것이 아니라 우리의 삶 전체를 바꾸어 놓을 수 있다. 이것이 우리를 향한 하나님의 계획이다. 우리가 하나님의 이러한 계획을 모르고 영생도 얻지 못하고 하나님이 주시는 풍성한 삶을 누리지 못한다면 참으로 슬픈 일이다.

영생이란 무엇인가?

영생이란 영원히 죽지 않고 오래 사는 생명이다. 그러나 시간적인 개념으로만 영원히 죽지 않고 오래 사는 것은 아니다. 예수 믿지 않는 사람도 영원히 오래 살기 때문이다. 성경은 분명하게 경고한다. "그들은 영벌에, 의인들은 영생에 들어가리라 하시니라"(마 25:46) '영벌'이란 영원한 형벌을 말한다. 믿지 않는 사람은 죽은 후에 심판이 있고 죄의 형벌로 지옥 불못에 들어가 세세토록 고통을 당하게 된다. 영생이란 시간적인 개념과 질적인 개념이 포함된다. 영원히 오래 살되 행복하게 오래 살며, 풍성하게 오래 사는 것이다. 영생은 죽어서 이루어지는 것이 아니라 예수 믿고 구원을 얻는 순간부터 영생을 얻고, 영생을 얻는 순간부터 행복하고 풍성한 삶이 이루어진다.

풍성한 삶이란 무엇인가?

예수님이 주시는 풍성한 삶이 있다. 요한복음 10장 10절에서 "더 풍성히 얻게 하려는 것이라"는 뜻은 무엇을 의미하는 것인가? 이 말씀의 문맥을 살펴보면 앞의 말을 받게 되어 있다. "양으로 생명을 얻게 하고, 그 생명을 더 풍성히 얻게 하려는 것이라"는 뜻이다. 영생이란 질적으로 행복하게, 풍성하게 오래 산다는 뜻이다. 예수님이 이 땅에 오신 목적은 우리에게 영생을 주고, 인간의 모든 문제를 해결하여 풍성한 삶을 이루어 주기 위해서 오셨다. 풍성한 삶이란 어떤 삶인가? 풍성한 삶은 다음 네 가지가 이루어지는 삶이다.

첫째, 풍성한 삶이란 예수 그리스도의 십자가의 승리를 통하여 인간의 모든 문제를 해결하는 삶이다. 예수님은 우리 인생의 진정한 해방자로 오셨다. 우리의 죄와 저주와 가난과 불안과 공포와 스트레스와 질병과 죽음에서 해방시켜 참된 자유를 누리게 하기 위해서 오셨다. 완전히 인간의 운명과 저주와 팔자를 고쳐주기 위해서 오셨다. 성경은 분명하게 말씀한다. "주의 성령이 내게 임하셨으니 이는 가난한 자에게 복음을 전하게 하시려고 내게 기름을 부으시고 나를 보내사 포로 된 자에게 자유를, 눈 먼 자에게 다시 보게 함을 전파하며 눌린 자를 자유롭게 하고 주의 은혜의 해를 전파하게 하려 하심이라 하였더라, 그리스도께서 우리를 위하여 저주를 받은 바 되사 율법의 저주에서 우리를 속량하셨으니 기록된 바 나무에 달린 자마다 저주 아래에 있는 자라 하였음이라 이는 그리스도 예수 안에서 아브라함의 복이 이방인에게 미치게 하고 또 우리로 하여금 믿음으로 말미암아 성령의 약속을 받게 하려 함이라"(눅 4:18-19, 갈 3:13-14) 예수님이 우리를 위해 저주를 받으셨기 때문에 우리는 저주에서 해방되었다. 결국 십자가는 우리를 저주에서 해방시키고, 죄에서 해방시키고, 가난에서 해방시키고, 율법에서 해방시키고, 질병에서 해방시키고, 모든 문제를 해결한다. 우리는 아브라함의 축복을 받게 되었다. 아브라함 개인의 복, 가정의 복, 가문의 복, 민족의 복, 열방의 복을 이제 우리가 받는다. 왜냐하면 우리가 구원을 받으면 영적으로 아브라함의 후손이기 때문이다.

성경은 분명하게 선포한다. "그런즉 믿음으로 말미암은 자들은 아브라함의 자손인 줄 알지어다"(갈 3:7) 이것을 모르는 사람들이 많기 때문에 '아브라함의 자손인 줄 알지어다'라고 선포한다. 이방인인 우리가 왜 아브라함의 복을 받아야 하는지 그 이유를 분명하게 밝히고 있다. 모든 이방인이 아브라함을 인하여 복을 받을 것을 강조하고 있다. "또 하나님이 이방을 믿음으로 말미암아 의로 정하실 것을 성경이 미리 알고 먼저 아브라함에게 복음을 전하되 모든 이방인이 너로 말미암아 복을 받으리라 하였느니라 그러므로 믿음으로 말미암은 자는 믿음이 있는 아브라함과 함께 복을 받느니라"(갈 3:8-9)

둘째, 풍성한 삶이란 하루하루의 삶이 의미 있고, 보람 있고, 가치 있는 삶이다. 하루 중에 한숨이나 쉬고, 삶이 고달프고 지겨워서 술이나 먹고, 싸우고 다투며, 속이고 미워하는 삶이 아니다. 욕심 때문에 남의 것을 도둑질하고 시기 질투하는 삶이 아니다. 보람된 삶이란 살맛나는 인생이며, 누군가를 보살피고 사랑을 실천하며 상대방의 필요를 채워 주는 삶이다.

셋째, 풍성한 삶이란 인생의 목표와 목적이 뚜렷한 삶이다. 삶의 목적이 없어서 마지못해 그럭저럭 살아가는 무미건조한 삶이 아니라 삶의 목표가 분명하다. 우리의 삶을 어디에 투자해야 하는지를 바로 알고, 하나님을 믿고 섬기며, 하나님의 영광을 위해서 살아가는 것이다. 하나님을 기쁘게 하기 위해서 모든 일을 행하는 것이다. 하나님께서 맡겨 주신 세계비전 성취를 위해서 살아가는 것이다. 하나님의 뜻을 성취하는 삶을 살아가는 것이다.

넷째, 풍성한 삶이란 만족하고 기쁨이 넘치고 행복한 삶이다. 이것은 앞에 언급된 첫 번째, 두 번째, 세 번째가 차례차례 이루어질 때 당연히 만족하고 기쁨이 넘치고 삶이 행복한 것이다. 그래서 하루하루를 만족하며 불평하지 않고 모든 욕구가 충족된 삶이다. 예수님은 당신에게 이러한 풍성한 삶을 이루어 주기 위해서 오셨다.

당신은 영원한 생명을 얻었다.

"진실로 진실로 너희에게 이르노니 믿는 자는 영생을 가졌나니"(요 6:47) 예수님이 '진실로 진실로'라고 두 번이나 말씀했다면 얼마나 확실하겠는가? 당신이 분명히 예수님을 믿었기 때문에 이제 영생을 가지고 있다. "진실로 진실로 너희에게 이르노니 죽은 자들이 하나님의 아들의 음성을 들을 때가 오나니 곧 이 때라 듣는 자는 살아나리라"(요 5:25) 이 말씀에서 영생을 얻는 조건은 듣는 것과 믿음이다. 당신이 복음의 말씀을 듣고 그것을 믿었을 때 당신은 영생을 얻었고 심판을 받지 않는다. 사망에서 생명으로 옮겨졌다. 사망 길의 끝이 지옥이요 생명 길의 끝이 천국이라면 지옥에서 천국으로 옮겨진 것이다. 사도 요한은 우리가 어떤 방법으로 영생을 얻게 되었는지 소개한다. "또 증거는 이것이니 하나님이 우리에게 영생을 주신 것과 이 생명이 그의 아들 안에 있는 그것이니라 아들이 있는 자에게는 생명이 있고 하나님의 아들이 없는 자에게는 생명이 없느니라 내가 하나님의 아들의 이름을 믿는 너희에게 이것을 쓰는 것은 너희로 하여금 너희에게 영생이 있음을 알게 하려 함이라"(요일 5:11-13) 처음에 영생은 예수님 안에 있었다. '이 생명이 그의 아들 안에 있는 그것이니라' 당신이 그 아들을 영접해서 모시고 있다면 당신은 영생을 가지고 있다. 그래서 요한은 '아들이 있는 자는 영생이 있고'라고 말하고 있다. 예수님은 당신 마음속에 생명을 가지고 들어오셨기 때문에 당신이 예수님을 영접했을 때 그분의 생명까지 받은 것이다.

구원은 영원히 보장되었다.

모든 그리스도인은 예수 그리스도께서 우리의 구원을 이루시고, 우리의 구원을 지키시고, 우리의 구원을 보존하신다는 사실을 정확하게 알아야 한다. 구원의 안전성을 위해 우리가 구원을 어떻게 받았는지 그것을 아는 것이 매우 중요하다. 당신은 구원을 어떻게 받았는가? 만일 당신이 당신 자신의 선행과 당신 자신의 의와 당신 자신의 도덕적인 행위를 통해서 구원을 받았다면 당신은 동일한 방법으로 구원을 지키기 위해서 노력해야 한다. 만일 당신이 구원받기 위해서 당신의 힘이 아닌 하나님의 은혜와 십자가에 못 박히신 예수님의 공로로 구원을 받았다면 당신의 구원은 이제 예수 그리스도께서 지키신다. 사도 바울은 이 점을 분명하게 말했다. "이로 말미암아 내가 또 이 고난을 받되 부끄러워하지 아니함은 내가 믿는 자를 내가 알고 또한 내가 의탁한 것을 그 날까지 그가 능히 지키실 줄을 확신함이라"(딤후 1:12) 사도 바울은 예수님이 자기를 구원하셨으며, 마찬가지로 예수님이 자신의 구원을 지키신다고 선포하고 있다. 사도 바울은 구원에 대한 분명한 확신이 있었기 때문에 고린도교회 성도들에게 이 점을 강조한다. "주께서 너희를 우리 주 예수 그리스도의 날에 책망할 것이 없는 자로 끝까지 견고하게 하시리라"(고전 1:8) 예수님께서 우리를 구원해 주셨기 때문에 그분이 우리의 구원을 끝까지 견고케 지켜 주시는 것이다.

사도 베드로도 우리가 받은 구원은 영원히 안전하여 무너지지 않는다고 명확하게 선포한다. "우리 주 예수 그리스도의 아버지 하나님을 찬송하리로다 그의 많으신 긍휼대로 예수 그리스도를 죽은 자 가운데서 부활하게 하심으로 말미암아 우리를 거듭나게 하사 산 소망이 있게 하시며 썩지 않고 더럽지 않고 쇠하지 아니하는 유업을 잇게 하시나니 곧 너희를 위하여 하늘에 간직하신 것이라 너희는 말세에 나타내기로 예비하신 구원을 얻기 위하여 믿음으로 말미암아 하나님의 능력으로 보호하심을 받았느니라"(벧전 1:3-5) 긍휼이 많으신 우리 아버지 하나님께서 우리를 거듭나게 하시고 살아있는 참된 소망을 주셨다. 그분이 우리에게 기업을 주셨는데 그 기업은 강력하고 명확하고 영원히 썩지 않은 기업이다. 어떤 것에 의해서 오염되거나 더러워질 수 없는 기업이다. 어떠한 영향을 받게 되더라도 사라지지 않는 기업이다. 그러므로 우리가 받은 구원은 영원히 지속되는 구원이다.

예수님께서는 우리에게 영생을 주셨기 때문에 그분이 끝까지 책임져 주신다. 그분은 우리 스스로의 노력으로 살아가도록 내버려두시는 분이 아니다. 그분이 우리의 구원을 시작하셨기 때문에 우리의 구원이 완성되는 그날까지 우리를 책임져 주신다. 우리가 부활하여 천국에 들어가 영생복락을 누릴 때까지 그분이 우리의 구원을 완성하시는 것이다. "너희 안에서 착한 일을 시작하신 이가 그리스도 예수의 날까지 이루실 줄을 우리는 확신하노라"(빌 1:6) 우리가 올바른 참된 구원을 받았기 때문에 하나님은 우리가 어떤 시험이나 장애물들로 말미암아 어려움을 겪게 될 때에도 우리가 그것들을 잘 대처하여 극복해 나갈 수 있도록 우리를 위해서 기도해 주시고 도와주신다. "남의 하인을 비판하는 너는 누구냐 그가 서 있는 것이나 넘어지는 것이 자기 주인에게 있으매 그가 세움을 받으리니 이는 그를 세우시는 권능이 주께 있음이라, 사람이 감당할 시험 밖에는 너희가 당한 것이 없나니 오직 하나님은 미쁘사 너희가 감당하지 못할 시험 당함을 허락하지 아니하시고 시험 당할 즈음에 또한 피할 길을 내사 너희로 능히 감당하게 하시느니라"(롬 14:4, 고전 10:13).

예수님께서 당신의 모든 죄를 영원히 단번에 용서해 주셨다. 과거의 죄와 현재의 죄와 미래의 죄까지 모두 용서해 주셨다. 그러나 당신은 이 말씀에 대해 오해가 없어야 한다. 당신이 미래의 죄까지 용서받았기 때문에 당신이 앞으로 죄를 함부로 지어도 상관이 없다는 뜻이 아니기 때문이다. 만일 당신이 하나님의 자녀로서 세상에서 죄를 범하고 자백하지 않는다면 하나님은 당신을 징계하신다. 미워서 징계하시는 것이 아니라 당신을 사랑하시기 때문에 징계하신다.

히브리서 기자는 이 점을 명확하게 말했다. "주께서 그 사랑하시는 자를 징계하시고 그가 받아들이시는 아들마다 채찍질하심이라 하였으니 너희가 참음은 징계를 받기 위함이라 하나님이 아들과 같이 너희를 대우하시나니 어찌 아버지가 징계하지 않는 아들이 있으리요 징계는 다 받는 것이거늘 너희에게 없으면 사생자요 친아들이 아니니라 또 우리 육신의 아버지가 우리를 징계하여도 공경하였거든 하물며 모든 영의 아버지께 더욱 복종하며 살려 하지 않겠느냐 그들은 잠시 자기의 뜻대로 우리를 징계하였거니와 오직 하나님은 우리의 유익을 위하여 그의 거룩하심에 참여하게 하시느니라 무릇 징계가 당시에는 즐거워 보이지 않고 슬퍼 보이나 후에 그로 말미암아 연단 받은 자들은 의와 평강의 열매를 맺느니라"(히 12:6-11) 당신이 죄를 계속 범하고 회개하지 않음에도 불구하고 징계가 없다면 당신은 참된 아들이 아니라 사생아에 불과하다. 징계가 없다면 그 사람은 처음부터 구원 받은 것이 아니다. 우리 주위에 믿음생활을 하다가 지금은 신앙생활을 하지 않고 심지어는 다른 이방종교를 믿는 사람들이 있는데 그들은 처음부터 구원받은 것이 아니다. 사도 요한은 이 문제에 대해 명확하게 말한다. "그들이 우리에게서 나갔으나 우리에게 속하지 아니하였나니 만일 우리에게 속하였더라면 우리와 함께 거하였으려니와 그들이 나간 것은 다 우리에게 속하지 아니함을 나타내려 함이니라"(요일 2:19) 당신이 구원받은 사람으로서 죄를 범하면 하나님과의 관계에 문제가 생기고 고통을 받는다. 그러나 그 죄로 인해서 당신의 구원은 취소되지 않는다. 더더욱 예수님을 거짓말쟁이로 만들 수는 없다. 하나님은 당신을 그냥 죄 속에 버려두시는 분이 아니다. 징계를 통해 깨우쳐 주시므로 당신은 죄를 회개하고 하나님께 돌아올 수 있다.

하나님이 당신의 구원을 지키시는 특권을 누리라.

예수님은 분명하게 말씀하셨다. "아버지께서 내게 주시는 자는 다 내게로 올 것이요 내게 오는 자는 내가 결코 내쫓지 아니하리라"(요 6:37) 하나님은 어떤 상황에서도 당신을 그분의 가족에서 내쫓지 않으신다. 예수님의 약속은 영원한 약속이다. 하나님은 한 번 구원을 주셨다가 빼앗아 가는 분이 아니다. 그 어떤 사람도 당신의 구원을 취소할 수 없다. 하나님이 당신을 지키고 계시며, 하나님이 당신에게 영생을 주셨기 때문이다. 성경은 분명하게 약속하고 있다. "내 양은 내 음성을 들으며 나는 그들을 알며 그들은 나를 따르느니라 내가 그들에게 영생을 주노니 영원히 멸망하지 아니할 것이요 또 그들을 내 손에서 빼앗을 자가 없느니라 그들을 주신 내 아버지는 만물보다 크시매 아무도 아버지 손에서 빼앗을 수 없느니라"(요 10:27-29) 이 말씀은 '구원의 영원한 안전성'을 잘 설명해 준다. 분명히 '영원히 멸망치 아니할 터이요'라고 선포하고 있다. 밀라드 에릭슨은 그의 저서 「구원론」에서 구원의 영원성에 대해 명확하게 말한다(P. 258). "예수님은 여기서 구원의 확실한 보장을 강력하게 선언하신다. 예수님은 그의 양들이 배교하게 될 일말의 가능성도 절대적으로 배제하고 있는 것이다. 문자적으로 직역해 본다면 '그들은 절대로 조금도 멸망당하지 않을 것이다.'라고 이렇게 말할 수 있을 것이다."

요한복음 10장 27절부터 29절에 '내 손'이라는 예수님의 손과 '아버지 손'이 나오는데, 이 두 손이 당신을 감싸고 보호하고 있으니 당신은 안전한 것이다. 예수님의 손에서와 아버지의 손에서 빼앗을 자가 없다고 선포한다. 어느 누구도 당신의 구원을 빼앗지 못한다. 하나님은 모든 사람보다 크시고 능력이 많으신 분이시기 때문이다. 여기서 '만유보다 크시매'라는 말은 온 세상을 창조하신 하나님이시기 때문에 온 우주보다도, 온 세상보다 크신 하나님이라는 뜻이다. 누가 감히 그 크신 하나님에게서 당신을 빼앗아 갈 수 있겠는가?

사도 바울은 구원의 안전함을 분명하게 선포한다. "또 미리 정하신 그들을 또한 부르시고 부르신 그들을 또한 의롭다 하시고 의롭다 하신 그들을 또한 영화롭게 하셨느니라 그런즉 이 일에 대하여 우리가 무슨 말 하리요 만일 하나님이 우리를 위하시면 누가 우리를 대적하리요"(롬 8:30-31) 하나님께서 당신을 불러 주셨고, 의롭다 하셨고, 영화롭게 하셨다고 선포한다.

당신의 구원은 취소할 수 없다.

구원은 행위로 받는 것이 아니라 하나님의 은혜와 믿음으로 받는 선물이다. 구원은 하나님이 주신 선물이기 때문에 당신이 당신의 구원을 취소할 수 없다. 만약 당신이 어떤 일을 해서 의롭게 되었다면 예수님의 죽음은 헛된 죽음이 된다. 성경은 이 점을 명확하게 말한다. "내가 하나님의 은혜를 폐하지 아니하노니 만일 의롭게 되는 것이 율법으로 말미암으면 그리스도께서 헛되이 죽으셨느니라"(갈 2:21) 당신이 선한 행실로 구원을 받을 수 있다면 예수님은 죽으실 필요가 없다. 당신의 선행으로 구원을 받을 수 없기 때문에 예수님이 당신의 죄를 위하여 죽으신 것이다. 당신이 하나님의 은혜로 구원을 받았기 때문에 그 구원을 지키기 위해서 어떤 일을 하지 않아도 된다. 하나님은 당신이 어떤 일을 하지 않는다고 구원을 취소시키는 분이 아니다. 그래서 당신이 당신의 구원을 취소할 수 없는 것이다. 그리스도인은 구원을 지키기 위하여 노력하는 것이 아니고 하나님의 은혜로 구원을 받았기 때문에 하나님의 사랑이 너무나 고맙고 감사해서 은혜에 보답하기 위하여 노력한다. 성경에서 선행을 실천하는 사람에게 상급을 약속하고 있기 때문에 상급과 여러 가지 면류관들을 바라보고 열심을 품고 예수님을 섬기는 것이다.

그 어떤 것도 당신의 구원을 취소할 수 없다.

하나님도, 어떤 사람도, 당신 자신도, 구원을 취소할 수 없을 뿐 아니라 그외 어떤 것도 당신의 구원을 취소할 수 없다. 요한복음 10장 28절부터 29절에는 예수님의 손과 아버지의 손이 소개되고 있지만, 로마서 8장 35절부터 39절은 예수님의 사랑과 아버지의 사랑이 소개된다. 어떤 것으로도 당신을 하나님 아버지의 사랑과 예수님의 사랑에서 끊을 수 없다고 선언한다. "누가 우리를 그리스도의 사랑에서 끊으리요 환난이나 곤고나 박해나 기근이나 적신이나 위험이나 칼이랴 기록된 바 우리가 종일 주를 위하여 죽임을 당하게 되며 도살 당할 양 같이 여김을 받았나이다 함과 같으니라 그러나 이 모든 일에 우리를 사랑하시는 이로 말미암아 우리가 넉넉히 이기느니라"(롬 8:35-37) 여기에 등장하는 환난, 곤고, 핍박, 기근, 적신, 위험, 칼은 모두 성도들이 당하는 어려운 일들이다. 이러한 어려움을 당한다고 당신이 받은 구원이 없어지지 않는다. 목에 칼을 들이댄다고 해서 구원받은 사실이 없어지지 않는다. 우리의 많은 믿음의 선배들은 어려운 시기에 신앙생활을 하다가 핍박을 당하였다. 고생도 수없이 하고 순교도 많이 당했다. 그러나 그 어떤 것으로도 성도들의 구원을 빼앗지는 못했다.

여기 등장하는 '적신'이란 벌거벗은 몸, 알몸을 지칭한다. 누가 예수 믿지 말라고 핍박하면서 몸에 있는 옷을 다 빼앗아도 그 마음속에 있는 예수님은 빼앗아갈 수 없으며, 그 마음속에 있는 믿음을 빼앗지 못하고, 천국 소망도 빼앗지 못한다. 비록 도살장으로 끌려가는 양 같은 대우를 받아도 당신을 사랑해 주시는 예수님이 당신의 마음속에 계신다면 당신은 넉넉히 이길 수 있다. 당신을 사랑하시는 예수님이 계시면 아무리 어려운 상황에서도 믿음으로 승리할 수 있다. 사도 바울은 당당하게 선포한다. "나는 구원과 하나님의 사랑을 확신한다. 그 어떤 것도 나를 하나님의 사랑에서 끊을 수 없다."

당신의 구원을 취소할 수 없는 것들을 살펴보라.

사망 : 당신이 죽을 때도 구원이 취소되지 않는다.

생명 : 당신이 살아있는 동안 당신의 구원을 취소할 수 없다.

천사들 : 천사도 당신의 구원을 취소할 수 없다.

권세자들 : 정부도 당신의 구원을 취소할 수 없다.

능력 : 마귀 사탄도 당신의 구원을 취소할 수 없다.

현재 일 : 지금 일어나고 있는 어떤 일도 당신의 구원을 취소할 수 없다.

높음 : 당신보다 높은 그 어떤 것도 당신의 구원을 취소할 수 없다.

깊음 : 당신보다 낮은 그 어떤 것도 당신의 구원을 취소할 수 없다.

다른 아무 피조물이라도 그리스도 예수 안에 있는 하나님의 사랑에서 끊을 수 없다.

영원한 관계는 절대로 깨어지지 않는다.

당신은 당신의 육적인 아버지로부터 태어났기 때문에 영원히 그분의 자녀이다. 당신이 고향을 떠나고 부모 곁을 멀리 떠나서 연락을 하지 않고 아버지와 아들이 아니라고 해도, 당신의 성을 바꾸어도, 늘 보지 않고 살아도, 소식을 듣지 못해도 그분이 당신 아버지라는 사실은 결코 바뀌지 않는다. 하늘에 계신 당신의 영적 아버지의 경우도 마찬가지다. 당신이 영적인 출생을 통하여 하나님의 자녀가 되었기 때문이다.

당신이 출생했을 때 출생 신고를 하고 대한민국의 국민이 되었듯이 당신이 영적으로 출생해서 하늘나라 생명책에 이름이 기록되었으며 하나님의 성령에 의하여 출생 확인 도장을 받았다. 이 점은 성경이 선포하는 내용이다. "그 안에서 너희도 진리의 말씀 곧 너희의 구원의 복음을 듣고 그 안에서 또한 믿어 약속의 성령으로 인치심을 받았으니"(엡 1:13) 우리는 하나님과 영원한 관계에 있다. 그 어떤 경우도 이 관계에서 끊어지지 않는다. 친히 하나님 아버지께서 우리를 보호하시기 때문이다.

존 맥아더는 그의 저서 「구원이란 무엇인가」에서 구원의 완성에 대해 이렇게 썼다(P. 280-281). "다음은 모든 믿는 자가 받을 영원한 구원의 완성을 보증하는 선언이다. '너희는 말세에 나타내기로 예비하신 구원을 얻기 위하여 믿음으로 말미암아 하나님의 능력으로 보호하심을 받았느니라'(벧전 1:5) 여기 '말세에 나타내기로 예비하신 구원'이라는 구절은 우리의 온전하고 최종적인 구원을 말한다. 율법의 저주, 죄의 능력과 현존, 죄의 모든 부패와 더러움, 모든 유혹, 모든 슬픔, 모든 고통, 모든 죽음, 모든 형벌, 모든 심판, 모든 진노에서의 구원을 말한다. 하나님이 이미 우리 안에서 이 일을 시작하셨다. 그리고 그 일을 시작하신 분이 그 일을 온전히 이루실 것이다(빌 1:6). 우리는 다음 구절에 주목한다. '너희는, 믿음으로 말미암아 하나님의 능력으로 보호하심을 받았느니라, 능히 너희를 보호하사 거침이 없게 하시고 너희로 그 영광 앞에 흠이 없이 기쁨으로 서게 하실 이'(유 1:24) 우리는 전능하고 주권적이며 전지하시고 강력하신 하나님의 능력으로 보호하심을 받는다."

당신은 구원을 받았다.

하나님은 역사를 통해서 누구에게나 하나님의 영원한 구원의 계획을 받아들일 수 있는 기회를 주셨다. 많은 사람들은 이 놀라운 축복을 거절해 왔다. 그러나 당신이 복음을 바로 깨닫고 예수님을 구주로 모셔 들이는 결심을 했다. 그 결심은 당신의 생애에 있어서 그 무엇보다 가장 의미 있는 결단이었다. 만약 당신이 그 결심을 하셨다면 당신은 이제 구원을 받았다. 예수님이 당신에게 선물로 주신 영생을 통하여 보람되고 가치 있는 행복한 삶이 이루어진다. 이제 마귀 사탄이 당신으로 하여금 하나님의 구원을 거절하게 하려 했던 모든 노력은 더 이상 효력이 없어졌다.

당신은 죄의 형벌에서 구원을 받았다.

당신은 이제 죄의 형벌과 죄의 결과로부터의 구원을 받았다. 로마서 6장 23절에서 언급된 대로 죄의 삯은 사망이다. 이 사망은 영원히 하나님으로부터 분리되어 지옥 가는 사망이지만 당신이 구원을 받았기 때문에 죄의 형벌이 없어지고 하나님의 무서운 진노로부터 벗어나게 되었다(롬 1:18). 당신이 온전한 마음으로 예수님이 당신의 죄를 위하여 십자가에서 죽으시고 삼일 만에 부활하심으로 당신의 모든 죄 값을 다 지불하셨다는 사실을 진심으로 믿고 죄를 회개하고 예수님을 당신의 구주로 영접했기 때문에 당신은 구원을 받았다. 성경은 이 점을 명확하게 말씀한다. "네가 만일 네 입으로 예수를 주로 시인하며 또 하나님께서 그를 죽은 자 가운데서 살리신 것을 네 마음에 믿으면 구원을 받으리라, 사람이 마음으로 믿어 의에 이르고 입으로 시인하여 구원에 이르느니라"(롬 10:9-10) 당신이 진실한 마음으로 믿었다면 의인이 되었으며 구원을 받았다고 약속하고 있다.

당신은 죄의 사함을 받았다.

예수님이 당신을 대신해서 죽으시고 당신의 죄 값을 다 지불하셨다는 진리를 당신이 믿음으로 받아들였기 때문에 당신은 죄사함을 받았다. 당신의 죄가 얼마나 용서되었는가? 예수님이 당신의 과거의 죄와 현재의 죄와 미래의 죄까지 단번에 모두 다 용서해 주셨다. 어떻게 미래의 죄까지 용서해 주실 수 있는가? 예수님이 온 인류의 죄를 단번에 다 용서하셨기 때문이다. 만약 미래의 죄를 용서받지 못했다면 예수님은 다시 죽어야 한다. 그래서 예수님은 단번에 죽으셨기 때문에 당신도 단번에 용서받는다. 성경은 다양하게 우리가 죄사함을 받은 것을 말씀하고 있다.

"또 그들의 죄와 그들의 불법을 내가 다시 기억하지 아니하리라 하셨으니, 여호와께서 말씀하시되 오라 우리가 서로 변론하자 너희의 죄가 주홍 같을지라도 눈과 같이 희어질 것이요 진홍 같이 붉을지라도 양털 같이 희게 되리라, 동이 서에서 먼 것 같이 우리의 죄과를 우리에게서 멀리 옮기셨으며"(히 10:17, 사 1:18, 시

103:12) 성경은 당신의 죄를 이미 다 옮겼다고 말씀하신다. 당신의 죄는 하나님이 보실 수 없도록 하나님의 등 뒤로 던져 버렸다. "보옵소서 내게 큰 고통을 더하신 것은 내게 평안을 주려 하심이라 주께서 내 영혼을 사랑하사 멸망의 구덩이에서 건지셨고 내 모든 죄를 주의 등 뒤에 던지셨나이다"(사 38:17) 당신의 죄를 보이지 않게 깊은 바다에 던졌다. "다시 우리를 불쌍히 여기셔서 우리의 죄악을 발로 밟으시고 우리의 모든 죄를 깊은 바다에 던지시리이다"(미 7:19) 하나님은 당신의 죄를 다시는 기억하지도 않으신다. "그들이 다시는 각기 이웃과 형제를 가리켜 이르기를 너는 여호와를 알라 하지 아니하리니 이는 작은 자로부터 큰 자까지 다 나를 알기 때문이라 내가 그들의 악행을 사하고 다시는 그 죄를 기억하지 아니하리라 여호와의 말씀이니라"(렘 31:34) 자신의 모든 죄가 다 사해진 사람은 기분이 얼마나 기쁘고 좋겠는가? 마치 하늘에 구름 한 점 없이 맑으면 매우 기분이 좋은 것처럼 하나님이 당신의 빽빽한 죄를 다 용서하셨으니 당신은 이제 기뻐할 수 있다. "내가 네 허물을 빽빽한 구름 같이, 네 죄를 안개 같이 없이하였으니 너는 내게로 돌아오라 내가 너를 구속하였음이니라"(사 44:22) 하나님은 당신의 죄를 도말하셨다. "나 곧 나는 나를 위하여 네 허물을 도말하는 자니 네 죄를 기억하지 아니하리라"(사 43:25) 짙은 안개와 같은 죄를, 빽빽한 구름 같은 죄를 예수님이 십자가를 통하여 모두 도말해 주셨다. 여기서 '도말'은 '바를 도(塗)'와 '지울 말(抹)'로서 완전히 발라서 드러나지 않게 하는 것이다. 하나님은 당신이 과거에 지은 죄를 간과하시겠다고 약속하셨다. "이 예수를 하나님이 그의 피로써 믿음으로 말미암는 화목제물로 세우셨으니 이는 하나님께서 길이 참으시는 중에 전에 지은 죄를 간과하심으로

자기의 의로우심을 나타내려 하심이니" (롬 3:25) 이 말씀에서 '간과'란 허물을 대충 보아 넘기는 것이다. 깊이 관찰하지 않고 예사로 내버려두는 것이다. 하나님은 예수님의 보혈 때문에 당신의 모든 죄를 묻지도 따지지도 않고 예수님의 보혈의 공로로 용서해 주셨다. 하나님은 당신에게 죄가 있어도 죄를 죄로 여기지도 않으신다. 예수님의 보혈로 당신의 죄를 가리고 있기 때문이다. 죄가 있어도 죄가 없다고 인정해 주신다. "일한 것이 없이 하나님께 의로 여기심을 받는 사람의 복에 대하여 다윗이 말한 바 불법이 사함을 받고 죄가 가리어짐을 받는 사람들은 복이 있고, 주께서 그 죄를 인정하지 아니하실 사람은 복이 있도다 함과 같으니라, 그 아들 안에서 우리가 속량 곧 죄 사함을 얻었도다" (롬 4:6-8, 골 1:14) 당신은 예수님 안에서 죄사함을 받았다. 하나님은 당신의 죄를 용서해 주는 것을 즐기시는 분이시기 때문이다.

새롭게 태어났다.

당신이 예수님을 당신의 구주로 의지하고 영접하는 순간 당신은 하나님의 자녀로 새롭게 태어났다. 이 거듭남은 과정이 아니라 순간적인 사건이다. 거듭남을 말하는 성경구절들에서 발견하는 헬라어 동사 형태는 지속적인 행동이 아니라 순간적인 사건을 가리키는 부정과거시제이거나 완성된 상태를 가리키는 완료시제이다(요 1:12-13, 고후 5:17, 엡 2:1, 벧전 1:13, 23). 거듭남은 한 순간에 완성되는 사건이다. 거듭남은 초자연적인 성령님의 사역이다. "육으로 난 것은 육이요 영으로 난 것은 영이니" (요 3:6) 구원이 성부 하나님에 의해서 계획되고 시작되었으며 실제적으로는 성자 예수님에 의하여 성취되었으나 그 구원을 믿는 자에게 적용시키고 인류에 대한 하나님의 뜻을 성취시키는 분은 성령이셨다. 거듭남에 대한 주장은 외부의 도움과 완전한 변화를 받지 않고서는 인류에게서 총체적으로 참된 선한 것들을 기대할 수 없다는 사실을 선포하는 것이다. 하나님의 나라에 들어갈 수 있는 사람은 거듭난 사람이다. "예수께서 대답하여 이르시되 진실로 진실로 네게 이르노니 사람이 거듭나지 아니하면 하나님의 나라를 볼 수 없느니라 니고데모가 이르되 사람이 늙으면 어떻게 날 수 있사옵나이까 두 번째 모태에 들어갔다가 날 수 있사옵나이까 예수께서 대답하시되 진실로 진실로 네게 이르노니 사람이 물과 성령으로 나지 아니하면 하나님의 나라에 들어갈 수 없느니라, 너희가 거듭난 것은 썩어질 씨로 된 것이 아니요 썩지 아니할 씨로 된 것이니 살아 있고 항상 있는 하나님의 말씀으로 되었느니라"(요 3:3-5, 벧전 1:23) 하나님의 말씀은 썩지 아니할 씨앗이기 때문에 반드시 결과가 있다. 하나님의 말씀은 살아 있고 항상 있는 말씀이기 때문에 우리를 거듭나게 하는 좋은 도구가 된다. 여기서 '거듭남'이란 '다시 태어나는 것, 두 번 태어나는 것'이다. 죄인이 복음의 말씀을 듣고 새사람으로 태어나는 것이다. 새롭게 다시 태어났으니 새로운 삶을 살아간다. "그런즉 누구든지 그리스도 안에 있으면 새로운 피조물이라 이전 것은 지나갔으니 보라 새 것이 되었도다"(고후 5:17) 당신이 새롭게 거듭나서 예수님 안에 들어갔으며 예수님은 당신에게 지혜와 의로움과 거룩함을 주셨다. "너희는 하나님으로부터 나서 그리스도 예수 안에 있고 예수는 하나님으로부터 나와서 우리에게 지혜와 의로움과 거룩함과 구원함이 되셨으니"(고전 1:30) 당신이 새롭게 태어날 때 하늘나라의 생명책에 영적 출생 신고를 하였기 때문에 당신의 이름이 생명책에 기록되었다. "이기는 자는 이와 같이 흰 옷을 입을 것이요 내가 그 이름을 생명책에서 결코 지우지 아니하고 그 이름을 내 아버지 앞과 그의 천사들 앞에서 시인하리라"(계 3:5) 이처럼 예수님은 당신의 이름이 기록되었다고 아버지 하나님께 보여 드리고, 천사들에게도 보여 주신다. 당신의 이름이 생명책에 기록되었기 때문에 당신은 지옥에 들어가지 않는다. 누가 지옥에 들어가는가? "누구든지 생명책에 기록되지 못한 자는 불못에 던져지더라"(계 20:15) 생명책에 기록되지 못한 사람이 지옥에 들어간다. 천국에 들어가는 사람이 누구인가? 사도 요한은 계시록 21장 1절부터 26절에서 하늘나라를 소개한 다음에 27절에서는 천국에 들어가는 사람을 소개하고 있다. "무엇이든지 속된 것이나 가증한 일 또는 거짓말하는 자는 결코 그리로 들어가지 못하되 오직 어린 양의 생명책에 기록된 자들만 들어가리라" 생명책에 기록된 사람들이 하늘나라에 들어 갈 수 있다. 언제 당신의 이름이 하늘나라 생명책에 기록되겠는가? 당신이 예수님을 영접하는 순간에 당신이 새사람으로 다시 태어나는 순간에 당신의 이름이 생명책에 기록되었다. 그 순간 하늘나라가 당신에게 보장되는 것이다. "그러나 우리의 시민권은 하늘에 있는지라 거기로부터 구원하는 자 곧 주 예수 그리스도를 기다리노니"(빌 3:20) 당신은 하늘나라에서 살 수 있는 시민권을 받았다. 이 얼마나 놀라운 구원인가?

양자됨의 축복을 받았다.

세상에는 오직 두 부류의 가족이 있는데 그들은 하나님의 가족과 마귀 사탄의 가족이다. 예수님은 마귀의 자녀를 성경에서 소개했다. "너희는 너희 아비 마귀에게서 났으니 너희 아비의 욕심대로 너희도 행하고자 하느니라 그는 처음부터 살인한 자요 진리가 그 속에 없으므로 진리에 서지 못하고 거짓을 말할 때마다 제 것으로 말하나니 이는 그가 거짓말쟁이요 거짓의 아비가 되었음이라"(요 8:44) 사탄은 불신자 안에서 역사 하는 영이다(엡 2:2). 예수님을 구세주로 영접한 우리는 하나님의 가족이 되었다. "영접하는 자 곧 그 이름을 믿는 자들에게는 하나님의 자녀가 되는 권세를 주셨으니 이는 혈통으로나 육정으로나 사람의 뜻으로 나지 아니하고 오직 하나님께로부터 난 자들이니라"(요 1:12-13) 하나님은 당신이 하나님의 양자됨의 축복을 받도록 계획하셨다. "그 기쁘신 뜻대로 우리를 예정하사 예수 그리스도로 말미암아 자기의 아들들이 되게 하셨으니, 때가 차매 하나님이 그 아들을 보내사 여자에게서 나게 하시고 율법 아래에 나게 하신 것은 율법 아래에 있는 자들을 속량하시고 우리로 아들의 명분을 얻게 하려 하심이라"(엡 1:5, 갈 4:4-5) 결국 우리는 예수님을 통하여 아들의 명분을 얻었다. 하나님의 양자가 된 것은 먼저 신분이 바꾸어져 우리가 하나님의 자녀가 되고 하나님과의 관계가 회복되었다. 당신은 하나님의 자녀요, 하나님은 하늘에 계신 당신의 아버지이시다. 이제 당신은 구원을 받았기 때문에 하나님께서는 더 이상 당신을 죄인으로 취급하지 않으신다. 하나님은 당신의 좋은 아버지로서 자녀인 당신을 사랑하고 돌보신다(벧전 5:7). 하나님은 당신을 보호하시며(마 18:6), 당신의 필요를 채워 주시며(빌 4:19), 당신을 성령을 통하여 지도하고 가르치시며(요 14:26), 당신을 도와주시며(시 46:1), 당신이 무엇이든 할 수 있다고 격려하시며(빌 4:13), 당신을 징계하시며(히 12:5-11), 당신을 모든 말씀으로 먹이시며(마 4:4), 당신을 위한 계획을 세우셨다. 모든 상황을 통하여 예수님의 성품을 본받게 하는 것이다. 그분의 인격이 당신의 삶 가운데 나타나게 하는 것이다(롬 8:28-29).

하나님은 당신의 좋은 아버지로서 결코 당신에게 고의적으로 상처 줄 어떤 일도 하시지 않으신다. 때때로 오류를 범하는 세상의 아버지와는 달리 하나님은 당신을 인도하시는 데 있어서 절대로 실수가 없으시다. 이제 당신은 왕의 자녀로서 기도할 때에 서슴없이 '아버지'라고 부르면서 기도할 수 있다. "너희는 다시 무서워하는 종의 영을 받지 아니하고 양자의 영을 받았으므로 우리가 아빠 아버지라고 부르짖느니라 성령이 친히 우리의 영과 더불어 우리가 하나님의 자녀인 것을 증언하시나니"(롬 8:15-16) 우리가 하나님의 자녀가 된 것은 하나님의 사랑의 결과요 놀라운 축복이다. "보라 아버지께서 어떠한 사랑을 우리에게 베푸사 하나님의 자녀라 일컬음을 받게 하셨는가, 우리가 그러하도다 그러므로 세상이 우리를 알지 못함은 그를 알지 못함이라"(요 일3:1) 우리는 하나님의 자녀가 되었기 때문에 하나님은 우리를 아들로 대우하시며 우리가 잘못할 때 사랑으로 징계하신다. "또 아들들에게 권하는 것 같이 너희에게 권면하신 말씀도 잊었도다 일렀으되 내 아들아 주의 징계하심을 경히 여기지 말며 그에게 꾸지람을 받을 때에 낙심하지 말라 주께서 그 사랑하시는 자를 징계하시고 그가 받아들이시는 아들마다 채찍질하심이라 하였으니 너희가 참음은 징계를 받기 위함이라 하나님이 아들과 같이 너희를 대우하시나니 어찌 아버지가 징계하지 않는 아들이 있으리요 징계는 다 받는 것이거늘 너희에게 없으면 사생자요 친아들이 아니니라 또 우리 육신의 아버지가 우리를 징계하여도 공경하였거든 하물며 모든 영의 아버지께 더욱 복종하며 살려 하지 않겠느냐"(히 12:5-9) 우리는 하나님의 자녀로서 계속적으로 하나님의 용서를 경험할 수 있다. 우리는 하나님과 화목되었다. 우리에게는 참된 자유가 있다. 우리는 하나님의 자녀로서 강요나 속박감 때문에 복종하는 노예가 아니다. "무릇 하나님의 영으로 인도함을 받는 사람은 곧 하나님의 아들이라 너희는 다시 무서워하는 종의 영을 받지 아니하고 양자의 영을 받았으므로 우리가 아빠 아버지라고 부르짖느니라 성령이 친히 우리의 영과 더불어 우리가 하나님의 자녀인 것을 증언하시나니"(롬 8:14-16)